改变世界的精益

——精益功夫的技法与实战——

樊小刚 著

上海交通大学出版社
SHANGHAI JIAO TONG UNIVERSITY PRESS

内容提要

　　精益管理是国际主流的以提升价值为核心的制造管理模式，在中国受到广大企事业单位的重视。本书通过丰富的方法技巧与大量的实践案例，将经典精益理论从制造型企业延展到各行各业以推进提质增效与管理创新，从单位延展到个人与社会以提升全民的精益素质和社会的运行效率，旨在用精益手法提升国民素养与国家综合实力，适应当前推进高质量发展与新质生产力应用的社会环境。

　　本书将功夫理念与做法适量引入，提高可读性，可作为"精益管理"课程的辅助读本，适合企事业单位员工和各院校学生阅读，也可面向广大社会读者推广。

图书在版编目（CIP）数据

　　改变世界的精益：精益功夫的技法与实战 / 樊小刚
著 . —— 上海：上海交通大学出版社，2025.8. —— ISBN
978-7-313-32809-0

　　Ⅰ . F272

　　中国国家版本馆 CIP 数据核字第 20258G5K01 号

改变世界的精益：精益功夫的技法与实战
GAIBIAN SHIJIE DE JINGYI: JINGYI GONGFU DE JIFA YU SHIZHAN

著　　者：樊小刚
出版发行：上海交通大学出版社　　　　　　　地　　址：上海市番禺路951号
邮政编码：200030　　　　　　　　　　　　电　　话：021-64071208
印　　制：上海盛通时代印刷有限公司　　　　经　　销：全国新华书店
开　　本：710mm×1000mm　1/16　　　　　印　　张：19.5
字　　数：279千字
版　　次：2025年8月第1版　　　　　　　　印　　次：2025年8月第1次印刷
书　　号：ISBN 978-7-313-32809-0
定　　价：88.00元

精益功夫傍身，五洲四海纵横。

【定点拍照】这是一棵位于杭州梅家坞十里琅珰茶山上的檫树，每周去登山，我都会借用精益定点拍照的方法，用镜头记录下这棵树的四季变迁，就让这道随时光变换的风景陪伴我们领略精益功夫吧。

生命与物质短暂，使命与思想永存。

前言·使命的力量

:
:
:

回想我过往的人生历程，赶上了中国前所未有的大变革浪潮，在许多"第一次"中摸索前行，一路爬坡过坎走到今天，其间曾越过山川，也跨过荆棘，有成功，更有失败，精神信念始终牵引着自己，在迷茫时指引方向，颓靡时赋予力量，当然还有许多让我与浩瀚世界链接的知识精华以及给我支持和帮助的良师益友，让我受益良多并感慨万千。现在，我把这些智慧与精神财富记录下来，并加以总结提炼，或许能够成为指引年轻人前行的萤火之光。

1978年12月，中国共产党第十一届中央委员会第三次全体会议在北京召开，这是一座高耸在中国共产党发展史上的丰碑，会议作出实行改革开放的历史性决策，开启了改革开放和社会主义现代化的伟大征程。那年我正好升入中学，改革开放也在改变我个人的成长轨迹，学制的延长使我读了6年中学，教育制度改革使我能被录取到重点中学，并担任校学生会主席，高中毕业那年正逢恢复高考保送，整个地区只有2个名额，我有幸免试进入浙江大学，并成为教学改革中设立的尖子教育"混合班"第一期的学员。1989年本科毕业，已经获得保研资格的我，被要求留校从事教育工作，并担任了学校青年工作者联谊会的主席。两年后开始读研，当时适值出国留学热潮，准备赶考外国高校时又遇到了一件历史性大事，那就是1992年春天邓小平南方谈话。现在还记得同寝室伙伴从系主任那里拷来讲话录音带在宿舍播放的激动场景，这次重要讲话大大推动了当时中国经济改革与社会进步，也成为我人生轨迹的转折点。我决

参与创建并负责浙江大学西子研究院，开展科技创新孵化与精益管理输出工作

定留在国内，和几位老师一起创建一家校办企业，进入安防与智能化行业，这家企业后来在香港创业板上市，我也成为浙江省安防与智能化行业年轻的专家。后来自己也创办过企业，然后又进入中国 500 强企业担任高管，并成为大学研究院的创始负责人。从理论到实践，从创新到创业，从基层到高端，是改革开放的洪流和科学方法的加持让我能在有限的人生经历这样的转型跨越，这些经历连接起来让我有了比较完整的职业光谱，为今后人生价值继续发挥积蓄了厚重的资源素材。这得益于从小培养了发现宝藏并努力修习的能力，最重要的还归功于日渐清晰的人生使命所给予的力量。

记得 2009 年，我们带领团队一路过关斩将，从 400 多家竞争对手中脱颖而出，成了 C919 大型客机机体结构九家一级供应商中唯一的民营企业，开启了航空制造的新征程，后来本人很荣幸地在中法两国总理的见证下，代表企业与欧洲空客签订航空制造合作协议，孵化的企业发展成为空客、波音、庞巴迪等国际航空巨头的供应商，如今又成为中国商飞 C919 机身大部段的制造商。一路走来，得益于许多资深顾问和专家的指导和帮助，还记得当年从未涉足航空制造的我们，秉承"知道谁知道"的开拓法则，去美国波士顿的一家国际知名咨询公司寻求支持，当时出来两位西装笔挺的咨询顾问，他们一上来就 Tier1，Tier2 地给我们描述发展航空制造的路径与方法，刁钻疑难的问题都能对答如流，眼睛中闪烁着机智的光芒，当时我就想自己今后也要拥有这样的智慧，成为这样的人。从那以后，我开始将导师与顾问作为自己的终极职业发展方向。

在 500 强企业从事管理工作期间，我有幸研读了许多经典著作，包括科学管理之父泰勒的《科学管理原理》，这是 1911 年泰勒提交给美国工程师协会关于开展全国效率提升大行动的报告，里面描述的观点和案例，对于 100 多年后的我们仍具有现实指导意义。还有麻省理工学院沃麦克教授等编著的《改变世界的机器》一书，是美国学者和专家对丰田管理系统的深度研究与解读，提出了精益生产方式，这是一种彻底追求生产过程合理性、高效性和灵活性，通过彻底消除浪费，追求零库存、零缺陷、低成本和零损耗，是区别于传统大规模生产方式的新型生产方式，将会让世界改变。这些先进的理论与方法通过多个跨国企业的总结提炼与应用实践，得以优化与推广。其中让我感受最深的要数美国联合技术公司在 1998 年推出的"获取竞争优势 ACE（Achieving Competitive Excellence）" 12 工具和 2012 年推出"供应商健康评估 SHA(Supplier Health Assessment)"体系，这些工具和方法通过西子奥的斯电梯公司的学习与实践进入中国，取得了显著的管理提升效果，也颠覆了我之前在高校与校办企业的学习认知，意识到精益不仅是一套方法论，更可以延伸成为一种思维与习惯，通过培养个人的精益职业素养，可以为企业提质增效，还能以低成本提高全民效率与综合国力，是一个藏着金矿的宝藏。世界上学习精益并将之发展成为一种拓展模式的赋能型实业投资之王——美国丹纳赫公司，以精益管理为基础提升总结了其特有的丹纳赫商业系统 DBS（Danaher Business System），作为资本之外对所投资企业进行管理输出，创造了高额投资回报，实现了在复杂经济环境中的逆势成长，这种成功实践在竞争激烈的投资行业分外耀眼，进一步展现了精益管理的博大精深与立竿见影的成效。

于是从 2012 年开始，我在研究院汇集了一批海内外专家，打造精益梦之队，开始了管理咨询与培训职业道路，利用各种场合呼吁普及精益管理，为包括多家 500 强公司和上市公司在内的企事业单位提供咨询与培训服务，在应用精益价值理论帮助组织提高效益的同时，也努力实现自身的价值。

一开始，我们将精益管理输出作为一项业务开展，走访数十家各类企业，与数百名企业管理者交流，随着对中国企业管理现状和痛点的了解，愈发感觉精益之重要，"打造管理技术高地，推进企业转型升级"的使命感油然而生。这种使命感还来源于同许多成功人士的近距离交流。2012 年 11 月，我作为长江商学院毕业生参加学院 10 周年庆祝典礼，在许多人的致辞中，印象最深的是一位八十多岁依然腰板挺直、声音洪亮的老企业家发表的演讲："有能力的人，要为人类谋幸福。"他说："每个人一生中都要扮演很多不同的角色，也许最关键的成功方法就是寻找导航人生的坐标。没有原则的人会漂流不定，正确的坐标可让我们在保持真我的同时，挥洒自如，在不同的位置上拥有不同程度上的成就，活得更加精彩。"可以发现，从设定利他的价值使命、制定原则目标进而分解成永不言倦的计划与行动，直至成为行动英雄的清晰理论脉络，是普通人走向成功之路的核心秘诀之一。

从那以后，我开始时常思考使命命题，并将未来职业与个人使命结合起来。2018 年 7 月，我被推选为浙江省管理培训与咨询协会会长，在当天的就职发言中，表达了我的使命就是做一只微光闪闪、激情四射又持久不息的萤火虫，将这几十年在岸上海里摸爬滚打的所学所感与实践经验推广开来、传承下去，为他人的发展与社会的进步添加哪怕是一点点光和热。使命的力量在我身上有着很深的感受，以前每次分享时，学员来的多少、人员构成以及他们的上课状态等，都会影响我的情绪与发挥。当有一天明确自己的使命之后，无论来人是谁、有多少以及是何状态，我都能激情澎湃地演讲，自己也收获了尽心竭力的满足感和成就感，

参加中国企业 500 强和民营企业 500 强峰会并作为论坛分享嘉宾

亲身感受到，当一个人找到了毕生要去实现的使命，就拥有了持久的行动源泉，真正达到乐此不疲的意境。

有了科学方法，又有了蓬勃激情，在精益管理的推广上本应该顺风顺水、一气呵成，然而，实践中会出现许多事与愿违的状况。其中最典型的是大家都认可精益，在导师的带领下也能取得一定的成效，但是难以持久，导师离开后慢慢又恢复原样，需要再次发动，再次强推，时间长了，次数多了，就会给人们带来精益不适合中国企业，甚至精益会产生新的浪费的错觉。这些年我思考最多的就是如何有一种机制，让精益推广顺畅起来，于是我想到了我强身健体的一个"宝藏"，就是坚持了40 年的"内功"修炼习惯，这是我保持身体健康与充沛体力的法宝。

大家都知道，功夫自古是一门"练"的学问，功法薄薄几页，却要花毕生时间去修炼，方能成功。如果只学不练，必定一事无成。"一天不练，手生脚慢；两天不练，功夫减半；三天不练，成门外汉"，还要"冬练三九，夏练三伏"，一旦走入练功路，就是一辈子。精益实际上是一套理论方法，是武功中的"招式"，而推进方法和习惯养成，是精益的"内功"所在。俗话说"练武不练功，到老一场空"，我们以前的精益推广"只是练武，没有练功"，就难免出现一些临阵磨枪、花拳绣腿的状况，精益与功夫一样，一分在学，九分在练。因此，我把经典精益理论中适合中国国情的部分提取出来，加入与时俱进的创新内容，形成新时代符合中国国情的精益理论，同时将千年功夫的修炼法则应用于精益学习与推广机制，力求形成企企推广普及，人人终身受益的精益基本功，我将其取名为"精益功夫"。

有了理念和方法，还需要有广泛的应用，于是，我们首先将精益功夫在自己所在的企业进行演绎与推进，以企业大学为载体，总结形成了西子管理系统 XOS 知识与方法体系，其中变革激励核、战略运营环、精益质量链三大模块集中了多种有效的精益管理工具与方法，成为精益功夫的功法部分，作为线上课程供全员学习。同时，我们还建立了精益质量带级实战机制，推进全员精益的学习、应用、评价与奖惩，使其成为精益功夫的修炼机制，在集团各企业内全面组织推进，努力形成人人"学习精益功夫，争做精益黑带"的氛围。为了传播精益功夫，我还长期在浙江大学等院校担纲讲授精益相关课程，推进对供应商和合作伙伴的精益输出工作，并通过在多家企业担任精益顾问，研究在不同所有制企业环境下的精益功夫特色运作方法。

当前，我国经济已由高速增长阶段转向高质量发展阶段，国家制定了质量、效率、动力三大变革改革举措，这三大变革的重要抓手之一就是管理理论与管理实践。与此同时，我国也制定了制造强国的战略目标，希望到新中国成立一百年时，我国综合实力进入世界制造强国前列。然而，现实与梦想总是隔着千山万水，当我们看到有的企业由于管理不善而安全事故频发；有的工厂由于质量问题而面临破产清算，痛心疾首的同时更多是反思和自责，多年的买方市场导致粗放管理仍有生存的空间，而参与国际竞争我们要与国际对手同样强大才不会被淘汰。这就要求我们向劣质、低效与浪费宣战。如果做到了，我们的资源将会大大节省，综合国力将会大大增强，同样提高的还有我们国民的人文素养。因此，不仅是技术与产品，中国制造同样迫切呼唤管理创新，呼唤我们自己的管理理论，为中国新阶段的发展提供理论导向与方法支持，发挥出由内而外更加强大的硬实力和软实力。期待通过我们的共同努力，将传统精益"零缺陷、零浪费、持续改善"的哲学思想，与东方功夫练法相结合，延伸为全民提质增效的方法论和实操术，成为具有中国特色的精益管理理论与实践样本，在提高国民精益素养、提升社会质量效率、增强国家竞争实力等方面发挥重要作用。

合璧铸含光，价值砺锋芒。

目　　录

•
•
•

人间最宝贵的财富，是健康与时间。

第一篇·宝　藏

·
·
·

东西合璧，传世之珍

人间最宝贵的财富是什么？很多人的答案是健康与时间。

我有幸在 20 世纪 80 年代就学会了内功修炼的方法，充分感受到伴随中华文明五千年的中国功夫是强身健体的有效手段，是中华文明宝库中一颗璀璨明珠，故一直坚持修炼至今，将其作为增强身体健康和提升个人竞争力的重要方法。

健康之人往往长寿，绝对时间会有效延长。此外，通过提高质量与效率，使人们可以在同样生命长度中完成更多的工作，实现更大的价值，也是相对延长了生命时间。在 21 世纪初我又有幸学习了源于日本后来风靡欧美的精益管理，精益管理是一种提高质量与效率进而实现卓越运营的创新方法，在长期企业实践与咨询辅导中，我充分领略了精益管理的精髓，感受到精益管理的作用，将其视为提升组织效率的最有效武器，并在许多场合积极宣传推广，不曾懈怠。

随着精益管理实践与咨询经验的积累，我越来越深刻地体会到精益需要创新，才能更适合在中国发展，要将创新的精益方法与古老的功夫练法相结合，才能让精益更有生命力，发挥出更大的作用。于是，精益功夫应运而生，这是一种将功夫的机制叠加在精益的理论之上，出于传统精益又高于传统精益的精益实战与推广系统，是东西合璧的传世之珍，也是我人生实践的智慧凝结，希望对大家有所帮助。

一、功夫渊源

东方古国的精湛国术

两百多年前，从法国到中国来的传教士把当时中国道家的行气之功叫作"功夫"，并将其传到欧美。这里的功夫我理解为内功，后来在欧美风靡的"中国功夫"包含了内在之功与外在之武，是功夫的外延，通常我们将内在功夫与外在功夫统称为功夫。

"功夫"在古代主要是用于健身防卫，到商周时期发展壮大，至今已成为具有广泛群众基础的宝贵文化遗产，是东方古国的精湛国术。可以说功夫是中国最著名的国粹之一，中国是举世闻名的功夫之国。

我是偶然修习并爱上了功夫，切身体会到这是一个让人受益终身的宝藏。20世纪80年代，我在大学读书时曾一度睡眠不好，每天跑步运动也无济于事。后来我看到一本李少波的《真气运行法》，于是拿来就试，结果不到一个月就改善了睡眠状况，从此常练不舍，可以说是无意之中走进了内功修炼之门。一路过来，也没有严格按照功法所述练习，而是根据中医理论大框架的指引，自己跟着感觉走下来，感受却也与《因是子静坐法》等内家功法的描述基本相似。后来我又修习武当太极拳，突然感觉内功有了外化的路径，感受丹田之力随着呼吸的吐纳从腰部到达四肢之端，划过浑圆的弧线，内气与外形完美结合，每一招式都顺理成章，浑然天成，每次练完内功，再打两遍太极，全身通透淋漓。这些年基本上靠修炼此动静二功，加上跑步爬山等运动，保证身体风调雨顺，工作能量饱满，遇到烦心波折之事也能积极面对，充分感受了东方古国神秘而又精湛国术的功效与魅力。

回过头来看，我要感谢少年时那段痛苦的经历，让我在病急乱投医的过程中发现了一个受益终身的宝藏。可以说，几十年来内功修炼对我身体的帮助是最大的，让我保持健康，保持激情，保持斗志，自然也希望让更多人知道并受益。然而，内功的机理很少有人理解，我本科和研究生所学的专业是生物医学工程，自然会对其做些研究，但许多也只能意会，无法言传。这里只是想告诉大家，能经过数千年流传至今的技艺，说明经得起岁月的冲刷，大多有其奥妙之处。

五千年神秘的武当之魂

传说在大约五千年前的黄帝时代，有一个美丽的国家，名叫净乐国，净乐国的皇后生下一子，就是后来的真武大帝，他 7 岁来到一座山清水秀的仙山，整日端然静坐，任凭飞鸟在头上做窝，任凭荆棘穿透他的脚掌，他只是聚精会神地修炼，整整修炼了四十二年。在他大道将成的时候，其师傅紫气元君下凡来考验他，元君化作一美女为真武梳妆，真武避色逃到绝壁的一块岩石上，美女羞愧得纵身跳崖，真武一见立刻跳下救人。这时，峡谷中五条神龙腾空而起，簇拥着真武升天而去，后来真武大帝被玉皇大帝封为天界的亚帝，这座位于现在湖北丹江口的仙山就被称为武当山，意思是"非真武不足当之"。

由于武当山修道升仙的传说，使其成为修炼功夫的名山。据记载，自春秋至汉代末期，许多达官贵人都到武当山归隐修炼，而从汉末至南北朝时，由于社会动荡，数以百计的士大夫云集武当辟谷修道，唐代时期，许多著名高道隐居武当山，武当山的道教地位得到很大提升。宋元时，由于统治者大力推崇和宣扬武当真武神，使真武神的地位不断提高，武当在社会上的影响日益扩大，武当山也成为元朝皇帝"告天祝寿"的重要道场，朝山进香的民间信士很多，香火很旺。武当山从此成为道教圣地，一直延绵至今，被誉为"天下第一仙山"。

武当山修道，修的是什么呢？这里最著名的当数武当内家功夫，包括武当内丹功和武当内家拳等。武当内丹功是一种炼精化气，炼气化神，修炼精气神的道家静态功法，是武当内家拳的内在基础。天下太极会武当，武当山是太极拳的重要发源地之一，太极拳是武当内家拳的典型代表，据说是由宋代道士张三丰创立的一种集动静养身为一体的精妙拳法。该拳有以静制动，以柔克刚，四两拨千斤的内家特点，亦有如行云流水，绵绵不断，刚柔相含，含而不露的武术风格，更有提精神，强体魄，祛病健身，益寿延年的独特功效。

"南少林，北武当"，自清朝开始将中国功夫分为武当、少林两派，武当侧重阴柔技击内丹功，叫作内家拳，少林侧重阳刚搏击硬气功，叫作外家拳。武当功夫把武术技击与健身强体融为一体，形成注重练好坚实内功根基、由内气而达到外强的内外统一功夫，具有以气发力，借力打力和刚柔相济、避实就虚等内家特点，是一套由内而外，由静至动，动静结合，内外兼修的完整功法，形成把形体训练与心理训练相结合的科学运动体系，实为中国功夫之精华，东方文化之瑰宝。

我从许多年前开始修炼的"真气运行法"属于内家功法，后来还曾师从武当道长学习太极拳，试图将内家功法与拳法融会贯通。现在看来，我无意之间进入的内功与太极拳，属于武当内家功夫的范畴，也算误打误撞入了行。2018年8月，我来到武当山进行了一次"寻道之旅"，试图探究是什么能让一门功夫绵延数千年。来到海拔1 612米的武当山，这里四季分明，春暖花开，夏绿益然，自然景观与人文景观相得益彰。雄奇壮观的72峰、36岩、24涧等景象，强调天人合一、道法自然、追求人与自然和谐共生的道教文化丰富多彩，气势恢宏的古道观与武术馆星罗棋布，道医、道乐、舞蹈、戏剧等都充满了道教文化的神秘色彩。似乎山上的每一个人，每一处景，每一个时刻，都与武当内家功夫息息相关。人们穿的是道袍，见面打招呼用的是道家手印，彼此互以师兄相称，吃饭肃静不能嬉笑说话，这里几乎每个人都会静息打坐，都有几招武当功夫，都认识几位师父道长，也都有一些道医的技能。这里的食材有疗愈的功能，音乐有医治的作用。联想到2012年我去少林寺，正值武术大会，一路上各路武术方阵云集，他们边行进边表演，绵延数公里，其壮阔之势至今难以忘怀。我想，这种厚重的文化氛围，应该就是我要寻找的答案吧。

可以说，神秘的武当之魂就是人人崇尚功夫、人人修炼功夫的文化，中国功夫之所以在国际上那么有名，得益于这种多年普及的功夫文化，一种行之有效且可广泛推广的技能。通过人人学习，口口相授，代代相传，这种文化对内化为可复制基因，对外形成可燎原之势，成为惠及大众的核心竞争能力，应该是技能传承与发展的重要途径。这也是我们将精益与功夫相结合的意义所在，期待有一天，在越来越多领域形成人人学习、人人掌握、人人应用的精益品质文化，使质量与效率都发挥到极致，资源利用节约，社会运转流畅，则善莫大焉。

无处不在的武当功夫文化

四十年神奇的内功体验

在身心健康方面，我一直有一样受益多年的随身武器，就是从 40 年前就开始修习的内家功夫，即人体的内气自主运行功夫。

我认为，讲求寻根溯源、辨证施治的中医，是科学而有效的，能够从系统的角度，对整个身体进行调理。我大学时学习过人体生理学和解剖学，通过练功实践，明确感知在血液与淋巴系统之外，体内的第三循环系统即人体经络系统是存在的。这个系统协同血液与淋巴系统，支配着五脏六腑的正常活动，形成了每个人体一套神奇的自愈系统，是身体与生俱来的宝藏。这个系统会出现一些不可思议的现象，比如静悄悄站一会可以防治疾病，软绵绵几招式可以健体强身，按按脚底可以缓解头疼等。这些用一般的逻辑几乎无法理解，显示出中华医学的博大精深。然而，随着科学的不断发展和研究的日益深入，越来越多的中医奥妙被西方科学发现，中医的逻辑性也越来越多地被现代科学察觉并验证。据说美国科学家利用一种最新的显微内镜技术发现了人体中一条"流体高速公路"，这个遍布人体的致密结缔组织薄层，位于皮肤之下以及肠道、肺部、血管和肌肉内部，连接在一起形成由强大的柔性蛋白质网支撑的网络，其间充满了液体。以前的科学家在解剖过程中，由于破坏了间质组织的结构，其中的液体被排空，所以人们没有发现它们的存在。这或许就是中医中的经络，如同在解剖中发现了置于小腹中大量的神经束，认为可能是中医非常注重的丹田区域底层功能载体一样。我相信这些发现，终将拉近中医理论与实证科学之间的距离，让中国内家功夫登上世界科学的大雅之堂。当年自从我有了练功的体验，就一直认为中医药会是我国最早拿到诺贝尔科学奖的领域，后来屠呦呦还真的凭借中医药贡献拿到了诺贝尔医学奖。

在内功功法中，最重要的是贯穿始终的气息，以静养息，以息聚气，集气通关，循经养体。我把这些年的练功体会总结成五个字"定、集、梳、畅、序"。首先是定，要使身体平静下来，这时能够听到内心的声音；然后是集，将身体真气向丹田汇集，感受到一种凝聚的能量；然后是梳，将这股力量像梳头一样循脊节节上行，打通个个关卡；再就是畅，继续扩大战果打通任督二脉，让气血畅行；最后是序，持续修炼，全身经络通畅，机能和谐有序。这种在守练气息中悟出的功法，是一个在整体与细节中都能适用的全息方法，如同一片树叶和树的拓扑结构相同一样。在我修炼的功法中，由浅到深，时刻体现出定、集、梳、畅、序这五个意境。

1. 定的功夫：放松功

练功之人首先要让自己静下来，这里介绍的是能让人快速入静的三线放松功。采用站立或静坐姿势，双脚与肩同宽，背挺直，双手叠放在肚脐下侧，左手在内右手在外，右手拇指按压在左手掌心处，眼睛微闭，舌顶上颚，做好姿势后，让全身放松，先从头顶正中沿面部、胸部、腹部、大腿前侧、膝盖、小腿前侧、脚背、脚趾到脚掌心，想象着一处处放松；再从头顶正中沿后脑部、背部、腰部、臀部、大腿后侧、小腿后侧、足跟到脚掌心，想象着一处处放松；再从头顶正中沿头两侧、耳郭、颈侧、双肩、双臂、身体两侧、腿两侧、踝骨到脚心，想象着一处处放松；当身体每一块肌肉都放松下来，人的思绪也安静下来。

2. 集的功夫：调息法

这里介绍腹式呼吸方法，即吸气的时候小腹突出，呼出的时候小腹凹进，与靠胸部起伏的胸式呼吸不同，运用腹部的凹进和凸出的腹式呼吸方法，充分利用胸膈运动，扩大肺动空间，比一般胸式呼吸换气量要多，身体能量也更为充沛，练内功大多采用这种呼吸方法。当通过放松功入静后，意守小腹部，采用腹式呼吸法，呼吸慢匀深长，呼气时想着小腹能量聚集，吸气时放任自然，可以用数呼吸排除思想杂念，完全放空思绪，使身体处于轻盈虚无之中。这时候，呼吸会调集身体真气在体内巡航，实现从肺气凝聚到真气凝聚的转换，通过集的功夫，你的能量会比原来大幅增加，时间长了，说话中气也足了，干活力气也大了，精气神大为改观。那些运动员、武功和瑜伽修炼者、语言主播和歌唱家们，他们从小就训练腹式呼吸，习惯了声音从小腹发出，力气也从小腹发出，声如洪钟，力贯长虹，长时间都不会感到疲劳。

3. 梳的功夫：周天功

当调息凝神将意念集中在丹田处，不断汇集真气，让丹田区浑热饱满起来后，就可以开始修炼梳的功夫了。丹田之气饱满到一定程度后，会通过尾闾、夹脊与玉枕三关沿督脉上行，这个通督的过程谓之通关，通关后真气可直达头顶百会穴，并沿头面下行汇入丹田，实现呼气真气入丹田、吸气真气入百会的小周天补髓运行循环，这时继续意守丹田，真气循经而行，逐步运通全身十二经络，可打通大周天。如此一次半小时，每天坚持，是调动体内自愈机制、无病防病、有病治病的最佳自然保健方法。

4. 畅的功夫：运太极

无论有没有打通周天，都可以修炼畅的功夫，也就是运太极。运太极的招式来源于武当十八势太极拳，包含预备式、随风摆柳、玉女献花、老君推门、青龙摆尾、金蛇回头、玉女穿梭、叶里藏花、道童撞钟、野马分鬃、手挥琵琶、仙鹤独立、黄龙探爪、白鹤亮翅、拨云见日、凤凰展翅、天人合一、收势等 18 个动作。这套太极拳包含拳法与步法，要求每一个动作都意出丹田，用身体带动四肢运动，而不是由四肢带动身体，讲究气息连贯延绵，动作柔缓顺畅，柔中带刚，一气呵成，可以在两平方米范围内完成整套动作的练习，简单易学。我把这套拳法称为运太极，是着重强调了内气的运用，许多人不得要领，是因为单纯追求动作的相似性，而忽略了气息配合与全身协同，变成了花拳绣腿。由于是从真气运行角度练习太极拳，将每一个动作都归源于丹田，每一个招式，都来自气络，做到彻底由内而外的导引，配合体内真气运行的路径打拳，一遍下来，浑身发热，四肢通透，神清气爽，好像每寸皮肤都会呼吸，深刻体会到人体内与外、运与动的和谐统一。

5. 序的功夫：每日笃修

序就是建立标准化，养成每日修炼的习惯。这里的标准化指的是根据自己修炼实践，逐渐摸索出适应自己的练功方法与步骤，固定下来，把修习的时间和频率也固定下来，常年不变地修炼。古人云："流水不腐，户枢不蠹"，每天让体内气血流动，脉络畅通，冲刷可能导致阻滞的毒素与杂物，哪怕最微小的郁积都可及早清运，身体就不会有淤积，坚持每天修习，就可达强身健体之功效。功夫的特点是"理论一点点，修炼一大段"，如果不练习就会前功尽弃，所以成功的秘诀就是修炼，没有其他方法。

打通任督二脉

自从我习练内功之后，感觉自己找到了主宰身体健康的密钥，那就是打通任督二脉。任督二脉的说法来源于中医学理论，是指人体经络系统中的两条主要经脉，任脉和督脉。任脉贯穿人体前正中线，督脉贯穿人体后正中线。督脉之气上行，任脉之气下行，这样就形成了小周天，也就是任督循环。其中，督脉起于胞中，下出会阴，沿脊柱里边直向上行，至项后风府穴处进入颅内，并沿头部正中线上行至百会穴，沿前额正中，鼻柱正中，至上唇系带处龈交穴。任脉也起于小腹内胞中，沿腹部正中线向上经过关元等穴，到达咽喉部，再上行到达下唇内，左右分行，环绕口唇，与督脉交会于龈交穴。任督二脉中，督字的本义是统督的意思，督脉总督诸条阳脉；任的本义是承担的意思，任脉总承全身诸条阴经，任督二脉与全身十二经络相通，是身体阴阳与机能的总协调环，打通了任督二脉，就能打通全身十二经络，使气血畅达，能量丰盈，阴阳平衡，神清气爽。因此，在中医界抑或在练功界，打通任督二脉就成了功成与否的重要标志，修习打通任督二脉的功夫，也成为练功者的重要内容。

我们处于一个多元化大发展的时代，也是一个充满竞争和浮躁的时代，经常会感到身体或心理不适，时间长了，就会成为病患。我一直认为，人体最佳的方式是自然调节，用体内的气血机制保持有效循环，从内求来保持自身的合理作息与长久健康。由于通过调整机体状态可以治疗各种疾病，同理通过预先调整应该可以预防疾病，也就是"治未病"。因此，坚持修炼呼吸内功，打通任督二脉，可以及时抚平身体与心理的小波纹，就像衣服的皱褶被及时熨平一样，人就不易生病，也不会抑郁。近几年登山、毅行、马拉松逐渐流行，且有运动量越来越剧烈的趋势，但关节磨损、身体负伤、野外失温甚至运动猝死等现象也时有发生，虽然运动是很好的自愈方式，但必须讲究量力而行。在我看来，运动一词包含运和动两方面，体力运动只是动的范畴，主要训练筋骨皮，而呼吸功法讲的是运的内容。古人一直认为呼吸是训练五脏六腑的最重要方法，还是那句话"练武不练功，到老一场空"，说的就是身体运动要和内部功法有机结合，运配合动，动静结合，才是承载和谐生命的真正运动。

打通任督二脉不仅是保持身心健康的关键动作，在个人处理事务，组织运营作业中同样重要。平常在工作中也会经常听到要打通任督二脉，其意思就是要把握事务的关键要素，纲举目张。在别人还在一头雾水苦苦摸索的时候，你却能豁然开朗，可以轻松过关，事半功倍。总之，通过修炼内功的实践与领悟，让我找到了修已达人的秘密武器，养成了凡事要探求规律、寻找秘诀的思维习惯，不断寻求从优秀到卓越的方法，这在本书的理论摸索与实践探寻中发挥了至关重要的作用。

二、精益起源

西方强国 100 年的效率机器

大学毕业后，我留校工作，后来创办了一家科技型企业，从系统集成到产品研发，都是顺风顺水。但是，在产品批量生产中遇到了较大挑战，缺少产品质量和成本控制手段，当时自己认为，我们都是学习成绩最好的那一批人，怎么可能会搞不好？然而，经历了长时间质量损失和开而不发的痛苦后，意识到需要继续学习。于是我投身到一家 500 强企业，这是一家与世界 500 强美国企业合资多年的装备制造企业，其技术与管理体系大多来自世界行业巨头。在这里，我第一次有机会学习与实践了世界 500 强企业——美国联合技术公司（United Technologies Corporation, UTC）的"获取竞争优势"（Achieving Competitive Excellence, ACE）管理工具。美国联合技术公司是奥的斯电梯的母公司，是《财富》全球 500 强企业中制造业的典型代表，被美国《福布斯杂志》评为七大美国最佳管理公司之一；ACE 是支持其卓越业绩的运营系统，用以保证产品和流程品质达到一流水平，是美国联合技术公司持续发展的核心管理武器。

获取竞争优势 ACE 的指导原则如下所示：

（1）致力于流程的改进，同样也致力于品质和不间断地流动，用速度来驱动品质；

（2）培养好的精神、好的思想，倡导组织的全面参与；

（3）使用简单与可视的方法来改进流程；

（4）应用测量和反馈来揭示问题，找到解决方案和验证改进；

（5）珍视问题，视其为一种经验；

（6）设定挑战性的目标，以客户为中心，始于客户，最终回报客户。

ACE 系统的推进具体落实在 12 个工具的推广与应用上，在获取竞争优势（ACE）12 个工具中，改进流程和消除浪费的工具有 7 个，包括新 5S、价值流程图、全面生产维护、缩短准备时间、标准作业、流程管理和认证、生产准备流程；解决问题的工具有 4 个，包括市场反馈分析、质量诊断流程图、严格根源分析、错误预防；决策的工具有 1 个，即通行证流程。可以看出，ACE 的运作是以品质为中心思想，利用精益质量简单可视的工具，持续改善、消除浪费和迅速解决问题，以获取竞争优势。同时，不断地追求价值最大化，让员工、客户和股东都满意。ACE 还可以应用于生产制造单位之外，销售、安装、售后服务、后勤、工程、研发、人事和财务等都可以应用这套指导思想、系统架构和工具去改善流程和解决问题，进而获取竞争优势。

ACE 从 1998 年开始在 UTC 系统推广以来，让我所在的企业西子联合集团受益匪浅，使其逐渐发展成为一家质量与效益领先的装备制造集团。对于我个人来说，从学习 ACE 入门，使我有机会比较深入地了解和探究了 ACE 的底层逻辑来源 —— 精益管理技术。这是由日本丰田公司在传统管理技术基础上发展而起，由美国学者总结而成的运营管理技术，让许多企业实现了管理变革与效益倍增，其实战性与有效性与之前在学校里所学的内容相比大相径庭。从此，精益管理这项改变世界的效率机器就一直伴随着我，成了我解决问题的工具箱和提质增效的撒手锏，也是我认真研究、努力实践并积极推广的重要理论方法。

如果说内家功夫显著提升了我的身心能量与健康，是我拥有并伴随终身的东方古老宝藏，那么这里描述的精益管理技术，则是我在事业生活中提高质量与效率的武器，是另一个受益终身的经典管理宝藏。

两次世界大战的美国秘密武器

精益管理虽然被认为是发源于 20 世纪 80 年代的日本，但其科学基础却源远流长。在亚当·斯密 1776 年出版的《国富论》中，讲述了一家扣针工厂提高产能的故事：扣针虽小，但如果一个工人没有接受过这一职业的相应训练，就算他一整天都竭力工作，也有可能连一枚扣针都制造不出来。但将工人合理分工后，情况就大不相同了，整个工序分为抽铁丝、拉直、切截、削尖铁丝的一端、打磨铁丝的针头端等 18 道工序，由 10 个工人分工序完成，一个工人完成 1~3 道工序，这样一天能生产出 12 磅针，按照每一磅针有 4 000 枚来计算，每天共生产 48 000 枚针，即每人每天可以制造出 4 800 枚针。按照之前传统的做法，十个人可能一天顶多只能完成 200 枚扣针，经过专业分工与技能训练，效率提升了 240 倍，这就是科学管理的作用。

在 19 世纪后期，美国一位名叫泰勒的工程师，研究了一群工人往车里搬运铁块的工作，他经过仔细分析，对流程进行优化，对工人进行培训，将原来每人每天搬运 12.5 吨提高到了 47.5 吨，工人收入也从先前的每天 1.15 美元提高到 1.85 美元；同样，一位名叫吉尔布雷斯的工程师仔细观察了建筑工人砌砖的过程，他把工人的动作仔细分析，将原来的 18 个动作减少为 5 个，从习惯的单手作业改变成双手同时作业，并为每个砌砖工人配备了简易辅助工具，使得原来每人每小时砌 120 块砖提高到 375 块。这些改善同样发生在金属加工车间，工程师们通过对金属切割效率分析，对工件金属质量与硬度、刀具化学成分与热处理、刨削厚度、刀具长宽比、冷却液选用、切削深度、切削持续时间、刀缘角度、震动伸缩性、工件直径、刀具压力、走刀速度和吃刀量等十余个独立变量进行细致的研究，摸索出一套在同一台机器上速度可快至 9 倍的加工程序与方法，工人平均工资也大幅增加。这些案例来源于 1911 年由泰勒向美国机械工程师协会提交的一份报告，报告书中针对当时美国发展中出现的严重效率低下问题指出："我们能够看到物资资源的浪费，可是人们对业务不熟、工作效率低下或指挥不当却视而不见。每天，来自人力资源上的损失要比在物质资源上的浪费大很多。"意在告诉大家，在几乎所有日常行为的效率低下正使当时的美国遭受巨大损失，根治效率低下的良药在于系统化的管理，而最先进的管理是科学原理。无论何时，只要正确运用这些原理，就能立竿见影，并令人震惊。报告书还指出，可以把科学管理原理应用于几乎所有人类的活动中去，包括家庭管理、农场管理、商业活动、教堂管理、慈善机构、学校管理以及政府机构等，这份报告就是著名的《科学管理原理》。时间过去了一百多年，当我们重温这份对当今社会仍然具有指导意义的报告时，仍会被前人的精微与智慧折服。通过对工作任务进行分析研究，形成科学的作业标准，将过程标准化，然后根据作业特点挑选并培训工人，在工作过程中给工人以帮助和及时的奖励，并要求管理者和工人相互协作，共同完成任务。采用这些科学方法，能够有效提高包括劳动力资源在内的各种资源利用效率，大大减少浪费，同时增加企业利润和员工收入，有效化解劳资矛盾，可谓一举多得。后来行之有效的工业工程和精益生产，都是这种科学管理原理的应用和延伸。

我们知道，美国是 20 世纪两次世界大战最大的战胜国，当谈到制胜的原因时，美国著名管理大师朱兰博士曾说过："美国在世界上值得夸耀的东西就是工业工程（Industry Engineering, IE），美国之所以打胜第一次世界大战，又有打胜第二次世界大战的力量，就是因为有了 IE"。工业工程 IE最早起源于美国。19 世纪末，美国工业迅速发展，生产方式由家庭小作坊方式向社会化大生产方式转化，导致劳动力严重不足，而劳动效率又很低下。当时的工业生产很少有生产计划和组织，生产一线的管理人员对工人作业只是口头上的指导，作业方法很少得到改进和提高。管理人员的工作方法缺少科学性和系统性，主要凭经验办事，很少有人注意一个工厂或一种工艺过程的改进和协调，因而效率低，浪费大。以泰勒和吉尔布雷斯为代表的一批科学管理先驱者为改进这种状况进行了卓有成效的工作，开创了科学管理的先河，奠定了工业工程的基础。20 世纪初，零件互换性和劳动分工是促进大量生产成为可能的两个重要的工业工程概念，而在德国兴起的标准化同样也成为促进大量生产和工业化的重要 IE 成就。到了 20 世纪 30 年代至 40 年代，由于吸收了数学和统计学的知识，创立了许多 IE 的原理和方法，包括人机工程、设施规划与设计、物料搬运、生产计划与控制、质量控制、成本管理以及工程经济分析、组织设计、群体工作效率分析与人员激励等，形成了现代 IE 的主体。自此，IE 成为公认的提高效率、降低成本的有效工具。

两次世界大战前后，美军借助其创新能力与 IE 技术，建立了强大而又高效的军事工业能力，从 1941 年到 1945 年，美国一共建造和下水了 151 艘轻重型航母，当年太平洋上美国"约克城"号受重创，日本人判定需要 2 个月才能修复，而美国人只用了 36 小时就完成了，能力及效率可见一斑。美国工厂的秘密武器就是通过工业工程提升效率，之前美军枪弹的包装用的是重达 68 千克的木箱，里边用油纸盒包起整包的枪弹，部队收到弹药后要花大量时间把枪弹塞进帆布或金属弹链，非常不方便。从 1942 年开始，事前已装上弹链和弹夹的枪弹被包进铁皮盒封装，包装重量下降到 45 千克。这个铁皮盒可以用钥匙像开罐头一样方便打开，效率大幅提升。此外，著名的洛克希德"闪电"战斗机，在制造第一架时使用了 360 000 工时，在小批量生产时减少到 17 000 工时，其后工时数被不断缩减刷新，直到后来的 3 800 工时，几年时间效率提高了近百倍。

难怪丰田生产方式的创始者大野耐一曾说过："20 世纪 50 年代，日本每个人都在学习 IE 这门赚钱的技术"。富士康董事长郭台铭则把 IE 称为"工业之父"，可以说是 IE 促进了精益管理的形成，为工业高速发展和国民素质提升奠定了坚实基础，至于后来精益管理的弯道超车，也可以说是百年工业工程的创新延续与发扬光大。

三大基石构筑的日本效率机器

进入 20 世纪以后，以福特 T 型车为代表的大量生产方式成为先进生产效率的代表并被广泛采用，然而，正当美国人为其汽车产业的高速发展而沾沾自喜的时候，一场来自日本的质量与效率的管理革命正悄然兴起。20 世纪 80 年代，以丰田为代表的日系车企，凭借一种创新生产方式，也就是精益生产，在质量、成本、效率等方面迅速超过美国同行企业。针对这一现象，美国相关部门牵头组织 17 个国家 53 位专家，历经五年，花费 500 万美金，对超过 90 家汽车总装厂进行研究，1990 年，由麻省理工学院詹姆斯·沃迈克教授主笔出版了《改变世界的机器》一书。该书介绍了在世界范围内取代大量生产方式的精益生产方式的由来、具体应用及其将对全世界产生的深远影响，将精益生产定义为是一种彻底追求生产过程合理性、高效性和灵活性，通过彻底消除浪费来达到这一目标的新型生产方式，精益生产通过精细化管理，追求零库存、零缺陷、低成本和零损耗。书中以汽车工业为例，对美日两家汽车制造厂进行了对比，一家是美国通用公司的弗雷明汉工厂，一家是日本丰田的高冈工厂。

研究者发现，在通用公司弗雷明汉工厂的大批量生产车间里，充斥着大量的车身缓冲库存和成堆的零部件库存，这些可能要闲置数周时间。总装线旁的走道挤满了前去换班的员工、前往排解故障的修理工、清理工和库存搬运工，总装线上的工作分配不均，有些工人在跑动以跟上工作节拍，而有些工人却有时间吸烟甚至看报纸，一些工位上的工人们正努力把不合适的零部件装配到汽车上，装不上的零部件就随便地扔到垃圾箱里。于是，在总装线的末端堆放着带有各类质量缺陷的成品汽车，需要在出货前进行修理，这项任务非常耗时，而且由于问题埋藏在层层零部件和内饰之下，往往无法彻底解决，对工人的技能要求也很高，一般人难以胜任。此外，由于采用大批量生产方式，汽车换型转产往往要停产数月之久，低质与浪费导致绩效不高，裁员频频发生，导致工人士气不高。

而在丰田公司高冈精益生产工厂的走道上几乎没有人，每一个工人都在为汽车生产增值，他们认为工厂空间应当尽可能小，这样工人更容易面对面地交流，没有存放过量库存的空间。在高冈工厂的总装线，每位工人的身旁只有不到一个小时的库存量，零部件顺畅前移，每位工人的工作节拍大致相同，工人一旦发现有质量缺陷的零部件，会仔细地贴上标签，然后送到质量控制室换取新的零部件。质控部门对缺陷进行根本原因分析并加以解决，以至不会再重复出现类似问题。如果在作业中发现任何问题，线上的工人可以拉动设在工作台边上的绳索，停下整条总装线，因为问题已经提前解决了，所以停止总装线的事件几乎不会发生。在总装线的末端，基本看不到堆放返工品的区域，几乎每辆车都是直接从总装线顺利下线送达客户处，那些具有高水平排错能力的员工自然也就不需要了。在高冈工厂的焊接车间与喷漆车间之间以及喷漆车间与总装车间之间几乎没有缓冲库存，没有零部件仓库。由于采用快速换模技术，高冈工厂能够在几天之内从生产一个车型转换到生产下一个产品，由于工作节奏明快，高绩效带来高薪酬与高回报，几乎所有工人都是丰田的终身雇员，这些都使得车间里的员工们都精神饱满，士气高涨。

车间现场的差别造成了这两家工厂在质效数据上的差距，比如，每辆汽车的总装时间通用公司使用了 41 小时，而丰田公司只使用了 18 小时；每百辆车总装缺陷数通用公司是 130 个，丰田公司只有 45 个；每车总装占用的面积通用公司是 8.1 平方米，丰田公司是 4.8 平方米；平均零件库存通用公司是 14 天，而丰田公司是 2 小时，可见曾经风靡一时的大批量生产模式在精益生产方式面前失去了优势。因此，专家们得出一个结论：世界并不是面临供大于求的危机，而是面临着严重缺乏具有竞争力的精益生产方式

丰田精益生产系统屋

的生产能力危机,当工业界普遍采用精益生产方式后,将会带来消费者选择、工作含义、公司命运、世界经济等诸多方面的重大变化,可以说精益生产方式是改变世界的效率机器。

精益三大基石是零缺陷、零浪费和持续改善;五项原则是价值、价值流、流动、拉动与尽善尽美;七大浪费是指不良品浪费、过量生产浪费、搬运浪费、过分加工浪费、库存浪费、动作浪费和等待浪费。这些浪费导致生产的品质和效率大打折扣,通过精益改善,打造成没有臃肿浪费的组织,是每个企业的目标。教授们给这种生产方式取名为精益生产,英语为 Lean Production,其核心词 Lean 的英文原意是瘦身的意思,在大陆翻译为精益,在台湾翻译为精实。精益生产是聚焦于价值的理论,是品质与效率的革命。精益管理提出了生产过程中增值时间与非增值时间的概念,增值时间即用户买单的时间。比如我们装配水笔,只有笔帽套上笔杆那一瞬间是增值时间,其他都是浪费或必要的浪费,用户不会关心笔杆和笔帽运输多远,也不关心原材料存放了多长时间。精益讲究速度,讲究一件流,并通过快速换模工具来提升整体的速度和效率,精益采用水蜘蛛来配送物料,采用拉动式生产方式,大幅降低企业的库存。同时,精益以质量为核心,讲求品质前移与品质追溯,并用速度驱动品质。总之,精益就是彻底消除浪费,把无效时间挤出,大幅提高有效时间的占比,真正体现了时间就是金钱,效率就是生命的理念,可以大大提升竞争优势,不仅应用于产品生产,而且可以应用于组织或个人的各种流程与事务之中。通过这样的延伸,应用于制造领域的精益生产就发展成了适用于更广领域的精益管理。

精益 001 卓越运营法则

精益三基石是零浪费、零缺陷和持续改善,由此我们提出了"精益 001 卓越运营法",那就是"质量零缺陷,流程零浪费,每天进步一点点"。

质量零缺陷:老是出质量问题的流程不可能流畅,要做得快首先要做得好,质量是精益管理的核心与基础,精益管理的效率提升本身也是流程质量的提升。因此,要做好质量策划、错误预防、质量控制、质量检验与质量追溯等工作，力求做到零缺陷。当然，绝对的零缺陷是做不到的，成本也会很高，但我们可以不断趋近于零缺陷，这一点上可以用不断精细的缺陷率单位来表达。比如，缺陷率如果用百分率来表示，如 1%，感觉已经很小了，如果用千分率来表示，则 1% 就是千分之十，如果用百万分率来表示，则 1% 为 10 000 PPM，如果用十亿分率来表示，则 1% 就是 10 000 000 PPB。六个西格玛的缺陷率为 3.4 PPM，约为 1% 的三千分之一，从 1% 到 3.4 PPM，是质量的巨大飞跃。

流程零浪费：质量再好，如果产出效率低下，也不可能有竞争力，因此提升流程效率就成了提高企业竞争力的关键。提升流程效率，就是要识别流程中的各种浪费，然后通过 IE、IT、自动化等科学方法将浪费减少，努力实现流程零浪费，提升业务过程的速度和效率。同样，绝对的零浪费也是做不到的，成本也会很高，但我们可以无限趋近于零浪费，这一点可以用不断提高生产节拍来表示。比如生产一台设备的节拍是 60 分钟，能不能通过价值流分析，缩短前置时间，将节拍时间缩短到 30 分钟甚至更短，这样生产速度可大幅提高，实现效率倍增。

每天进步一点点：有了零缺陷和零浪费的目标，还需要一个持续精进的推进机制，才能发挥精益管理的成效，形成组织和个人的竞争优势，这就是要求每天进步一点点。1% 似乎微不足道，然而如果每天进步 1%，一年会提升到原来的 38 倍，反之如果每天退步 1%，一年下来就只剩原来的 3% 了，人生的路程，每天进步一点点，积少成多，就会带来质的飞跃。

我曾拜访过国内一家大型民营汽车制造企业，没进大门，远远就看到树立在主体建筑楼顶"每天进步一点点"大幅标语，通过进厂参观与交流，更切身感受到其无处不在的精益文化。在这家工厂中，现场管理井井有条，生产流程快捷流畅，车间基本没有堆积库存。他们有一个专门推进精益的小组，每年组织发动精益改善数百项，其中大的改善如发动机工艺改善可收益上千万元，小的改善如喷漆垫片的重复使用每个可节约 2 分钱，积少成多，连续多年年化改善收益达到年度销售额的 3%。经过十多年持续精益推广，精益已经深深融入这家企业与员工内心，印象深刻的是在数万人就餐的食堂里，为了减少一个打饭动作，聪明的员工将饭铲用橡皮筋悬挂在米饭盘上面，打饭后饭铲无需手动摆放，手一松橡皮筋会自动归位，可以说把零浪费做到了极致。想起他们门口"每天进步一点点"的醒目标语，他们说到了，也做到了，这或许就是他们能够在竞争激烈的汽车制造行业脱颖而出，发展成为民营汽车知名品牌的重要原因。

由此可见，"精益001卓越运营法"，就是采用精益管理技术，将质量零缺陷，流程零浪费设为行动目标，将每天进步一点点作为推进机制，形成一套优质高效的系统方法论，通过长期应用到日常生活与工作中，成为一种行为习惯，实现卓越运营的目标。

三、精益功夫
实战高手一辈子的制胜法宝

中国功夫是健身强体的宝藏，经典精益是提质增效的宝藏，当我们将传统精益与中国功夫相对比，发现了诸多不同之处：传统精益往往从现场开始，重外在之武，而功夫是从呼吸开始，是内在之功；传统精益往往是一场场运动，而功夫是数十年的长期实践；传统精益是8小时工作要求，而功夫却是三九三伏不停息的修炼；传统精益讲求团队绩效，而功夫则讲究个人功力，是随身的武器；传统精益是辅助企业运营改善的手段，而功夫却是个人健身防身的主要手段；传统精益通过观摩学习后即可实践，而功夫却要求师傅传授方能得法。这些不同之处，恰恰在一定层面说明了传统精益为什么成功不易，推广困难，如果不能进行创新改革，精益宝藏或许会渐失光芒。

因此，我们大胆地将传统精益与中国功夫相结合，吸收数千年功夫的特色之处，让传统精益插上功夫的翅膀，努力让精益飞得更高更远，形成具有中国特色与内涵的精益功夫。精益功夫在对象上不局限于组织团队的训练，而是强调每个人的学习实践与习惯养成，成为每个人的基本功，一群拥有精益功夫的个人组成的团队和社会，其力量将是无穷的；在功法上不局限于日本丰田的精益方法，凡是符合零缺陷、零浪费、持续改善三大基石，又在提质增效的实践中行之有效的方法，都可以纳入精益功夫功法；在推进形式上不局限于外在表现与短期行为，而是讲究内功筑基与长期修炼，相信只要在精益道路上持续努力，就能达到水到渠成的成功境界；在目标设定上，精益功夫不局限于仅仅是提升组织质量效益的一种管理技术，而是期望成为提升国民素养、提高国家实力的基本技能。

精益与功夫之所以能合璧，还体现在其形式与内容的相互对应方面：功夫中视意守丹田为修炼之本，对应于精益来说，价值相当于是丹田，客户相当于是意念，意守丹田就是坚持始终以客户价值为中心的核心理念；功夫中追求打通任督二脉，对应于精益来说，战略规划与运营实效相当于是任督二脉，日常精益改善工作相当于是呼吸，用调息打通任督二脉就是通过持续改善的精益运营将战略转化为绩效；功夫中讲求用任督二脉引领十二经络，对应于精益来说，就是用精益卓越运营为主线，打通各职能模块协作通道，实现整体质量效率与绩效目标；功夫中讲的快如闪电和行云流水，对应于精益来说，就是用品质驱动速度，建立快速而又流畅的流程；功夫中讲的招式、精准、力度，对应于精益来说，就是标准化流程、工作质量和行动有效性；功夫中讲的十八般武艺，对应于精益来说，就是各种精益方法。以上种种吻合之处，也说明将精益与功夫进行映射与叠加是切实可行的。

当前社会竞争越来越激烈，无论是身心健康还是事业成就，都需要有一种事半功倍的技能。因此，我们呼吁人人都能修炼精益功夫，当群体中的每个人都拥有这项技能时，协同效应自然就会出现。同样，企业制胜也要练好精益功夫，经济环境充满许多的不确定性，但不管宏观经济环境如何，企业把产品做好、质量提升、效率增加、效益倍增，才是王道，也是在不确定环境下创造确定性的重要路径。精益功夫跳出以往对待知识技能的圈子，用修炼的做法来学习推广精益，让我们形成独特的哲学观察视角和为人处事方法，增强了职业竞争优势，也创造了事业生活的精彩和亮色。可以说，精益功夫将会成为伴随实战高手一辈子的有效武器与制胜法宝。

当精益遇见功夫

　　将精益与功夫结合起来，是我多年工作学习中的思考与体会，让精益成为每个人的功夫，是我一直以来的期望。精益生产（Lean Production）从1990年被总结出来后，业界接受了精益生产的理念并效仿其做法，使其成为制造业的经典管理技术，同时人们也尝试着将精益理念运用到各行各业的管理之中，形成了精益管理（Lean Management）的概念和应用，一直发展至今，长盛不衰。精益是一种在适当张力下高效流动的管理形式，追求零缺陷、零浪费和持续改善，其价值、价值流、流动、拉动、尽善尽美的五项核心原则以及调整系统的平衡流畅所达到的整体效率提升，与中医辨证施治的系统性养生功法有着异曲同工之妙。值得注意的是 Lean 的英文原意有"瘦身"的意思，精益管理下的组织如同健康的身体一样，没有多余的脂肪与损耗，优质高效运转。可以说组织精益与个人塑身在理论、方法、机制等方面都是相通的，有了精益的个人，才会有精益的组织，这也是为什么将精益与功夫二者相提并论的道理所在。

　　俗话说：大道相通，我们进一步寻根溯源，探讨东方智慧与组织管理的内在相似性。老子《道德经》中最著名的话，就是"道生一，一生二，二生三，三生万物"，其经典解释为用唯一之道，生出阴阳，阴阳之合，生出万物。而在精益功夫理论中，也尝试着将这个古老道理应用于解释中医内功与组织管理：道生一，一在内功中为意念，在组织管理上为愿景；一生二，二在内功中为吐纳，在组织管理上为战略与运营；二生三，三在内功中为上、中、下三丹田，在组织管理上为上、中、下三个层次的骨干团队；三生万物，万物在内功中为全身的腧穴与经络，在组织管理上为分布各处的改善行动与文化。另一方面，中国功夫的哲学和文化内涵也与精益的价值理论有异曲同工之妙，比如价值差异：中国功夫讲究以柔克刚，以虚制实，对应于通过价值分析，找出价值差异点来创造竞争优势的精益价值主张；

中国功夫讲求直中要害，强调将力量直接传递到对手身上，不浪费一点力气，与精益管理中的价值为王、速度制胜、直击价值的理念不谋而合；中国功夫变化多端，追求变幻莫测，以应对不同的情况，对应于精益管理中因地制宜，灵活便捷的价值理论；中国功夫追求意在形先，即先想好动作的意境，然后再根据意境来进行动作，同时强调动作要气势磅礴，形成震慑力量，对应于精益管理中做好规划，从现场、品质、流程等方面全面实施，并形成精益文化的推进路径与系统张力的管理思想。

中国功夫注重身体的调理和锻炼，可以有效地改善身体素质，提高免疫力，预防疾病，其呼吸和冥想训练有助于缓解压力和焦虑，促进身心健康，对身体和心理的调节有着积极的作用。中国功夫强调内功修炼，展示了中国文化中注重内心修养的传统价值观，而其外化动作，则体现了中国传统美学中的动静结合、形神兼备等观念。通过学习和传承中国功夫，可以更好地了解和体验中国传统文化的魅力，同时也可以促进身心健康和精神修养。中国功夫的上述作用，同样可以与精益管理相对应，精益作为一种管理技术，不仅为组织提供了提质增效的系统方法，还上升成为一种运营管理的理论实操体系和哲学思想，对组织的健康发展具有与中国功夫同等重要的功效。

推精益就是练内功，无论是从道的层面，还是从术的层面，精益与功夫都相互对应，自然可以相辅相成。我们既然可以用精益的方法来练功夫，同样可以用功夫的理念来推进精益，将精益功法与功夫练法合二为一，成就精益功夫，也是本书重点着笔之处。

精益功夫的知行达

一直以来，我们不断地努力在实践中践行知行合一，然而数年前当我开始对外进行精益管理咨询服务时，遇到有的企业，培训课也上了，行动也有了，但效果总是不尽如人意，也难以持久，据说业界这种现象还不少见。从那时起，我不再仅以"知"和"行"来衡量精益工作的开展，而是以"达"作为评价知和行的标准，把每一个任务的圆满完成看作一件合格的产品，既要包括正确的知、及时的行，也要包括有效的达，实现知、行、达的统一，才算真正价值的达成，称其为"知行达合一"。知行达合一是从价值理念和价值创造的角度出发，目的是使人通过改善行动实现精益价值，认为没有实现精益价值的认知与行为不算是有效的行为，更是一种浪费。我们有限的人生资源和行为都应该以价值为导向，以达为标准，从结果端拉动知识选择和调整行为。这样，我们学什么、做什么、怎么做的选择才会有更多的针对性和有效性。

知行达合一与价值拉动的精益核心理念一脉相承。我们认为，只有通过帮助顾客解决问题去打动顾客，才是有价值的行动，知行达合一让我们重点关注客户的真正需求，而不是关注自己的感受。比如说上课，以前只考虑要输出些什么，或者自己喜欢表达些什么。而当用达作为标准时，也就是"让老师的知识成为学员技能的一部分"作为一节课的要求时，就会在每次课程上让学员们输出一些成果。比如让他们上台教，让他们写成文，让他们实际做等，这样的教学效果就有所不同。

知行达合一可以促使我们提前进行全生命周期规划，保证过程品质与效率，减少浪费和避免后患。当我们把知、行、达作为一个任务不可分割的组成部分时，就有了系统性思维，做事的目标要求与过程效果也完全不同。因此买什么设备只是知的层面，设备到位能用是行的层面，而充分利用并高速生产出合格的产品，才是达的层面。一个花重资辛辛苦苦建立的漂亮公共实训室，建成后门可罗雀，可以说其知和行做得都很好，却未能达，何其可惜，如果一开始能按照知行达合一的要求去做，这种结果应该会避免。一位长期居住在美国的老师向我叙述了这样一件事：在美国，家里院子要布一根电线，如果是自己来做，通常是在地上拖一根电线就行了，讲究一点的话挖一条沟，把电线埋起来，一会工夫就搞定了，我想这是许多人的一般工作状况和社会常态。这样的工作，如果有人走过，可能会被电线绊倒并导致断电或触电；如果有老鼠，会咬断电线产生故障或事故；如遇风吹雨打，会腐蚀或暴露电线；如遇其他挖掘工程，管线会被挖断等。因此，虽然这个小工程完成得很快，但后续会救火不断。然而，如果请专业工程人员来做，他们首先会调看以前的工程图纸，避免在施工中挖到其他管线，然后制定符合标准的施工图，根据施工标准，用特定尺寸的工具，挖出宽度和深度符合标准的电缆沟，再将套好保护管的电线埋入，表面做好标记，过程和结果都有人员检查和评价，完工后将工程状况形成报告和竣工图纸，附在原工程图后面，以备今后查阅。一个小工程，要如此麻烦，看似多此一举，实际上这是一种科学的工作方法和习惯，与我们的凑合、求快、差不多的习惯有天壤之别，值得我们清醒认识和认真反思。如果我们掌握了知行达合一的工作方法并重视项目全生命周期规划，就不会出现那么多道路建了又挖、时常跑冒滴漏、经常挖破管道造成的无序和损失。

知行达合一可以将知、行、达形成螺旋上升的工作循环，有效应用在工作之中。在80多年之前，现代质量管理的奠基者，美国的休哈特（Shewhart）博士提出了质量管理的计划（Plan）、执行（Do）、检查（Check）、调整（Action）循环，即PDCA循环，被戴明等广泛应用于质量改进项目的管理，所以又称戴明环。戴明环要求人们把工作按照计划、实施、检查，调整等步骤，形成一个工作循环，作为一种广泛适用的工作方法。我们同样可以用知、行、达三个步骤作为应对事物的方法，首先是知：是指做事要有目标计划，根据目的与标准制定行动计划；其次是行：是指做事要有行动有稽查，不断根据标准来检查行动并调整行动；最后是达：是指做事要有结果，并根据事先定义的标准来量化评估行动的结果；然后将知、行、达形成螺旋上升的改善通道，以达到零缺陷、零浪费的精益目标。精益这门技术，往往被视为一种理论与方法，知的属性须明确，而功夫不仅要知道怎么做，更要积极践行，刻苦修炼，达的属性最现实。将精益与功夫结合形成精益功夫，也就是将知、行、达统一起来，最终要干出成效，达到预期才算成功。精益功夫提倡用知行达合一的要求来对待每一项工作，提高达的标准，加强达的督查，如果每个人都能按这个方法为人处世，相信迸发的能量将会超越想象。

三年筑基，十年练成，终身受益

企业组织和生命机体有着许多的相似性，在肌体活力与健康方面发挥重要作用的功夫修炼理论，同样适用于组织绩效与个人素养修炼的精益推进。从精益的核心理念来看，工作零缺陷对应着肌体零病痛，工作零浪费对应着肌体零淤滞，绩效提升对应着肌体锻炼，工作绩效对应着健康指标，工作尽善尽美对应着肌体风调雨顺；此外，从精益方法来看，拉动式生产相当于是以意领气，改善并优化节拍相当于是调整呼吸，流程优化相当于是打通经脉，提高质量相当于是净化气血，削减库存相当于是清除淤积等。鉴于企业组织和生命机体的相似性，我们认为长期修炼精益功夫对增强组织健康和肌体健康具有广谱适应性。长期修炼内功的个人，可以拥有矫健轻盈的形体、由内而外的气场光彩和风调雨顺的身体系统；长期推进精益管理的组织，可以拥有闪亮的工作现场、快速流畅的流程效率和令人惊喜的效益回报，这应该是个人和组织的发展目标和必由之路。

然而，就如同健身内功并不是所有人都能练成一样，精益功夫也很难做到知行达合一，往往会出现效果不好、不能推广、容易反弹等现象。据统计，即便是在西方国家，推进精益管理的成功率也不足50%，这是一个长期困扰推进组织和咨询公司的挑战。当我们把数千年东方智慧的内功核心要素与精益推进方法进行链接并加以修正，这个问题就有可能变得有章可循，甚至迎刃而解。

如同内功强调的意念、吐纳、丹田三要素一样，一个成功的精益推进系统，也需要改变传统精益推进的知识培训、现场整理、改善运动三部曲，将重点放在战略、机制和团队三个要素上：首先，将打造高绩效精益组织纳入战略愿景，以保证让全体员工知道所有精益行动都是围绕组织战略展开的；其次，要建立精益推进的长效激励机制，让全体员工成为精益行动的核心，让他们知道这项工作与自己的收益和发展密切相关，并能够分享精益改善成果；此外，通过建立和实施个人与组织的评价晋升体系，培养具有精益素质，掌握精益方法，深入精益实践的精益骨干人才梯队和领导，成为组织持续发展的精益力量。除了要有战略、机制和团队这三个要素外，还需要坚持长期主义。我们知道，中国功夫无论是何种门派，都讲求长期修炼，三年筑基，十年练成，终身受益。精益功夫也一样，要降低马上见效的期望值，避免短期行为，因为系统需要慢慢调理，团队需要逐步成长。只要功夫到了，自然也就成了，欲速反而不达。我见过有的企业持续推进精益十几年，甚至几十年，每天进步一点点；他们似乎不受外部环境影响，别人不赚钱他们能赚钱，都成了行业品质与效益的领先者，这就是长期持续改善所形成的核心竞争力。因此，个人与企业眼睛向内，练好内功，是破茧绽放的最有效路径，这是多年以来我个人修为和组织管理的实践体会，也是未来持续努力的使命所在。

值得注意的是，精益功夫涵盖的精益，已经不再局限于 20 世纪 80 年代的传统精益。我们以"精益 001 卓越运营法"为基石，将传统精益方法总结提炼，加入数十年精益品质实践与应用的创新内容，再加上中国功夫的修炼机制与实战要求。可以说精益功夫不仅是突破传统的精益蝶变，还具有从理论到方法的创新架构，力求成为知、行、达并重的行为规范与科学体系。

意守丹田，打通任督二脉。

第二篇·正 觉

·
·
·

意守价值，力出丹田

"真意即虚无中之正觉，所谓相知之微意是也"，这里的正觉就是意念，是内功之中全局性与方向性意义的指导观点和原则，是决定功夫成功与否的精髓理念，是练功基础中的重中之重。所以，练功首先要习练意念，正觉差之毫厘，实战谬以千里。

中医理论认为，人体是一个系统，有其系统的协调性与规律性，而气血是人体中最基本的流动物质，是生命活动的基础。气为血之帅，气是血液生成和运行的动力，起着推动、激发和固摄血液的主导作用，功夫就是通过以意领气，用正觉之意去感觉、净化、增强、引导体内元气，进而推动与激发血液运动，通过分布全身的神经血管系统对内滋养协调各脏腑器官，对外配合肢体运动进行聚集与爆发，达到内在脏腑协调有序、外部肢体快速有力的健康状态。然而，"练武不练功，到老一场空"。许多人只是外求动作，不从内在正觉着手，舍本逐末，自然劳而无功。

精益功夫认为，无论是社会、组织还是个人，都是一个系统，要抓住系统最基础、最重要的因素，才能纲举目张。精益功夫的核心特点主要包含价值拉动、现场闪亮、品质前移、时间缩短、库存精简、技能标准化和人人修炼等。其中，客户价值就如同人体气血一样，指导并影响整体的走向。因此，紧紧意守客户价值这一精益丹田，通过呼吸般不息的机制化运营改善，运用精益功夫从丹田发力，打造卓越的现场、质量和速度，进而达成绩效，就可形成差异化竞争力，散发出由内而外的美与力量。

一、意守价值丹田

抓住对客户真正有价值的 5%

我们来看一个瓶子的装配过程，要把瓶盖旋到瓶体上，我们先将瓶体买来放到仓库存放，再由员工将瓶体领出来放到车间，分发给工位；瓶盖也一样，先仓库，再车间，再工位，工人弯下腰，左手拿起瓶体，右手拿起瓶盖，然后用一秒钟将瓶盖拧上。在上述一系列过程中，对客户有价值的动作就是拧瓶盖的那一秒钟，其他动作对客户来说都是浪费或必要的浪费。客户并不关心瓶体和瓶盖啥时买来、放多久、有没有人保管、损耗有多少，也不关心怎么运到车间和工位，他只为对他有价值的那部分买单。从这个意义上来说，可能在工作中直接为客户增值的只有 5% 的动作，另外 95% 的动作会造成必要或不必要的浪费。首先，针对大量采购导致的资金、场地和保管方面的资源浪费，把产品从仓库运输到车间再到工位的人工浪费等，我们可以让供应商每 2 小时一次配送原材料且直接送到工位，即可消除上述浪费；其次，关于质量损失，如果瓶身或瓶盖有缺陷，则会产生质检损耗、装配误工和返厂延误等，我们可以通过加强供应商质量管理与防错系统来预防质量损失；再次，解决如何加快生产节拍，让体现客户价值的拧瓶盖一秒钟成为定拍工序，并且通过设计改善，让拧瓶盖的一秒钟缩短，从拧三圈变成拧两圈，最后变成咔嚓一下等。因此，在精益功夫中，客户买单的价值动作所占用的流程时间，决定着工作的效率和质量，从 5% 到 100%，其间就是精益功夫的施展空间与水平所在。

修炼功夫的重要基础和始终如一的执着就是意守丹田，让意念围绕着丹田这个核心，自始至终不离开，才能汇集全身元气，形成贯通之势，而且武功的每一招式和每次发力，出自丹田才最有力。真正的功夫是围绕丹田的技法，精益功夫是一门研究价值的学问，要练好精益功夫，最重要的是要始终意守价值丹田，方能功成。

我们把价值分为自我价值和客户价值，自我价值是能够为自身创造效益的价值，客户价值是能够为客户创造效益的价值。人们一般会重视自我价值的创造，忽视客户价值的创造。然而在精益功夫中，客户价值高于自我价值，这一点并不难理解，因为一个企业效益的直接来源甚至是唯一来源，就是客户，客户价值提升了，他们就愿意付钱，甚至愿意付出高额的溢价，这样就保证了自我价值的体现。所以说，客户价值是自我价值的根本，是最大的价值。

意守价值丹田就是时刻想着做对价值有贡献的事，说话不拐弯抹角，动作不拖延磨蹭，流程不拖沓冗长，将各种浪费降低到最低程度。比如一个企业从合同签订到回款，其中包括设计、采购、制造、交付等诸多环节，总共需要 100 天时间，通过分析，在这 100 天的时间里，有效的作业时间只有 23 个小时，其他时间几乎都消耗在等待中。比如合同等待会签、设计等待审批、原料等待运输、零件等待入库、车间等待配料、缺陷等待返工、工作等待配合、部件等待运输、成品等待检验、财务等待打款、商品等待发货等，这些等待的背后，是人力、场地、资金的无效占用，是流程中不能产生价值的部分，无论是自身价值还是客户价值。精益功夫就是要通过各种招式，降低浪费，缩短无效时间，将 100 天的周期缩短到 50 天，再到 20 天甚至 5 天。这时会发现资金与场地的占用大幅减少，人员效率大幅提高，企业竞争力与客户满意度都有较大提升，就能感受到修炼精益的功效。

价值由谁定义？

与优秀的人打交道，你才会更优秀。我在商学院有一位担任国企老总的同学，在一次聊天时，他说："每一次有客人来访，无论是领导还是下属，我都会把他们当成是我的直接上级一样接待。"回想自己年轻时，总是自视清高，活在自己的小圈子里，跟这位同学的境界相比，我很惭愧。

那次回来后，我就开始转变，见到来人都发自内心地很礼貌、很客气。这样一个小小的转变，让我感觉整个世界顿时变得温暖柔和起来，心情舒畅，做事情也更加顺畅了。

上述那位同学的观点符合以客户需求为导向的精益价值理论 —— 客户定义价值。就是说一个人、一件物或一件事，其价值大小是由其服务的对象来定义的，如果你觉得自己很有价值而别人不觉得，那只是孤芳自赏而已。从我的意愿到他的感受，是从知到达的过程，达己而后达人，方为真达。一个时刻考虑他人价值的人，做事会多为他人着想，而不是影响和骚扰别人，他们会主动关心别人，会特别注意不吵到别人，也避免挡住别人。比如在餐厅里，他们哪怕位高权重也不会大声呼唤服务员，不会用豪横的方式来显示自己，而是走过去轻声告诉他。如果社会上人人都能这样为他人着想，那不就是人间天堂吗？

做人如此，办企业也一样，大凡成功，都有意或无意间做对了让客户价值最大化这件事，因为客户是利润的唯一来源，必须让客户定义价值。20世纪80年代中期，新上任的海尔老总张瑞敏干了件轰动一时的"砸冰箱"事件，他将70多台不合格的冰箱贴上封条，缺陷是谁造成的就由谁来砸毁它，让大家深刻认识到有缺陷的产品就是废品。后来，海尔通过"激活休克鱼"的管理输出方法，将兼并的18家亏损企业全部扭亏增盈，通过国际化和全球化战略布局和发展，最终成为全球大型家电的巨无霸企业。在海尔发展历史上，每个阶段都始终坚持人的价值第一，而在各种人当中，排在第一位的是客户。张瑞敏曾说过：海尔是海，而客户价值就是海上航行的指南针，帮助海尔在万绪中分辨主次，在迷茫时指明方向。在海尔，最大的资源是客户的心，产品与服务要符合客户的标准，而不是行业的标准，让客户需求倒逼产品创新，客户的抱怨是最好的礼物，对企业的所有评价都是客户说了算。在海尔有一条共识，那就是不接受客户驱动的人和不能创造客户价值的组织，都只有一条出路，就是离开海尔平台。海尔还将创造客户终身价值作为可持续发展的重要战略举措。在海尔，一切的一切都围绕客户需求，由客户定义价值，用客户的要求指挥千军万马。比如砸冰箱，就是坚决不让劣质产品流到客户那儿去；比如入户换鞋，就是把客户的家当作自己的家；比如全球化，就是希望给全世界的客户提供周到的贴身服务。联想到张瑞敏所说的"自以为非是海尔文化的灵魂"，应该就是以客户为是，而不是以自我为是的意思吧。

世界如一面镜子，你投客户以桃，客户必回报你以李。华为公司的成功举世瞩目，他们从 20 世纪 90 年代开始，花费数百亿元，引入 IBM 等多个国际先进咨询公司，历经 20 多年的持续学习加上自身的实践，创立了华为独特的管理理念和发展经验，其中最重要的核心理念就是"以客户为中心，以奋斗者为本"。小米公司创造了快速逆袭的故事，大家都知道雷军"要相信梦想"的话语，却很少有人知道小米的梦想是怎么实现的？当年我在北京参加制造强国专家论坛，亲耳听雷军说"小米的每一个产品都要让顾客感动"，一句话暴露了小米的价值指向和成功路径。此外，相对于坐商而言，作为行商代表的浙商群体，他们的"四千精神"都是紧紧围绕客户的，即走遍千山万水、说尽千言万语、想尽千方百计、吃尽千辛万苦。功夫不负有心人，这种精神总能感动"上帝"，也成就了广大勤劳的浙商。

所以说，伟大的企业，都在坚持意守客户价值，并以直击价值实现弯道超车，都深谙精益功夫的真谛，以他们的实践创造出一个又一个精益奇迹，结出了精益价值的硕果。海尔近年来成功推行的"人单合一"管理变革，实质上就是精益价值的变革。在"人单合一"里，人是指创客员工，单是指客户价值，合一是指将员工价值直接与客户价值结合起来，员工通过提升客户价值来提升自我价值。海尔的创客员工、组织和平台，都是让员工和组织离客户更近，与客户在一起，甚至就化为客户本身。原来庞大的组织架构变身为小而精的客户拉动型组织，实现人人创业、客户付费的组织变革。他们将大规模制造模式转变为客户深度参与的定制模式，客户参与产品的需求、创意、体验、预售、智造、交付、迭代等全流程，真正实现无缝化、透明化、可视化的用户体验。在海尔，工厂已不是简单的机器换人，而是由物理空间变成用户交互的网络空间，最终实现产销合一。每个工位的电子看板可以直接看到最终用户对该工位的质量反馈信息，产品由按库存生产转变为按客户订单生产，生产线的每件产品都是有客户定制的，是真正的精益化拉动式生产典范。

精益就是直击价值

有次在外地打车去赶高铁，有这样一段对话：

"去火车南站。"

"好嘞。"

"师傅，要开多久？"

"说不好，看路况。"

"顺畅的话开多久？"

"那很快，要不了多会儿。"

"有多少公里？"

"不远，别急。"

"还要开多久？"

"差不多快到了。"

"师傅，这条路跟我导航显示的不对呀。"

"你们不是去南站么？"

"是啊，我们去坐高铁。"

"啊呀，高铁是新开的南站，我以为是去老南站。"

当这个马虎司机掉头紧赶慢赶来到新南站时，离开车还有 5 分钟，匆匆上车，看着旁边空空的座位，我们打另一辆车的可怜同事误车了。后来他们告诉我，他们也被拉到另一个南站，下车后才发现来错了地方。分析一下这位的哥的语言问题：首先，是价值导向错位，以自我为中心，比如"我以为是去老南站""别急"等；其次是语义模糊，比如"要不了多会儿""差不多快到了"等，没有精准定位；最后是始终不用数字说话，比如"说不好""很快""要不了多会儿"等。糊涂的司机，加上老南站新南站含糊不清、界定不明，这样的城市，不知每天会上演多少麻烦之事。从文字学角度来看，从 1 数到 10，中文发 10 个音，日文发 14 个音，英文发 16 个音，在一定程度上说明中文的效率要高，可以说中文是世界上最简洁、高效而优美的语言之一。然而，这么美好的语言，在工作中却往往不能发挥效率。精益功夫认为一个未经优化的过程中可能有 95% 的时间是不增值的，这种情况在语言文字中也一样存在，改善的潜力较大。

　　人类最终的竞争是什么？许多人选择的答案肯定是时间。时间分为绝对时间和相对时间，绝对时间是你的生命或工作时间的长度，相对时间是你在特定时间中实现的价值与效率。一般人的绝对时间相差不大，比如 85 岁到 90 岁，相差 5 年，但是相对时间也许会大大不同，比如从 5% 的价值效率到 50% 的价值效率，差距可达 10 倍。语言可以改善，思维和行动也可以改善，一个一辈子直击价值的人，可以比一个对价值无感的人创造出更大的时间价值。精益功夫就是通过长期修炼，让生命焕发出新的光彩，达到超出常人的绝对时间与相对时间，实现与众不同的生命价值。

运用价值分析方法让价值倍增

　　精益功夫常用的 5 级动作分析，是把身体动作分为 5 级，即手指动作为 1 级动作，手腕动作为 2 级动作，肘关节动作为 3 级动作，肩关节动作为 4 级动作，腰动作为 5 级动作。一般来说，动作级别越低，动作的强度越小，耗时也越少，将高级别动作优化为低级别动作来完成作业，也是精益功夫的重要改善内容之一。

　　有一个改善的小案例，一位检测工人坐在工作台前，待检镜片的位置与她的身体平行，在离她右侧 30cm 处的托盘上，她需要转腰伸手从右侧的托盘中取出一副镜片放到胸前的镜头上检测，检测完成后放到左前方的流水线上，这样完成一副镜片的检测需要做一次转腰 5 级动作。如果一天检测 3 000 副镜片，就要转腰 3 000 次。这是一个工厂中司空见惯的普通工位，却也潜藏着精益功夫的用武之地。我们将镜片托盘的位置向前挪移了 30 cm，这样每次取镜片只要手伸过去即可，不需要转腰了，5 级动作变成了 4 级，降低了劳动强度，取物距离也减少了，加快了工作的速度，每天从检测 3 000 个提高到 3 500 个，这是一项利人利己、立竿见影的改善，唯一的动作就是将物料托盘前移了 30 cm。

有一段时间，高速公路收费站从人工发卡转换成机器发卡，这项改善从精益功夫角度来说有没有价值呢？我们来看，人工发卡时，驾驶员只要伸出手，工作人员会把卡片递到驾驶员手上，驾驶员做一个 3 级动作就可以了。再看看机器发卡，驾驶员小心翼翼将车停下，伸手够不着卡片，然后解开安全带，站起来还是够不着，最后将车门打开，身体探出去才拿到机器吐出的卡片，整个动作包含了多个 5 级动作。可以说，这项改善对收费方来说是有价值的，但对客户来说增加了难度，是没有价值的。相信这个发卡机器的设计者未曾学习过精益功夫的价值论，也没有学过工业工程的人因工程学，难怪后来这项"创新"就被可以伸缩的机械手替代了。

二、出手快如闪电
耗时从 1 200 秒到 1.82 秒

我们常用"多快好省"这四个字来形容优秀的系统，其中好是多与快的基础，如果不好，再多再快也没有意义；而快是多的前提，快了自然也就多了；而做得多，也会更省成本。因此要在又快又好上下功夫，本节我们主要讨论快这个话题。

现在大多数家庭都有了私家车，如果轮胎破了要更换，生手要折腾个把小时，熟练的老手估计也需要 20 分钟，也就是 1 200 秒。但是世界上最快的换胎时间是多久？这个纪录产生在 F1 赛车换胎过程中，时间仅为 1.82 秒，约是普通换胎时间的 1/600，而且是同时更换 4 个轮胎，你可能会说，那是一秒千钧的 F1 赛场，当然不能比。然而，同样是 F1 赛车换胎，在 1950 年时，换胎的时间是 67 秒，是当今的 30 多倍。试想，在机械制造高度发达的当代，在换胎时间为 67 秒时，是什么技术问题阻碍其不能短为 27 秒乃至 17 秒？如果能大胆设想，并努力实施，或许几十年前就能大大缩短。因此，我们应该思考一下，现在的作业速度是不是可以大幅加快，以免几十年后回头来看，像 F1 赛车换胎一样觉得为何当时不能想象与突破。

用速度作为制胜法宝赢得竞争，可谓无处不在，自然界速度快的动物能逃生，慢的被吃掉，战争中速度快的人击败速度慢的，商业中速度快的人赢得订单，交通工具速度快的赢得乘客青睐。制造业也是一样，比如造电梯，以前需要提前 3 个月订货，现在从接单到出货可以在 1 周内搞定，速度的变化，改变了商业模式，创造了巨大的经济效益。以前是用户先付定金，工厂生产完成后常常要等客户全款提货，导致产成品滞留，资金回笼困难。现在只要提前 1 周，客户全款支付，然后快速一件流生产，制作过程中没有其他在制品库存，完成后也迅速拉走，从见款发货转变成见款生产，库存和资金周转效率大幅提高。在其他领域，对速度的要求和改善空间也同样存在。我曾去补办一张遗失的储值卡片，历经 7 次排队，4 次领号，6 趟步行，行走距离 200 米，等待时间 40 分钟，才拿到卡，而且还不能马上使用，原来卡里的 180 元也没有了，要等到第二天存入钱后才能正常使用。而时隔没几天，我去车管所续办驾照，在下班前 10 分钟匆匆赶到，竟然当天拿到了新的塑封驾照，效率之高，令我赞叹。以上两个单位办事，孰优孰劣立判。

精益加速，就是指当你做到响应更快、完成更快、到达更快时，人生的发展也会同步加速。当然，加速以后的客户体验和企业效益也会大不一样，比如"修车 + 速度""加油 + 速度"等，能够提升产品与服务的竞争力。以服装生产为例，以前都是按预测设计，大批量生产推销，当季卖不掉就会变成库存打折销售；在精益加速以后，网点只需提供样品，需要时马上生产补货，还可以加入客户个性化内容，从企业推动式转换成顾客拉动式商业模式。比如餐厅，在餐桌上放上沙漏，入座时把沙漏倒过来，承诺沙漏漏完还没有上来的菜免单，这样的餐厅用自己的体系来保证效率，不需要你催菜，他们的翻桌也更快。

要实现"大风流创新"很难，但通过优化流程减少等待与提高速度则人人可为。精益功夫认为，除了一些不宜加速的自然周期或工艺周期，在我们身边包括工作流、项目流、物流等各种流程，都有加速优化的空间。

精益功夫倡导用管理提升流动和速度，并提供了多种方法，比如先期策划、价值流图、及时物流、动作分析、均衡节拍、快速换模、拉动生产等，帮助大家在保证质量的前提下提速。只要坚持实践，不断改善，不知不觉间，你就能走在别人的前面。

换模时间从 30 分钟缩短为 3 分钟

管理的深入是颗粒度的细化，产品也是一样。定制化、人性化的产品必将取代通用化产品，就如同工业化生产的服装，以前就是大、中、小三个尺码，大家都往这三个标准上靠，基本不考虑同规格下个人袖长、肩宽、胸围、臀围等的差异。随着社会的发展和工业化能力的提高，定制化生产成为趋势，批量化服装尺码也具有更多组合，每批的批量减少，但规格增多。这就要求生产中的更换版型、更换布料、更换线材的工艺流程大大缩短，才能适应小批量、多品种、定制化的市场需求。不仅是服装，其他产品也一样，品种越来越多。比如我去走访了某国产新能源汽车制造厂，据说他们汽车的各种个性化配置可以超过 100 万种，联想到 100 年前福特汽车只有一种黑色的 T 型车的情况，真是有着天壤之别。生产线的柔性化势在必行，其核心挑战就是快速换模，谁的产线换模快，谁就能抢占先机，成为赢家。

快速换模是精益功夫的重要内容，对提高速度、降低库存起着重要作用。比如冲压一个零件，以前一次换模时间需要 3 小时，从经济上来考虑，一次换模就要打成百上千个同样的零件，这些都成为在制品库存。如今通过改善，换模时间缩短为 3 分钟，可能一次只需要打几个同样的零件即可。如果换模时间继续缩短到 3 秒钟，就可以只打需要的这个零件，真正做到一件流，实现速度最快、库存最少的精益生产方式。

就如同前面所述的更换轮胎一样，实现快速换模有各种方法，需要不断探索，持续改善。比如更换一副冲压模，可以在不停机时将模具预装在标准的模架上，将模架移至最近距离，停机后整体快速更换模架，原来 6颗固定螺丝每颗要旋十几圈，现在用定位槽定位，搬动定位销即可整体定位。这样可以将换模时间从原来的 30 分钟缩短为 3 分钟。当然，通过持续改善，还会有更大的进步。

快速换模仅仅是一个例子，加快流程的速度需要多个方面的多个点位创新突破。在改善过程中，要紧紧抓住系统中的瓶颈工序作为重点，以点带面，灵活施展精益功夫，见招拆招，形成具有自身特色和竞争力的高效率作业流程。

一架飞机发挥出四架的效力

在一次战争中，A国只有200多架飞机，而其对手有500多架飞机，这场看似力量悬殊的战斗，A国却以完胜告终，其秘密武器也是速度。原来，一架战机起飞作战1小时后返回，需要清理打扫机舱、检查调整飞机状况、补充武器弹药、添加飞机油料等，这段时间的长短决定了飞机的再次起飞时间。A国军士采用多种方法，比如在机库埋设输油管道和加油设施，让返航的战机可以在机库暂时停泊时就能加满油，及时准备工程车辆，在发现受伤战机时可以立即将其拉走整修，每个机库预先储备一到两次任务的弹药，让战机在机库内完成装备等，把战机从降落到再度起飞的换装时间从原来的90分钟时间缩短到了22分钟，一个起飞循环只要1.5小时，而其对手的换装时间还停留在5个小时，一个起飞循环为6小时，这样A国1架飞机效率相当于其对手的4架，由此看来胜负已分，可见效率决定成败。如今，通过持续精益改善，A国的这个换装时间已经低于7分钟，其战机综合战力又提升了一大截，如果继续改善，比如在回防途中就开始自动检查、采用整体油箱与整体武器库快速换装，或许哪天也像F1赛车更换轮胎一样，只要短短几秒即可。

精益功夫是以提升作业与系统效率为路径，以提升客户价值为目的的理论与实操体系，别人找东西要1分钟，你只要1秒钟，你的效率就是他的60倍；别人20分钟生产一件产品，你只要2分钟生产一件产品，你的效率就是他的10倍。通过长期持续的修炼，速度会大大提升，如果开饭店，你的上菜速度比别人快，翻桌率比别人高；如果造产品，你的交货期比别人短，资金周转率比别人高；如果做工程，你的工期比别人短，接活比别人多。快如闪电的速度将成为你在越来越激烈的竞争中脱颖而出的秘密武器，也是精益功夫的精髓所在。

十年功为了一分钟

俗话说，台上一分钟，台下十年功。练就闪电出击的速度不可能一蹴而就，需要精心设计、刻苦训练和持续改进。

俗话说，"凡事预则立，不预则废。"一般情况下，即便是简单的对目标进行计划管理，效率也会比只有含糊的想法提高 30% 以上。记得我 2000 年外出访问，行程总共 16 天，其中澳大利亚和新西兰 14 天，香港 2 天。一行人由我担任兼职翻译和导游，由于担心出错，我把前 14 天的行程安排得环环相扣，事先做好沟通和准备，一切都非常顺畅，效率也出奇的高。由于在香港的 2 天没有硬任务，也不需要我做翻译，事先就没有重视，没有考虑细节衔接，结果大家如脚踩西瓜皮，滑到哪里是哪里，浪费了许多时间，这就是计划与随意的区别。在 PDCA 循环（Plan、Do、Check、Act）之中，许多人为了快，P（Plan，计划）的阶段非常短，在 D（Do，执行）的阶段会产生反复修改，欲速则不达。反之，适当延长 P 的阶段，反而会加速 D 阶段的行动，磨刀不误砍柴工。因此，要提升行动速度，谋定而后动，减少误工返工，设计与计划就显得非常重要，不可忽视。

既然精益是一种功夫，就要在平日经常训练，拳不离手，才能在需要时手到擒来，一气呵成。只有经常训练与应用，不断摸索与发现，持续提升技能与速度，才能成为精益功夫高手。战国时期的庄子曾经讲过一个《庖丁解牛》的故事：开始宰牛的时候，他看到的是整头牛，练了三年之后，就不再看到整头的牛了，而是用精神去接触牛，不再用眼睛去看它，顺着牛体天然的结构，插入牛体筋骨相接的缝隙，顺着骨节间的空处进刀，依着牛体本来的组织进行解剖，脉络与筋骨相连的地方，都不曾用刀去碰过。一般好的厨师，每年要换一把刀，因为他们用刀割肉，一般的厨师，每月要换一把刀，因为他们用刀砍断骨头，但这位厨师的刀用了十九年，宰的牛有几千头了，刀口还像刚从磨石上磨出来一样，因为牛体的骨节有空隙，刀口却薄得像没有厚度，把没有厚度似的刀口插入有空隙的骨节，对于刀的运转必然是大有余地了。这位厨师可谓功夫高超，干净利落，手到擒来，充分说明，他经过多年苦练，掌握了道法诀窍，熟能生巧，成就了百炼钢化为绕指柔的功夫，达到了精益功夫追求的高级境界。

三、动作精准无误

缺陷从 10 000 PPM 到 0.2 PPM

在 2004 年雅典奥运会男子 50 米步枪三姿决赛中，一位美国选手前 9 枪领先 3 环，只要在最后一枪打出一个很普通的成绩就将锁定冠军，然而他却鬼使神差地一枪打在了别人的靶位上，最终让中国选手夺冠。这件事说明就算能力很强的人如果不能避免重大失误，也不能称为功夫高手。

质量是精益功夫的核心和前提，没有质量就谈不上精益。人们今天对质量的重视，经过了漫长的发展过程，从 20 世纪 20 年代的质量检验，到 40 年代的质量控制，又到 60 年代的全面质量管理，再到 80 年代的卓越绩效管理；从小质量到大质量，从产品质量到系统质量，从品质生活到高质量发展，质量的涵盖面越来越广，用于衡量缺陷率的指标也越来越严，以前我们认为一个产品的合格率达到 99%，就已经很了不起了，但是现在这个标准在高端制造行业已经落伍了，人们开始采用 PPM 的概念，也就是用百万分率来表示产品缺陷率。比如产品质量达到六西格玛意味着产品的缺陷率不高于 3.4 PPM，也就是百万分之三点四。合格率为 99% 的缺陷率为 10 000 PPM，是六西格玛的近 3 000 倍，可见指标不同，质量差距甚远。如今，在航空制造等质量严苛领域，缺陷率要求达到 0.2 PPM，是六西格玛的十七分之一，甚至还有更高一级的衡量指标 PPB，1 PPM 等于 1 000 PPB。可见山外有山，天外有天，质量修炼没有止境。

严苛的质量需要精准的行动才能达到，几年前曾经去一家国内整车装配厂，看到他们在发现轿车车门关不严实时，用一根木棒敲打门框几下，调整好可以关上了，就把车放行了。这种木棒现象，我在许多工厂见过，是制造各环节累积公差造成的，说明对标准缺乏敬畏感，缺少对精准度的严格要求。再比如拧螺丝，让他拧三圈回半圈，一开始还可以，时间长了就变成拧二圈半，表面上看差不多，但实际效果是不一样的。前几年这家厂生产的汽车由于款式新颖，销量不错，但后来由于质量问题经不起时间的考验，几年后已经在汽车市场上销声匿迹了，印证了质量决定成败这句真言。

动作精准无误要求我们的操作要严格按标准与规范执行，这方面对员工是一个挑战。当年西子为了能成为世界航空巨头的合格供应商，主机厂陆续派员多次对我们进行考察与认证，对整个生产流程进行跟踪检查，所有的技术要求都要符合他们的认证标准，这个过程长达五年时间。他们不仅会在过程认证中帮助供应商，还帮助我们培训技术员工，在承接加工复合材料项目中，我们曾派十几位员工到他们工厂培训。有一次，全体受训员工突然被召集到会议室，厂家导师严厉地告诫大家，有员工不按照规程操作，这一次是严重警告，如果再发现一次，将永远取消我们单位为他们加工产品的资格。原来，操作说明上要求员工每刷一层树脂并铺一层预浸料后，要在工单上盖一个章，总共铺三层盖3个章，但我们的员工是在铺完了3层后，在工单上一次连盖3个章。在员工眼里是这么微小的区别，但在导师眼里却是严重的不按规定作业，是不能容忍的。这件事让我更深刻地了解到世界一流航空制造公司对质量的极致追求，也在我们的质量意识上留下了深刻的烙印。

零点一丝不苟和万万无一失

当初在管理航空制造工厂时，曾将一幅"零点一丝不苟"的标语挂在车间走廊上。当时众人尚不解其意，时至今日，"零点一丝不苟，用航空体系做制造，万万无一失，用核电标准做产品"的理念已经逐步深入人心。

飞机是地球上最复杂精密的装备之一，由数以百万计的零部件构成，其精密度要求也是极高的，一丝是一毫米的百分之一，比头发丝还要细，平常所说的一丝不苟，就是百分之一毫米都不要马虎，但是在这里是不够的。

车间标语：零点一丝不苟

理论上讲，一个允许公差为 3 丝的金属件，如果有 8 道工序，每道工序如果允许有 1 丝公差，这里一丝那里一丝，累积就会超差，最终不能通过严苛的测试，成为不合格产品。因此，我们提出"在航空制造中，一丝不苟是不够的，要做到零点一丝不苟"。要做到这一点，对于加工设备精度、环境温度湿度、加工工艺方法、检测设备精度等方面都提出了更加严苛的要求，这也是为什么有那么多需要认证的航空特种工艺的原因。至于万万无一失，则来源于核电设备制造的高可靠性文化，这个要求同样适用于航空产业。因为如果一万个航空零件中有一个失效，那么有数百万个零件组成的飞机就可能有数百个零件失效，这是被誉为"工业之花"的航空工业所不能容忍的。

　　零点一丝不苟是精益功夫做事的核心理念之一，虽然这个严苛的标准在生活中会显得比较突兀。有一次我去给手机贴膜，当那个小伙子把贴好膜的手机交给我，我看了一下，说："你看这膜贴偏了，左边比右面多了50 丝"。"50 丝？"小伙子惊讶地看着我，满脸疑惑，我相信他这辈子从没见过像我这样的顾客。旁边坐着他的一个大年纪老乡，接过手机看了看说："是呀，做事情要非常仔细，才能做得比别人更好，做得更长。"听了老乡的话，他把我的手机膜揭了下来，又重新仔细地对齐贴上。可以想象，他平时以毫米为标准，相差 1 毫米他会觉得已经很好了，而我是以丝为标准，相差 50 丝是不能容忍的。这就是标准的作用，高端的标准，才能做出高端的产品，今后制造要走向高端，离不开零点一丝不苟和万万无一失的高标准。

一根金属条决定了 113 条生命

2000 年 7 月 25 日，从法国巴黎戴高乐国际机场起飞的法航 4590 号班机遭遇了一场可怕的空难。这架协和式客机在起飞时着火，造成了 113 人死亡，直接经济损失高达 2.5 亿美元以上。事故调查显示，飞机在起飞时碾到了跑道上一根 80 多厘米长的金属条，导致轮胎炸裂、迫降失败并引发了火灾，最终坠毁在机场附近的一家旅馆建筑上，机上无人生还。这根金属条是由先前另一架飞机上掉落的，由于机场人员的疏忽未能及时清理而导致了空难的发生。

这次空难是外来物损伤（Foreign Object Debris, FOD）的典型事件，外来物是现场本不应出现的物品，比如这根金属条，比如机场上空的飞鸟，等等，需要及时清除，不然都可能成为后患。在一些精密场合，我们甚至视灰尘为外来物。比如发现电梯曳引机在高速运转时会发生异响，工程师大半年找不出原因，请来日本技术专家，他们说在日本也没有出现这种情况，后来通过仔细排查，终于找到原因，原来曳引机总装车间建在高速公路边上，公路的扬尘积混在润滑油中形成结块污垢，在高速运转时就会发出响声，当他们把车间大门关闭，控制车间灰尘，异常就排除了。这些看似微不足道的环境差异，在高端制造时往往产生意想不到的影响。有一次，我们在锻压产品时，发现"五一"之前打出的产品是合格的，"五一"之后打出的就不合格了，用的是同一批人、同一批料、同一台机器、同样的方法和测试工具。通过现场管理六要素即人、机、料、法、环、测进行仔细分析，发现只有环境不一样，"五一"之前是晴天，"五一"之后是雨天，且雨天杭州的空气湿度是 80% 以上，比晴天高出很多。于是就做了一个塑料大棚，里面装上空调和除湿设备，在保持一定的温度和湿度之后，产品生产就合格了。这件事说明，零点一丝不苟要体现在人、机、料、法、环、测各个方面，才能做出高端的产品。回想起当初一家国际巨头公司老总到我们厂房参观时，问的第一个问题就是："你们制造和检测的环境温度和湿度是不是一样？"当时我还不大理解。在走上高端的过程中，有很多原来习以为常的东西需要改变，原来人家那么严格去做都是有道理的。

两千多年前的质量工法

我们在博物馆看到许多保存完好的秦砖汉瓦和兵器礼器上，会刻有制造工坊和工匠的名字。我想，可能是刻有自己的名字，所以特别用心制作，才能经久使用，从而可以延存至今吧。其实，这就是《吕氏春秋》上介绍的质量工法，叫作"物勒工名"。其意思是器物的制造者要把自己的名字刻在上面，任何一个质量问题都可以通过名字查到责任人，以便对出现质量问题的失职者进行严厉惩罚。"物勒工名，以考其诚。工有不当，必行其罪。"战国时期的秦国宰相吕不韦制定了一系列产品质量检测审查制度以及政府官员质量负责制度，要求制造产品，要"取其用，不取其数。"在原材料选择、制造程序、加工方法、质量检验等方面，都要按统一的标准和规定进行，保证产品的"坚好便用"。同时规定了国家于每年十月份对各郡、县产品进行质量抽验，除要求每件产品"做工考究，工艺精湛"外，还要求生产者在产品上打上自己的姓名，防止以次充好和仿冒行为，一经发现产品质量低劣，就要查明原因，制定改过措施，记录鉴定结果，提出对责任者惩罚的建议并进行严厉处罚。这项历史上著名的"物勒工名"质量负责制，或许就是秦国国力强盛的秘密所在吧。

质量追溯制是质量问题事后补救的有效措施，可以对作业者起到威慑作用。这一点在航空制造中尤其重要，要求严格记录过程数据，并要妥善保存，至少要保存航空器生命周期加上六年的时间，连墨水都要保证不会褪色。这样，今后万一出了质量事故，就能够方便地找到责任人，哪怕是已经退休了，也要承担责任。这一点也让我们不得不将质量看得比生命还重要，"要么质量百分百，要么就关门"的要求，就是在这种情况下提出的。

四、力度一招致命

问题从重复三次到一次解决

车子的轮胎被车库地上的钉子扎破了，人们通常是把钉子扔掉，补好车胎就完事了，可是过几天又被钉子扎了。这时，车主才开始想为什么地上会有钉子，结果发现装钉子的纸盒破了，钉子就掉下来，于是他就换了一个盒子，再把车胎补好。可是过了几天，轮胎又被扎破了。这时他才仔细检查，原来装钉子的纸盒是被天花板上滴下的雨水滴破的。而天花板漏水的原因是有一处盖板破损，遇到下雨，就会"水滴盒穿"，钉子便掉了下来。原来轮胎上扎孔的根源是天花板上的洞，当把天花板上的洞补好加固后，就再也没有出现轮胎上扎孔的情况了。

分析一下这个同一问题反复出现的过程，一共补了 3 次轮胎才彻底解决问题。于是我们要问，为什么天花板上的洞不能在第一次扎胎时就找出来补上，这样就会减少后面两次的无效劳动了。有些人平常看着很忙，其实多数时间都在重复错误中循环，这是一个大问题。使我联想到航天企业总结推出的"一次成功质量管理模式"，在"严肃认真、周到细致、稳妥可靠、万无一失"方针指导下，要求实现"设计一次到位，制造一次合格，验证一次成功"。

问题从重复多次到一次解决，培养"一招致命"的能力，体现了精益功夫的行动力度。要做到一招致命，不仅要精准，还要有力度。精益功夫是关于价值的理论与方法，一次能成功的工作结果做了三次四次，这些多做的工作其实都是浪费。这就对精益工作质量有了较高的要求，首先是要找准要害，然后要增强力度进行精准打击，才能一次成功。

人们总是有做不完的工作，而且哪样紧急就先做哪样，这样就会一直忙忙碌碌，分不清什么是要害工作。这里给大家介绍找出要害工作的方法，首先是"重要性－紧急性矩阵"，可以将若干个工作按重要性打分列在纵坐标上，然后按紧急性打分列在横坐标上，然后将矩阵分为重要紧急、重要不紧急、紧急不重要、不紧急不重要这4个区域，于是就有了明确的工作排序，先做重要紧急的工作，然后是重要不紧急的工作和紧急不重要的工作，不紧急不重要的工作可先搁置，以提高有限时间的价值。当我们把工作的重要性摆在前列，比如预防性和保健性工作，时间长了，"救火"和"急诊"的事会越来越少。还有一个选择要害工作的有效方法，就是约束理论（Theory of Constraints, TOC），由以色列物理学家高德拉特博士在20世纪80年代提出，该理论认为在一条业务链中，瓶颈节点的节拍决定了整条链的节拍，在一个由多环节构成的生产系统中，如果其中一个环节的产出取决于前面一个或几个环节的产出，那么产出率最低的环节就决定着整个系统的生产能力。通俗地说，约束理论的管理思想是首先抓"重中之重"，使最严重的制约因素凸显出来，避免了管理者陷入大量的事务处理当中而不能自拔的情形。比如生产瓶装矿泉水，瓶子4天能到，瓶盖10天能到，矿泉水3天能到，标贴5天能到，总经理这时候该怎么做？如果花时间去催标贴或者瓶子，这些原料到得再早，对系统的进度都没有帮助。管理者应该花大力气去协调瓶盖厂家，瓶盖早到一天，产品进度就会提早一天。因此，找到关键要害部位，再采用有效方法进行有力出击，是精益功夫一招制胜的重要路径。

一次将正确的事情做正确

我从参加工作开始，就不断在解决问题中成长，年轻时就成了行业的"老"专家，后来在管理咨询行业，更是经常遇到别人解决不了的难题，我把解决问题称为"捉妖"，真正的妖怪不捉出来，问题会层出不穷。我经常鼓励年轻人，妖怪藏得越深，越能提高水平，不要心急，不要灰心，只要方法得当，"人定胜妖"。当然，仅仅解决问题还是不够的，精益功夫要求进行严格的根源分析，找出真正根源，彻底解决问题，而只有彻底解决问题，才有价值。因为允许同样的问题反复出现，是价值的浪费，也是管理的失误。

2019 年 3 月，发生了两起骇人听闻的安全事件。一起是波音飞机失事造成了 157 人遇难，另一起是江苏一家企业特别重大爆炸事故造成 78 人死亡和 76 人重伤。这两起在同一个月内发生的重大事故，发人深省。那家造成爆炸事故企业的经营者为了追求经济利益，疏于管理，对安全警告与惩戒置若罔闻，在满是安全隐患的恶劣环境下长期运营，多次违规，屡禁不止，最终让无数家庭付出了惨重代价。波音飞机失事的教训更加惨烈，因为相同型号的飞机在 5 个月前就出现了类似的坠毁事件，造成了 189 人遇难，飞行员在生命最后几分钟遭遇的 26 次死亡俯冲和 33 次绝望拉升，似乎并没有让有关人士意识到问题的严重性并彻底解决，导致了类似的事故再次发生。事故重复发生是安全质量管理中的大忌，但在我们身边却经常见到，纵然有多种事故调查与处理方法，还是不能从根本上杜绝该类事故的卷土重来。素来以管理严谨著称的航空制造巨头尚且如此，我们面临的挑战则会更加艰巨与严峻。

一次性将正确的事情做正确，还要从基础本质上下功夫，要狠抓重点、清除隐患，好的土壤才能种出好庄稼，这也是彻底解决问题的治本举措。中国有 14 亿多人口，6 000 多万家企业，企业管理水平参差不齐，有些企业存在较多的安全隐患。几年前我曾经去过一家工厂，进去之后黑压压一片、乱糟糟的，都找不到出口。据说工人在这样混乱的环境下作业，每年被轧手指头的人不止一个两个，如果发生火灾，后果更不堪设想。这样量大面广的群体，如果不能有效减少乃至杜绝各类事故的发生，爆燃、爆炸、伤残、死亡事件可能就会此起彼伏。这是一个关乎每个公民、每个家庭的重要问题，需要从根本上进行改变。在 80 多年前，美国安全工程师海因里希统计了 55 万件灾害事故，得出了一个重要结论，每 1 起严重事故的背后，往往存在 29 起轻微事故和 300 起未遂隐患，这就是著名的海因里希法则。这一法则，在上述企业爆炸事故中再一次得到验证，据说这家企业在爆炸前三年中仅被查、被罚的安全违规违法及隐患事故就有数十项之多，出现重大事故并非无迹可寻。因此，彻底消除 300 项隐患和违规，就成为避免严重事故的根本之策。一些人骨子里"差不多就行"的习惯，体现在生活与工作的方方面面，当在对待安全、质量、检查与处罚上也沿袭"不彻底落实、差不多就行"的习惯时，就为自己和他人埋下了重大隐患。这绝不是豁达的美德，而是害人害己的劣行。这就需要广泛普及精益功夫，让人们工作中处处细心，事事到位，才是杜绝事故的基础和治本之策。

用五个为什么进行根源分析

在工作和生活中，有些人做事效率高，有些人效率低，时间长了，水平的差异就会体现在绩效上。不善于学习与总结的人，做事没有章法，往往天天忙碌但碌碌无为。追求事半功倍，是精益功夫的理念，也有方法可循。

比如上文所述的车库扎胎例子，许多人只是简单地扔掉钉子，而不进行严格根源分析，每次做事只做一半，不断在救火，看起来每天都很忙，效率却不高。要捉住真妖，就要找到根源，而"五个为什么"是严格根源分析技术中最常用、最简单的工具。遇到问题连续追问多个为什么，可能不止五个，一直问到不可控力方面的原因为止，那就是根源所在。比如上述例子，我们可以这样发问："为什么地上会有钉子？"答案是"钉盒里掉出来的"。"为什么会掉出来？"答案是"钉盒破了"。"为什么钉盒破了？"答案是"钉盒被水滴破了"。"为什么有水滴？"答案是"天花板上有破损"。继续追问"为什么会有破损？"答案是"因为下大雨"。而下雨之前的那个破损就是根源。找到了根源，将车库天花板的漏洞补上，则可一次性解决问题，避免了问题的重复发生。

根源分析的工具还有许多，比如头脑风暴，要求每个人进行完全自由的意见阐述，甚至允许天马行空，然后进行汇总分析；鱼骨图，是从人、机、料、法、环、测几个方面全面分析可能的原因，并通过层层分支找出根本原因；名义群体技术，是每个人对几个可能的原因进行打分汇总，找出最大分值项；事件树图方法是按照事件时间顺序将事件罗列出来，找出每个事件发生的原因，从而找出根源。这些方法，如同捉妖神器，可以使你表现出专业性和聪明才智，体现你的价值。长期以来，我已经形成了处理各种问题的结构化方法，即先通过头脑风暴进行问题罗列和排序，针对最主要的问题进行严格根源分析，找出根本原因，针对根本原因制订改善行动计划，组织分工，限期完成改善，并跟踪进程。

让人做不错的三级防错系统

面对不确定的外部环境，加强防范就变得越来越重要。如果系统松散如渔网，妖怪就容易钻进来，当我们把网格织密得如钢纱一样致密牢固，问题就不容易发生，这就是系统防错的重要性。三级防错系统将防错分为三级：第一级防错是错误被彻底预防；第二级防错是问题一旦发生就被及时发现和纠正；第三级防错是阻止问题或缺陷进入到下一道工序。《孙子兵法》说："百战百胜，非善之善也；不战而屈人之兵，善之善者也。"精益功夫将预防能力视为核心能力，防先于治，防重于治，要求将系统打造成为一般人想做错都做不错的理想系统。

记得三十年前我第一次去深圳，在从福田回宝安的中巴上，一个小伙子在我身边挤了一会儿就下车了，后来我发现名片夹不见了，有人从车门边的座位底下找到那只被翻空的名片夹，身份证和名片撒在地上，真令人后怕。小偷显然认为偷的是钱包，看到没有信用卡，就随手丢弃。这件事的出现和可能的结果是我曾经预想过的，从开始工作有了信用卡就想着如果身份证和信用卡一起丢失，后果会很严重，于是养成信用卡放钱包而身份证放名片夹的习惯，两者放在不同的口袋里，这样的预防措施看来还是有用的。这种对可能发生的问题进行预防的能力，在工作中同样重要。十几年前中国企业 500 强会议在杭州召开，我们作为东道主要为每位参会人员准备一支纪念笔，慎重起见，我们从几个地方分别买了出水流畅的钢笔，放在实验室做盐雾试验，这是一种模拟加速环境腐蚀的时效试验，经过 24 小时就几乎可以评估出实际使用一年后的情况，结果 48 小时后，几支笔的情况明显不同，来自小商品市场的钢笔表面涂层脱落，而那支品牌笔却光彩依然，我们毫不犹豫选择了品牌笔。在感慨品牌笔质量精湛的同时，会好奇他们是怎么做出来的，怎么能预测和预防使用若干年后会出现的问题呢？回想到许多国际企业都将先期产品质量计划、失效模式与影响分析等预防方法应用在产品设计与生产过程中，充分考虑了使用多年后的表面磨损和腐蚀情况，而且在制定表面喷涂工艺时就对试样进行盐雾等试验，所以钢笔在几年之后仍然会光亮如新，而设计时如果没有采用这种管理技术的钢笔，就会"黯然失色"。这应该是那些品牌产品在全世界受到欢迎的原因所在吧。

先期产品质量计划、失效模式与影响分析等高品质工业管理方法，在工作和生活的所有领域同样有效。比如要举行一次会议活动，会议全部流程细节就要在事前严格分析和模拟，要考虑到出现各种状况的可能性。比如：如果人们找不到会场、车停不了、人回不去怎么办；早到、迟到、早退以及人多了或人少了怎么办；发言超时、冷场、闹场、提早、拖后怎么办；电梯、空调、电脑、投影仪、板书笔出意外状况了怎么办；与会者身体出现各种不适怎么办；停电、着火甚至地震了怎么办等。有了这些考虑，那么怎么通知、怎么要求、怎么布置、怎么预防、怎么调整、怎么应急等进程都在掌控之中，自然会胸有成竹。

两千多年前西汉《礼记》中有这么一段话："凡事豫则立，不豫则废。言前定则不跲，事前定则不困，行前定则不疚，道前定则不穷。"先贤们为我们成功行动指出了一条有效的路径，如今精益功夫倡导广泛宣传防错理念、推广使用防错方法，使我们为人做事更加严谨，产品服务更加精细优良，把劣质浪费与补救损耗降低到最小范围内，是体现当代人精益素质风采的重要方面。

五、招式炉火纯青

质量成本从 20% 到 2%

美国质量大师克劳士比提出了品质代价图理论，他将质量管理分为不确定期、觉醒期、启蒙期、智慧期和确定期五个阶段。他指出一个企业的质量状态与质量成本之间有着明确的对应关系，当企业达到质量确定期时，其质量成本为 2.5% 以下；当企业处于质量不确定期时，其质量成本可以达到

20%~25%。在当前市场竞争越来越激烈的环境下，许多企业的产品毛利不足5%。这个时候，质量成本是2%还是20%就成了决定企业生死存亡的大问题。

我经常会去考察企业，一个管理有术的企业从现场的环境和员工士气状态一眼就能看得出来。此外，外向型企业的管理状态一般要好一些，这是因为与国外客户打交道，一方面客户会在过程认证中帮助企业提升，另一方面双方有着严苛质量合同约束，如果因管理不善而发生质量逃逸，企业将无法生存。没有炉火纯青，炼出的丹都是废品，企业将失去竞争优势。因此，是不是达到炉火纯青的状态，考验的是管理的成熟度，紧紧抓住质量管理这个牛鼻子，企业就能够持续盈利，通达卓越绩效境界。

然而，炉火纯青不会是一蹴而就的，需要经过一个渐入佳境、持续努力的过程才能达到。我所服务的西子联合集团，从1981年创办开始，从农机配件到航空部件，企业的规模越来越大，涉及的产品越来越高端。从企业初创时注重产品质量到走向高端制造领域时强化组织质量，进而到高质量发展时期的提升工作质量，最终形成了具有自己特色的系统质量理论与管理模式，可以说逐渐走向炉火纯青的管理之路，也保证了企业的不断发展和持续盈利，连续20多年入围中国民营企业500强榜单。总结西子联合集团的质量旅程，我们把它分为下列三个阶段。

（1）注重产品质量阶段。20世纪80年代，西子电梯还在采用继电器控制运行的方式，质量不稳定，群众反响较大。西子人意识到质量是关乎企业存亡的大事，开始了大力提升产品质量的艰苦旅程。到了90年代，西子在"质量第一、永远第一"质量方针的指引下，市场越做越大，一跃成为行业民族品牌领导者。1997年西子与美国奥的斯公司合资，成立了西子奥的斯公司，西子学到了先进的精益制造方法，引入美国联合技术公司的获取竞争优势ACE精益品质管理方法，并在2000年获得ACE铜牌认证，质量与国际标准全面接轨，产品与服务质量在同行中脱颖而出。2002年，西子控股余热锅炉龙头企业杭锅集团，进入大型特种装备制造领域。一台大型锅炉重量可达上万吨，其中热交换管总长度可达800公里，缠绕的散热鳍片管总长度可达13 000公里，有多达4万个焊口，需要确保经受得起高温高压的考验。电梯产品的量大面广加上锅炉产品的非标准化程度高，对装备制造质量的可靠性与现场服务质量的灵活性要求不断提升。这样的历练，大大提升了产品质量与服务质量，企业也得到了迅速发展，占据了电梯及部件、立体停车库、余热锅炉等行业的领导地位。

（2）强化组织质量阶段。随着 2009 年进入航空高端制造领域，西子进入了强化组织质量的阶段，经过十余年航空领域的投入与探索，西子建立起制造业最严苛的质量保证体系，取得 344 张特种工艺质量认证证书。2019 年，杭锅集团拿到了民用核电装备制造许可证，西子成为同时拥有航空部件与核电装备制造许可证的大型企业集团。在质量要求上，西子主动将航空与核电质量管理体系应用到电梯、锅炉等其他制造板块。这种用更高质量体系促使传统产业质量进步的"升维倒逼"，最快速度和最大限度地对西子质量进行了系统提升。将"零点一丝不苟，用航空体系做制造；万万无一失，用核电标准做产品"的理念真正转化为员工的日常行动，打造了一支对质量全面担当的员工与组织队伍，为达成"零缺陷"质量目标提供了队伍保证。与此同时，西子建立了旨在提升组织质量的变革激励相关工具，对员工进行严格的标准作业培训，培养全体员工的习惯质量，打造一支具有精益质量素质的员工团队。

（3）建立机制化系统质量阶段。党的十九大报告中指出了我国经济已由高速增长阶段转向高质量发展阶段，西子当时已经在高质量发展上迈出了深耕航空制造、开拓核电装备、布局清洁能源等重大战略步伐，并提出了在高质量基础上实现高增长的战略目标，质量要求也进入了建立机制化系统质量的阶段。要实现高质量基础上的高增长目标，只有物与人的高质量还不够，还需要有一种从战略到运营的强大变革推进机制，全面提升系统工作质量。从 2019 年开始，西子引入了标杆企业的变革管理，从战略规划与组织运营维度进行系统化的质量提升，在产品质量与组织质量管理的系统框架中，发展出提升工作质量的战略运营工具，形成了三轮驱动的系统质量风火轮模型，即西子管理系统 XOS，成为引领企业走向持续成功的管理基因与核心竞争力。

西子的质量之旅实践，让我们感受到质量在企业发展中的核心作用，正是因为坚持数十年严苛的质量要求和持续的质量追求，才能让企业拥有了超出同行的能力和水平，更快地达到了炉火纯青的境界，为未来的发展带来无限的生机与可能。

十倍代价法则

在工业管理中有一个十倍代价法则：前一道工序质量出现问题，如果问题留到下一道工序再解决，代价将是在前一道工序解决的十倍；如果问题留到最后一道工序解决，将导致全面返工；如果有问题的产品流到顾客手里，那就不是返工这么简单了，将带来更大的商誉损失甚至要支付赔偿。曾经看到有一条高速公路的"入口"指示牌写成了"人口"的报道，虽然厂家解释说是在磨合期，其实这里面隐含了丰富的管理信息。错误被人在现场发现后更换，既要承担装上拆下、运回运来的费用，又要承受媒体报道带来的商誉负面影响。试想，如果当初安装人员发现，只需将产品运回重新制作；如果检验人员发现，只要在厂里返工；如果印制人员发现，只要更换印刷模板；如果设计人员发现，只要动动手指，不需要花费一分钱。许多老板整天忙于救火，就是因为没有把问题消灭在萌芽状态，企业自然难以赚到钱。因此，在品控流程上，大家要注重前期工作，层层把关，从一开始就彻底消除问题，各工序不接受、不制造、不传递缺陷，通过把控过程来保证结果。

十倍代价法则虽然是从工业管理发展出来的理论，但它同样适用于各行各业。比如用于人的成长方面，年龄越小纠正问题的代价也越小，大学、中学、小学、学龄前教育，越前面的环节越重要。应该把一流的师资放在最前面，而不是倒过来，甚至还可以前溯到更早，离设计环节越近，其把关就越重要。古代名医扁鹊以治大病出名，但他说他的二位哥哥比他水平高，一个是治小病，一个是治未病，也就是生病之前就预防了，这样的成本是最低的。大家都知道生病非常痛苦，去医院看病更是堵心，医生除了开药，还会叮咛一句今后要加强锻炼。但是，我们看到周围坚持锻炼的大多是吃了病痛苦头的中老年人，为什么不在生病前就加强锻炼来预防疾病呢？我们时常看到有人通过锻炼治愈疾病的案例，我认为能够治愈的疾病也应该能预防，且预防的代价可以小很多，根据十倍代价法则，早期坚持锻炼身体是代价最小的，我们何乐而不早为呢？

两千多年前孟子就说过："天将降大任于是人也，必先苦其心志，劳其筋骨，饿其体肤，空乏其身。"在年轻时吃一些苦头和教训，交一些学费，远比以后犯错的代价要小，因为年轻时出错大不了可以重来。

1% 到 1 PPM 之间的差距

美国管理大师朱兰认为，当一个企业的产品不良率做到百万分之三点四即 6 个西格玛时，其质量成本只有 1% 左右，而如果合格率做到 99%，也就是接近 4 个西格玛时，其质量成本可高达到 20%。1% 是 1 PPM 的 10 000 倍，两数之间正是我们改善的空间，也是效益的空间。试想，如果一个产品的毛利是 20%，而质量成本为 20%，这样就没有盈利了。虽然数字上不一定那么绝对，但有一点我们深信不疑，一个企业如果质量做得不好，公司上下就会天天忙于"救火"，这种企业迟早会关门，所以我们说，质量里面有金矿。

2023 年 3 月，由中国标准出版社出版的"21 世纪中国质量管理最佳实践"系列丛书在北京正式发行，这套丛书由国家市场监督总局质量发展局指导出版社组织出版，第一批发布的是海尔、美的、格力、联想、京东方、扬子江药业等 13 家企业编写的介绍质量管理的专著，我代表西子上台发布西子联合集团王水福董事长主编的《质量是金矿 —— 中国民营企业高质量发展的西子密钥》一书。作为副主编，我在发布会上详细讲述了西子 40 多年来对质量孜孜以求，视质量为生命，从质量中挖掘金矿并走向卓越的发展历程，用实践证明了走质量振兴之路是企业持续发展的必由之路。

应该说挖掘质量金矿正逢其时。近年来，人类正面临地缘政治冲突加剧、安全卫生事件频发、全球气候变暖、数字科技颠覆传统产业等新状况和新问题，世界从 VUCA（Volatile 不稳定、Uncertain 不确定、Complex 复杂、Ambiguous 模糊）时代进入了 BANI（Brittle 脆弱、Anxious 焦虑感、Nonlinear 非线性、Inconprehensible 不可知）时代，经济环境和自然环境越来越严峻，我们遇到了前所未有的变局与挑战。如何在这个日益加剧的竞争中保持自己独特的竞争优势？如何在充满不确定的环境下找到企业自己的确定性之路？我们认为质量是实现价值的最佳路径，千变万变，质量的要求不能变。在质量的追求上我们要保持高度的战略定性，坚持走高质量发展之路，努力实现高质量基础上的高增长。

用 100% 的努力解决 1% 的问题

质量合格率做到99%，是不是已经很好了？按照精益功夫要求，质量做到99% 是远远不够的，要争取做到100%，99% 和 100% 之间既是低端与高端的区别，也是强大与弱小的区别。一架波音 747 大型客机据说有多达450 余万个零件，如果每个零件的质量合格率只做到99%，可以想象这样的飞机有多大的隐患。可以说正是这关键的1%，成为我国飞机系统、汽车系统、医疗仪器、超大规模集成电路等系统发展的拦路虎。质量只有做到100%，我们才有走向高端制造的机会。联想到美国联合技术公司的金牌供应商质量标准要求连续 12 个月质量不良率要达到 0 个 PPM，也就是百万分之 0。这样的企业，才能真正在国际竞争中脱颖而出。因此精益功夫认为，企业与企业之间的差距，往往就在那 1% 之间，我们要用 100% 的努力，去解决这 1% 的问题。

解决最后的 1%，意味着产品质量做到零缺陷。这种近乎苛刻的要求，驱动个人、组织和社会一直不断向前，赢得持续发展。相信未来在面临市场竞争时，不是靠降价抢量，而是积极改善品质，从管控供应商质量的前端渠道开始，确保产品生产质量，把质量做到无限接近 100%，让质量成为效益的聚宝盆和成功的撒手锏。俗话说"行百里者半九十"，最后的 1% 往往是最难啃的硬骨头，也是精益功夫高下的分水岭，需要抬高标准、掌握全局，艰苦操练，持续改善，全面推进产品质量、组织质量和工作质量，达到炉火纯青的系统质量。

六、套路行云流水

汽车生产时间从 800 小时到每 30 秒下线一辆

精湛的功夫和优美的舞蹈，都有行云流水般的节奏，这也是精益功夫追求的境界。如果我们身边的流程，包括制造、服务、交通、交流等各个方面，都能像舞动的丝绸一样丝滑，像潺潺的流水一样流畅，无需等待与浪费，该是何等的景象。

精益制造在汽车产业中最早出现并推动了全球制造业的快速发展，这一点并非偶然。因为汽车制造业高度追求流程节拍与速度，也是对生产力要求最高的规模化产业之一。在百余年的汽车发展史中，世界汽车工业经历了两次重大的效率变革，第一次是美国福特汽车公司发明了汽车装配流水线来制造 T 型车，汽车售价从 850 美元降到 260 美元，使世界汽车工业的发展中心从欧洲转向美国；第二次变革是日本通过完善管理体系，形成精益生产方式，将全面质量管理和准时化生产系统等新型管理机制应用于汽车生产，全力发展物美价廉的经济型汽车，质量与效率超过了美国，让世界出现了普及汽车的高潮。因此，探究汽车生产线的发展，对推广精益品质与效率具有重要的借鉴意义。

在手工作业时期，一辆轿车的制造周期长达 800 小时。第一条真正意义上的汽车制造装配线诞生于 1901 年的美国奥兹莫比尔汽车公司，当时的装配工位是固定式的，需要将待组装的底盘放在手推车上，移动到各个装配点，以便将各种零件安装到车体上，虽无法实现移动式快速生产，但也大大提升了制造速度。1913 年，福特创建了移动式流水线，类似于传送带自动流转，不需要人工参与搬运，将待组装的产品放到了工人面前而不需要工人自己去找这些产品。至此，制造 T 型车的时间大幅缩短，一台车的生产时间从 750分钟减少到 93 分钟。这给汽车行业乃至制造业带来非常重大的影响，显著提升了生产效率。同时，福特对 T 型车采用的颜色单一化、标准化作业、无选配的极简设计以及生产工序的细分使得工厂可以雇佣更多非熟练工人。这些都大幅度降低了制造成本，为大众提供了廉价的快速交通工具，导致了 T 型车的大卖。

走进 21 世纪的丰田汽车工厂，我们可以感受到无处不在的精益理念以及行云流水般的精益节拍。总装车间在物理上划分为物流区域、配货区域和生产线区域三部分，生产线由主装配线和辅装配线构成，主装配线包含底盘、前内装线以及后内装线等，辅装配线包含仪表盘、门、座椅等。车间采用准时化物料配送系统（Set Parts System, SPS），这是一种按每车装配量配送货物的方式，由总装车间的物流配货人员从供给管理处获取标有某个车型装配零件种类和数量的信息卡，到部品区取料放在相应的运输台车上，再由物流水蜘蛛将零件运送到生产线的起始位置。整个总装线采用拉动式连续流水作业方式，加入了许多自动化的设备与工装。丰田生产方式强调生产过程中一旦出现异常就立即停止，相关人员会对问题进行根源分析并彻底解决，避免连续生产不合格的产品。因此，在总装生产线多个工位旁有一根绳子，这是安灯系统的手动报警开关，一旦拉下绳子，系统就会报警，同时在屏幕上显示现场和工位，问题点必须解决完毕，车辆方可流入下一道工序。除了手动报警开关，工作台旁边还装备了三种颜色的自动报警指示灯。当开始作业时，蓝灯点亮，只有作业工序正确完成，绿灯才能点亮，否则就会自动点亮红灯并报警。这种在总装线上机器与人之间的高度互补，再配合各工位的自主检查、线内检查、QC 工程管理表抽查等措施，使得丰田在制造环节就能高效率生产高质量汽车，加上后面的检测环节也就是双重保险了。这样的总装线，其节拍时间达到每 30 秒一辆汽车。这个速度不仅保证了生产效率，还有助于保持员工的工作效率和质量控制。

从固定产线到脉动产线再到连续流动产线，汽车产业在持续改善中不断优化工艺、流程与产线，逐步达到行云流水般的境界。是持续精益改善，成就了整个行业的发展。

影响流程顺畅的七个主要堵点

中医有一个说法，叫作"痛则不通，通则不痛"，要达到行云流水般的高级功夫境界，首先需要识别堵点，疏通痛点，下面罗列了七个导致流程不顺畅的常见堵点。

（1）流程不合理，包括车间不是按流程布局、布局回流、流程未能标准化以及工序不平衡等导致的流程缓慢与浪费。

（2）停工待料，包括物料齐套率不足、物料与人工配合不畅等导致的作业卡顿。

（3）设备停机，包括设备换模、检修、设备故障以及停机待料等导致的停机卡顿。

（4）质量问题，包括原材料质量、在制品质量、设备工装质量、员工操作以及机器操作质量等问题带来的流程卡顿。

（5）现场混乱，包括标识不清、物料积压导致的寻找与搬动，以及由于现场混乱导致的误工与差错。

（6）生产不均衡，包括由于计划不合理，人、机、料、法等资源匹配不足或协调不足导致的过程等待与浪费。

（7）人员不熟练，包括由于人员消极、技能缺乏等导致的各种损失与卡顿。

因此，解决人员、材料、设备、质量、均衡等方面的堵点与痛点，成为精益功夫的重要工作。精益管理研究的核心就是关于价值、价值流、流动、拉动等的问题与方法，也积累了多种解决堵点和痛点的经验，形成了加快流动的特色理念与方法。下面对这些理念与概念做一下介绍。

拉动式生产：是相对于推动式生产而言的一种新型生产方式。以往的推动式生产，是在前一作业零件生产出来推给后一作业加工，而在拉动式生产中，是后一作业根据需要加工多少产品，要求前一作业制造正好需要数量的零件，生产中用"看板"作为在各个作业之间传递信息的工具。在推动式生产中，每一工序都根据生产计划，尽其所能地生产，尽快完成生产任务，不管下一工序当时是否需要，是否会造成物料的积压，是否会产生大量库存与资金占用。拉动式生产是以客户需求为拉动力，只提供客户需要的数量产品，就会很流畅，就如同河水之所以流动，是因为水会自动流向地势比较低的下游一样。而推动式生产是以企业的主观意愿为驱动力，而主观愿望与客户需求往往不能匹配，就造成了积压与浪费。

一件流：是一种典型的精益生产方式。与批量化生产不同，一件流每次只生产和移动一个工件，使得工件尽可能连续地通过一系列加工步骤，并且每一步都刚刚在下一步需要的时候完成。比如加工一个产品需要车、铣、刨、磨四道工序，以前的布局是所有车床集中在第一个车间，铣床集中在第二个车间，刨床集中在第三个车间，磨床集中在第四个车间；产品也是先集中在车床车间，等全车好后成批运送到铣床车间加工，然后再到其他车间。这样下来生产出成品的时间会很迟，中间在制品库存量也很大，运输费时费力，如果出现质量问题会导致批量返工。采用一件流方式就不同了，我们将车床、铣床、刨床、磨床排在一起，组成若干个这样的一件流加工生产线，产品车、铣、刨、磨连续加工，一气呵成，中间没有在制品库存，如果出现质量问题可以马上调整。当然，一件流要求几台机床的节拍尽量均衡，效率才能达到最大化。相比于传统批量生产，一件流的生产方式增加了生产灵活性、明显提高了生产效率、大幅缩短了生产周期、将在制品数量降到最低程度，加快了交付速度，也可避免批量质量问题。

准时化生产 JIT（just in time）：这是日本丰田公司创造的一种在多品种、小批量生产条件下高质量、低消耗的生产方式，被视为当今制造业中最具有生命力的新型生产系统之一。准时化生产指的是只将所需要的零件、以所需要的数量、在正好需要的时间送到生产工位，并且只生产所需要数量的产品。这是为适应消费需求多样化、个性化而建立的生产体系和物流体系，目的是不断消除浪费，减少库存。精益功夫认为，在工厂里库存是癌症，准时化生产可以大幅降低工厂库存量，以前原材料是采购2周的量放在仓库，现在改善为将2小时生产所需的原材料的量直接配送到工位；以前生产过程中有大量在制品，现在采用一件流让在制品库存消失；以前是推动试生产产生大量成品库存，现在采用拉动式生产，成品一旦完成即发给客户，保证了产线的敏捷与顺畅。

犹如在仓库中生产

水蜘蛛：水蜘蛛是精益物料配送管理的专用名词。在以前的工厂作坊，车间里每个人都要去仓库领取物料，产品做好了再自己送回仓库，其结果是车间混乱，人员时间大量浪费在行走和排队上，效率自然低下。后来，工厂管理者让身强力壮、行动敏捷的员工专门负责送货取货，还负责信息传递，他们定时在车间循环补货或取货，工人们则专心工作，不必离开工位，车间里没有多人走动，也没有货物积压，效率与秩序明显提升。有时为了提高配送速度，还配备了滑轮鞋或电动车，让他们在车间里快速移动，成为精益管理的"水蜘蛛"。

物料双箱法：这是精益管理中对数量多、单价低的物料进行管理与控制的方法。就是将某项物料分装成两个货箱，每箱的库存量是达到订货点的耗用量，当第一箱用完时，就意味着要马上补上一箱，以保证产线生产不断料。这是一种以容器为看板的管理方法，不需要复杂的计划与账目，简单明了又可保证连续供货。双箱法最普遍的应用就是宾馆洗手间中摆放的两卷卫生筒纸，一卷打开，一卷备用，当服务员看到一卷用完第二卷打开使用时，马上补放一卷，这样就不会出现无纸可用的尴尬局面。同理，在服务员的仓库中也是放着两个存放多卷卫生纸的大容器，一个容器空了，马上采购补充。经验表明，往往有半数以上种类的低值物料可以采用双箱法进行方便地管理。

均衡化生产：均衡化生产一方面体现在生产排产方面，要求生产数量的均衡和产品种类的均衡，即通过有效设计，总装配线向各前道工序领取零部件时，能均匀地领取各种零部件，防止在某一段时间内集中领取同一种零部件，造成前方工序的闲忙不均而引发生产混乱，使各生产线每天都能生产多种类型的产品，以满足市场的需要。这种多品种、小批量的产品组合生产方式具有很强的柔性，能迅速适应市场需求的变化。均衡化生产另一方面体现在制造阶段，主要通过设备通用化和作业标准化来展开，设备通用化是指通过在专用设备上增加一些工夹具的方法使之能够加工多种不同的产品，作业标准化是指将作业节拍内一个作业人员所应完成的一系列作业内容标准化，包括各工位之间动作的均衡以及生产切换的顺畅。

多能工：在精益工厂，为了提高生产效率，往往要求作业人员能够掌握多道工序的技能，进行多种设备的操作，鼓励员工成为多能工。多能工的要求是与精益生产中设备的单元式布置紧密联系的，在一件流生产线上往往将多种机器紧凑组合在一起，这就要求作业人员能够应对节拍时间和标准作业组合的变化，为此有必要通过工作岗位轮换把作业人员训练成在所有工序的所有岗位上都能熟练操作的多能工，这对保证流程的快速流畅起到重要作用。

让价值实现的时间减半

生产过程流畅度越高，生产配合度越好，其间的在制品库存越少，质量缺陷越少，就越能加快制造节拍，提升工作效率。然而，制造环节只是企业从订单到回款完整过程中的一个环节，这个完整过程不仅包括设计、供应、制造、安装等产品流实现过程，还包括合同管理、生产计划、交付管理、收款开票等信息流管理过程。一个运营良好的企业，上述从订单到回款的过程往往都有成型的运行模式，且能流畅执行。这种企业的产品或服务，其质量、成本与交期在行业内都拥有较强竞争力，企业自然也有很好的现金流，能在激烈的竞争中立于不败之地。反之，一个运营不畅的企业，就会在许多环节上出现问题和阻滞，造成计划混乱、库存积压、质量缺陷、出货不畅等，这样的企业就会出现质量、成本与交期的问题，迟迟不能收款，逐步陷入困境。因此，从订单到回款这个过程决定着企业的价值实现，也决定着企业的生死存亡，是企业的生命线。

加速从订单到回款的进程，进而形成行云流水般的过程，是对企业管理质量的考验。我们要将改善范围从制造过程延伸到设计与服务，包括非一线行政管理的多个流程，将上述过程通过实施精益功夫逐一改善优化，成为管理与绩效卓越的企业。比如电梯的合同评审时间原来9天，通过分析，将合同产品分类、逐一分析并设定改善目标，通过改善小组的积极努力，将标准化电梯合同评审周期缩短为1天，将非标准化电梯的合同评审周期缩短为3天，通过一个个环节持续的优化与改善，使得整个企业效率不断提升，达成卓越运营与绩效结果。

管理是相通的，零缺陷、零浪费、持续改善、知行达合一的精益功夫原则可以应用于任何作业与事务。近年来，精益功夫在非制造领域的应用越来越广泛，培养人们拥有一颗持续改善的恒心和一双发现问题的敏锐眼睛，应用精益工具方法，让卡壳阻滞的工作流程变得顺畅起来，并能将枯燥无味的工作化为行云流水的艺术，在提质增效路上发挥出越来越重要的作用。

为精益功夫插上数字化翅膀

前文所提到的高速收费站发卡的例子，就体现了从全人工到半人工再到ETC无人化的过程，也是流程逐步优化、渐入佳境的过程，是未来发展的方向。

我们把手工作业转化为机器加工称为自动化，但精益自动化与一般的自动化有区别。精益自动化是要赋予机器以人的智能，包括机械设备的自动化和作业者的自动化：机械设备的自动化是让机械具有人的智慧，能够监测异常并自动停止；作业者的自动化是当作业者认为自己做的作业不符合标准或出现次品的情况下，停止重复错误的操作。因此，精益自动化的动字一般要加一个"人"字旁。精益自动化主要强调两个方面：一个是人机分离，当设备在自动运行时，人可以离开去操作另一设备或从事其他工作，人机分离按以下程度分为六级：一是机器自身不能停止，需要人将机器停在恰当的位置；二是机器可以自动停在恰当的位置；三是机器完成一个循环后停止；四是机器完成一个循环并取下工件后停止；五是机器完成一个循环、取下工件、安装工件并启动后停止；六是机器完成一个循环、取下工件、安装工件、启动机器，并可以自行投料和搬运，实现全自动的操作。另一个是异常管理，这是为了解决生产过程中的错误、突发和失控状况而制定的一系列措施和管理手段，包括四项内容：一是异常确定，要有明确的标准来定义什么是异常；二是异常检测，能够感知异常，并及时通知异常的发生；三是迅速处理，组成异常处理小组，当异常发生时，及时分析处置，防止异常蔓延；四是防止问题的再发生，采用严格根源分析工具进行异常分析，制定永久性对策，防止异常问题再度发生。虽然当今传感器与控制技术的突飞猛进，已经让自动化今非昔比，但精益的原则并没有落伍，精益价值理论一直是指导自动化行业发展的行动指南。

不仅是自动化，近年来数字化的迅猛发展也为精益流程改善注入了新的魔力。人类社会经历了从农业社会到工业社会的发展，目前进入了数字社会，各行各业用新技术来赋能，最后形成由万物互联到万物智能的新经济业态。数字化时代引发了全方位的变革，包括技术、经济、思维、生存等方面，都在发生跨时代的改变。比如，原来轮胎公司的商业模式是出售轮胎，随着数字化技术的不断进步，他们可以通过嵌入在车辆中的传感器来接收源源不断的数据流，监测轮胎状况和气压，并利用这些数据提供减少轮胎损耗和节省汽油的服务项目；喷气发动机制造商通过租赁发动机、提供长久的发动机维护服务来创收；一些农场开始提供全面的农场管理解决方案，将提供农场设备作为一种服务，而不是只销售农产品赚钱。数字化为提升精益质量带来新的机遇，以航空制造为例，取代了手工画图的数字化模具与产品设计，实现数模直接转换，大大提高了产品精度；数字化统计过程控制技术的应用，将品质严格控制在公差范围内，显著减少质量逃逸；数字化与智能化在线检测，在提高效率的同时及时防止超差产品流入下一道工序，这些都是人工所不能及的。因此，系统推进质量管理数字化能力提升非常重要，通过对庞大的数据资源进行分析挖掘，以精益制造为中心，纵向为产品研发提供指导，横向改进营销和客户服务，使用数字化、信息化、数字孪生、智能制造等先进技术，有针对性地对产品进行改造，提供各个阶段的决策支持，助力产品质量和工作质量的提升。这是企业提升质量的必由之路，也是企业提升数字化精益质量、实现弯道超车的机遇所在。

　　精益制造结合自动化、数字化、信息化及人工智能等应用，形成了智能制造新业态。这是一种人机一体化的智能系统，在制造过程中能进行智能活动，诸如分析、推理、判断、构思和决策等，通过人与智能机器的协作，扩大、延伸和部分取代人类专家在制造过程中的脑力劳动，从而实现制造过程的自动化、柔性化、智能化和高度集成化。当前工业界正大力推行智能制造，未来工厂、黑灯工厂、灯塔工厂等样板不断涌现，能够大大减轻劳动者工作强度，提高劳动效率。

　　于是人们会问，有了智能制造，还需要精益功夫吗？回答是肯定的。智能制造的基础是人与流程，人需要用精益思想武装头脑，流程需要用精益方法进行优化。消除浪费，追求价值最大化，是人们实施自动化、数字化、智能化的行动目标和指导思想，除了对相关人员进行精益功夫的讲授和训练，还要应用精益功夫将数字化改造的流程进行梳理。自动化、数字化、智能化都是技术手段，而零缺陷、零浪费、持续改善是行动的目标与方法。技术手段只有与目标方法相结合，才能达到最优的系统化流程结果。一个流程如果没有优化就采用信息化，将会导致更大的浪费。实践告诉我们，在推进智能制造过程中，要遵循如下"三不要"原则：一是不要在落后的工艺基础上搞自动化；二是不要在落后的管理基础上搞信息化；三是不要在不具备数字化、网络化基础时搞智能化。

自动化与数字化让行云流水变为现实，身处新技术蓬勃发展的今天，我们需要与时俱进，适时加入数字化、智能化等新的技术手段，提升精益数字化竞争力，方可立于不败之地。

工欲善其事，必先利其器。

第三篇·筑　基

·
·
·

先学功法，再练功力

筑基是修炼功夫的基础，筑基要求先学功法，再练功力，直至功成。在功夫修炼中，方法得当则事半功倍，方法不当则事倍功半。同样是功夫修炼，比如打通任督二脉，有的人修炼得法，不到一个月即可功成，有的人不得法，一辈子修无长进。因此我们说，成功是有诀窍的，只有彻底做到全身放松、舌顶上腭、意守丹田、凝神聚气，才能使内气沿经循行、力冲三关、气贯百汇、打通二脉。也只有打通了任督二脉，才能引领诸脉，通畅全身经络。如果不遵循修炼方法，则虽久炼而不达。

与打通任督二脉如出一辙，精益功夫中的价值流程图方法是将作业的信息流与物质流汇集转化为时间流，为识别与消除流程中的价值浪费、实现价值提升提供了有效的工具方法。除此之外，精益功夫还提供了一系列专业功法，分为现场、设备、质量、流程等部分，这些功法沿袭了诸多精益方法中的精要部分，也吸引了一些传统精益之外的有效方法。其实用性和有效性被长期大量的实践证明，应该成为每个修炼精益功夫的组织和个人必须掌握的方法工具。掌握了这些方法，如同练就了十八般武艺，你距离成为合格的精益功夫专业人员就更近一步，具备了进入实战的基础能力，再假以时日，练就功力，即可在实战中充分发挥，建功立业。

一、精益格物功法

让客户一见倾心

精益格物功法中的格物，是将物品一格一格放置整齐，也就是定位、定量、定容，是精益功夫的现场管理方法集，用于打造一个让客户一见倾心、让员工心情舒畅的闪亮现场。

下面是发生在丰田工厂的一幕：一位高管在车间中间画了一个圆圈，然后请车间主管拿着纸和笔站到圆圈中，告诉他在下面的 4 个小时中，仔细观察周围，寻找出 60 个问题点和浪费点才能出来，然后立即着手现场解决问题。60 个问题，不找出来不许出圈，哪怕鸡蛋里也要挑出骨头来，经过多次这样的循环往复，现场就会焕然一新，浪费和劣质也大幅减少。这个高管就是当时在日本丰田公司任职的大野耐一，这个圆圈，被称为大野耐一圈。

二战之后，日本丰田汽车公司销售额锐减，陷入困境，工人罢工，濒临破产。为了挽救丰田，日本银行要求丰田解雇 3 000 名员工，更换全部经营班子。在如此严峻的现实面前，丰田喜一郎社长提出：降低成本，消除不必要的浪费，用三年时间赶上美国，拯救日本的汽车产业。在社长的感召下，大野耐一死死盯住现场管理，提高效率，优化品质，达到细致入微、登峰造极的地步，创造了后来被美国人取名为"精益生产"的丰田生产方式，他本人也被日本人誉为"生产管理的教父"和"穿着工装的圣贤"。大野耐一圈是一项逼迫你去发现问题的魔鬼训练，看上去有点偏执，但却非常有效。我们对周围的太多问题视而不见，时间长了，也就麻木了。使用了大野耐一圈，就会有不同的现场与绩效表现，持之以恒，就形成了我们当前所崇尚的工匠精神。

"答案在现场"，工作现场的重要性怎么说都不为过，现场问题直观反映了企业的品质、效率、执行力与领导力。所以去企业一定要去车间现场看看，大家也就理解了为什么有事故发生，领导们往往都是第一时间抵达现场的原因。我们车间的现场标准要求"员工走路速度不低于 1.2 米 / 秒""产品和工人在生产时不离开生产线和工作区""手机处于管理状态""粉尘物料不落地，没有锈蚀物""没有标识的物品都是多余物"等等，地上不允许有任何散落的零件，把灰尘和锈蚀都当作外来物。我们要求定期打开抽屉检查物品定位情况，要求员工养成良好的复位保持习惯。这样的现场从来不需要突击搞卫生，也没有必要突击大检查。

好的现场应该让客户一见倾心。曾经有客户计划要去三个工厂参观然后再决定用谁家的产品，来我们这里看到了闪亮的现场后，当即表示另外两家不需要去了。因为他被我们的管理说服了，可见闪亮的现场可以达到现场营销的效果。然而，虽然明白道理，但多数企业在现场管理上与国际标准差距很大，成为阻碍企业发展的短板。曾经有一个产品质量老是出问题的企业老总来找我，看了现场后我反问他，如果说你吃顿饭拉肚子，结果发现饭是在垃圾堆里做出来的，你能告诉我是哪样菜的原因吗？垃圾场一样的现场只能出垃圾产品，在这样的现场工作，企业不可能走向高端。曾经由于国外材料的响应周期很长，我们想在国内寻找合格的供应商。先是去了一家知名的研究所，一进车间，混乱的场景让我吃惊，敷衍了几句我就回去了。因为不可能说服自己去相信一个现场混乱的企业能够制造出高度一致性的航空产品。后来我又去了一家西部的专业工厂，看到车间顶上挂了一层绿色的建筑围网，说是因为厂房老旧墙皮脱落怕掉下来伤人，但下面就是材料制造设备，这样的环境如何保证产品的纯度和精度？难怪我先前要求他们提供样品时，要求单边 2.5 丝的圆形材料，收到时发现是椭圆形的，这样如何让人对他们的产品质量有信心。这种状况非常可惜，本来可以做得品质更好，效益更高，却由于员工精益素质的缺失而遭受损失。

世界级工厂现场的 22 个标准

整洁闪亮的作业现场不仅有助于提高组织形象，形成良好的作业文化，而且能够愉悦员工身心，减少故障，提升品质，还易于暴露和发现问题，促进现场持续改进，从而提升效率、降低成本、提高质量。一个闪亮的工厂，不仅能够体现这家工厂的质量水平、效率和执行力，同时也能增强客户的信心。那么什么样的现场算是一个优秀的现场呢？下面我给大家介绍世界级工厂现场的 22 条标准，这里主要是针对装备制造业的标准，其他行业现场标准可以在借鉴中调整。

闪亮有序的工厂现场

（1）布局经过精益编排，流程不会回流或逆转。物流逆转不仅造成浪费，还将导致现场人与物的混乱。在工厂设备安装到位之前，要做详细的产线、物流与人流的规划，以确保流程顺畅，不产生逆流。

（2）减少生产批量，尽量采用单件流。实践证明，在装备制造业单件流能显著提高生产效率，减少在制品库存，同时也能及时反馈质量问题，减少质量损失。有时虽然单件流无法实现，也要尽量减少生产批量，实行多品种均衡化生产，这是提高产线节拍与效率的有效之举，在产线设计与生产排产中需要作出相应安排。

（3）作业与流程有作业指导书，设备有现场档案，标准与规范看得见。一个透明的现场就是让每一个人包括新员工和老员工都能够就近拿到或看到工作所需的指导信息，这样他们的动作和结果才能够做到统一与规范，对保证标准化高品质生产非常重要。不要认为电脑里什么都有就可以了，"管理上墙"和"就近取用"在精益现场有着重要的作用。

（4）尽量不使用铲车、行车等起吊设备。由于车间铲车、行车造成的安全事故时有发生，因此，精益车间对于物料的搬运往往会考虑设计一些更安全、更便捷的搬运工具。当然在这一点上并不能绝对化，需要根据具体情况进行具体考量。

（5）没有包括原材料、半成品和成品在内的多余物料堆积。物料堆积是管理不流畅的表现，也是严重的浪费，精益功夫甚至认为工厂库存是管理上的癌症。许多企业的产线面积大大小于物料堆积面积，相当于是在仓库里生产，企业赚的钱都变成库存了，这样企业的效益会大打折扣。一个好的精益现场，是流动顺畅的现场，没有多余的物料，仅有的物料也整齐摆放，现场展现出有序的管理状态。

（6）车间里没有垃圾桶。听上去这是个比较苛刻的要求，但这是一个趋势，如今许多发达城市里的垃圾桶越来越少，是城市管理与市民素质的综合体现。董明珠曾说过，在格力110万平方米的车间里，没有垃圾桶，工人乱扔垃圾还会被开除。我们一开始就要对物料和生产过程中如何避免产生垃圾，减少产生垃圾，产生垃圾之后及时快速地清理等方面进行规划和控制，先减少垃圾桶的数量，然后逐步做到清除现场垃圾桶。

（7）没有进货检验。取消进货检验，意味着所有进到工厂的原材料、零部件的质量都是百分之百合格，才能保证生产工序的流畅。这充分考验一个工厂的供应链管理能力，只有质量前移，把质量管控延伸到供应商和物流线，才能做到不重复检测。如果无法做到全覆盖，企业可以先将供应商分级管理，部分实行免检，然后逐步扩大免检面，最后实现取消进货检验环节。

（8）所有物品均放置在1.5米高度之内。1.5米是人的视线高度，在这个高度里，如果出现问题，我们能够马上发现，对于安全和可视化效率都有重要的意义。当然，这一条也要根据企业生产的具体情况进行把握，不搞一刀切。

（9）设立有效的防错措施与安全隔离装置。一个好的系统，是普通员工想做错都做不错的系统，企业现场也是一样，精益功夫认为预防能力是核心能力，最好的方法是预防。因此，在现场要设置警示标志，并运用防错方法对产线中容易放错、做错的环节采取物理防错措施，对现场高温、高压、高空、强电、水、火等安全隐患设置安全警示与隔离装置。同时，针对事故隐患制定安全预案，让现场生产不会出错，安全看得见。

（10）有效应用支组装线，缩短主生产线的长度。在精益管理中，产线并不是越长越好，我们要合理采用支线和主线组合的方式来缩减主生产线长度。根据产品的工序构成，灵活设计，有时候采用一个人巡回操作的C形工位，有时候采用简短的U形线，将进入主线装配的部品准备好，并采用准时化生产方式，配合主生产线进程，提高整个生产线的速度和效率。

（11）具有防止零部件短缺的系统和问题报警装置。一条产线顺畅生产的主要障碍就是停工待料或质量缺陷，这些情况一旦出现，产线就会停顿。因此，及时识别和显示问题的安灯系统应运而生，有了安灯系统，员工发现问题及时亮灯，主管可以在第一时间看到声光警报，并召集相关人员在现场迅速解决问题，避免产线长时间停机造成更大损失。

（12）使用水蜘蛛配料。水蜘蛛是车间中专门用来给工位配送物料的员工，作业现场所有配料都要求水蜘蛛配送到每个员工身边，这样员工就不需要自己去取物料，避免了现场的混乱。水蜘蛛要将物料搬运到员工最容易抓取的位置，这样能够最大限度降低员工的劳动强度，减少浪费。同时，在作业过程中，水蜘蛛担负着巡查物料、及时补料的职责，保证产线不会停工待料。

（13）没有多人操作的工位。这一点也要根据不同作业业态而灵活把握，我们提倡人力资源的高效利用，尽量减少需要多人操作的工位，用一些机械辅助或自动化的方式来减少人员操作，甚至可以做到一人多机。比如以前的挡车工一个人看一台机器，后来发展到一个人看两台机器。随着科技的不断进步，现在一个人可以看 100 台机器，用技术推进精益管理是未来发展的重要趋势。

（14）产品和工人在生产时不离开生产线和工作区，手机处于管理状态。由于现场设有水蜘蛛，使得员工不需要自己去取料送料，包括原材料、半成品、成品和废料等。这样可以让员工在工位上专心操作，提升人员效率的同时也保证了现场的井然有序。此外，当前网上信息爆炸，许多人沉溺于浏览手机，如果在工作现场看手机，不仅会浪费时间，也存在安全质量隐患。因此，一线员工现场不看手机的要求并不过分，集中保管手机也成为现场管理的一项要求。

（15）员工着装整洁，走路速度不低于 1.2 米每秒，见到客人须微笑致意。这项针对员工行为形象的要求，是为了展示组织与员工的精神风貌。其中走路速度的要求被许多企业忽视，1.2 米每秒的速度是我们平时较快走路的速度，可以避免有些员工拖拖拉拉的车间行为。另外，员工遇到客人无所适从也是常见的现象，要求在看到客人时微笑致意后继续工作，让客人感受热情的同时也看到员工的专业敬业状态。

（16）现场有人员多技能看板，员工可以胜任多种工作。首先，现场设置员工技能矩阵，这是一块显示员工对各个工种熟练情况的看板，通过这块看板，主管能够按照员工技能熟练情况派工，员工也能够知道未来需要弥补与强化的技能方向。多能工是精益功夫中非常重要的概念，精益功夫鼓励员工拥有多种工作的技能，这样在生产旺季或者人员短缺时，就可以弥补由于工种缺失造成的损失，员工也可以多劳多得。

（17）天地闪亮，粉尘物料不落地。一个闪亮的现场体现了企业的管理水平，在这里天花板是亮的，地是亮的，粉尘物料不落地，整个地面不允许有任何散落的零件。在精益功夫中，我们把粉尘、灰尘、油污、碎屑都当作外来物，如同垃圾一样，落地上和扫出去是两次浪费。现场要有避免物品落地的设施与措施，一方面减少了浪费，另一方面体现了管理的颗粒度。

（18）物品严格定位摆放，没有标识的物品都是多余物。定置、定量、定容是现场管理的重要要求，能够避免混乱与混用造成的浪费；每个物体都需要有明确的标识，让现场管理看得见，体现现场管理的执行力与基本功。

（19）机器闪亮无锈蚀，每日检查维护，并按照全面预防保养计划执行各项保养工作。在现场，机器是干净闪亮的，我们要求机器上没有一颗生锈的螺丝，要求机器就像军人的枪一样，始终处于随时可以使用的最佳状态，不能在关键时候掉链子。这就要求做好严密的预防性维护工作，尽量避免出事后的救火，因为那时的损失要大得多。此外，设备操作方法与维护信息要采用现场信息看板进行展示。

（20）尽可能将质量预防与控制工序前置，质量诊断与根源分析方法用于日常的质量改善活动。我们介绍过"十倍代价法则"，越到后面发现问题，矫正的代价越高，这说明过程监控非常重要，要求把质量把控程序尽量前置。同时，现场应设置质量管理站，要求员工掌握质量诊断与根源分析方法来根治质量问题，因为只有彻底解决问题才有价值。

（21）文件条码化并使用电子看板。随着信息化技术的发展及其在企业的广泛应用，工作现场采用电子看板成了许多企业的选择，同时要求现场的操作文件尽量电子化，过程纸质文件和物料标识条码化，并运用各种电子阅读与采集设备进行管理，让现场的状态与信息能够看得见，实现透明工厂的要求。

（22）每日 QCDSMP 状态能够看得见，现场显示绩效状态和利用价值流程图持续改善的计划与行动。现场管理六大目标 QCDSMP 中，Q（Quality）是质量，C（Cost）是成本，D（Delivery）是交期，S（Safety）是安全，M（Morale）是士气，P（Productivity）是效率。车间绩效状态每日要进行更新，员工持续改善的项目计划、改善行动与计划之间的差距以及绩效改善成功故事在现场能够看得见，让人感受到现场持续改善的氛围和状态。

这 22 条标准是我们实践探索的总结，并不是一成不变的，大家可以根据自己行业的特点借鉴参考。希望通过这些标准的建立与落实，使得现场能够展现由内而外的管理状态，成为闪亮工厂和透明工厂。

整齐明晰的物品摆放

精益现场管理方法 5S

"三流的企业像垃圾场，二流的企业像大街，一流的企业像星级宾馆"。中国改革开放数十年来，长期的高速度发展，企业现场管理比较粗放，有些企业还停留在像大街的水平上，脏乱差的现场还随处可见，影响了生产安全、产品品质与员工士气。试想，一个到处是废料粉尘的工厂如何能生产出高品质的产品，一个到处堆满物料的工厂就如同在仓库中生产，其中隐藏着许多浪费。我们认为，做好现场管理，不仅能提高效率，更重要的是为了暴露问题，就如同医生首先须清理创面才能发现伤势一样。一个使人精神爽快的环境，应该布局合理、视域开放、整齐划一、色彩协调、标识清晰、环境清洁，工人衣着整洁、精神饱满；清洁的工作场所有利于使员工有良好的工作状态，创造出优质的产品，可以提高工作的安全性和愉悦感。本节讨论的现场管理 5S 方法，可以立竿见影地打造可视化的工作现场，突出浪费现象并加以消除，让客户到工厂就能感受到管理的有序，相信产品的品质，达到"工厂营销"的作用。

现场管理法 5S 起源于日本。据说在 20 世纪中叶，日本人中岛泽平的太太来到丈夫濒临倒闭的工厂，看见厂里工具设备陈旧，物料混乱，到处灰尘油污，工人士气低落。在她的提议和指导下，工人们像她在家里整理物品一样，将工厂的区域按功能分区，对所有物品进行分类，将能用的物品都严格定位，将不用的物品变卖转化成为现金，并对机器设备进行了彻底的清扫，让工厂面貌焕然一新。中岛先生于是给他原来的客户打电话，请他们来看自己工厂的改善，因为工厂很干净，工人士气慢慢高涨起来，产品品质也逐步好转，从此订单不断，经营起死回生。这个故事越传越广，企业家们纷纷学习中岛夫人的打理方法，后来经由日本管理界专家们归纳提炼，形成一整套现场分步改进方法，发展成为后来企业界著名的"5S"管理工具。5S 由下列 5 个日语罗马音标首字母为 S 的步骤构成。

（1）整理（Seiri）：整理的目标是消除现场的一切多余物品，节约空间并减少干扰。首先是制定工作现场物品需要和不需要的判别基准，然后彻底检查工作场所，不需要的物品或是暂存于库房，或是清理出工作现场。"不用就是多余物"，经过整理，平时看似留着有用的物品，其实许多是多余的。将这些物品识别并移除，可以大大腾出储物空间，减少物料库存，相对扩大了工作区域面积，减少作业现场磕碰、误用、误送等问题发生，保证通道畅通，创造了清爽舒适的工作环境。

（2）整顿（Seiton）：整顿的目的是将现场有用的物品有序放置，减少差错并提高效率。对现场留下的物品要分门别类，明确数量，根据使用频率进行摆放，并对物品进行有效的标识，使需要的物品有条不紊地按定物、定量、定位、定容和定时原则处置。通过科学布局，直观上很容易就看得见东西应该在哪个时间点摆放在哪里，方便员工快速有效地找到物品，同时对场所和物品严格进行标识，减少走错、放错、拿错、用错等行为导致的误工和浪费。

（3）清扫（Seiso）：清扫的目的是将工作现场的油污、粉尘、垃圾等彻底打扫干净，创造心情愉悦的环境，同时能够减少错误发生，稳定作业品质。要彻底清扫清理留在工作地点的物品，包括地面、天花板、墙面、计算机屏幕、键盘、文件柜、桌子、设备等，删除不需要的计算机文件。

清扫也是保养，将设备及时清理，使之恢复整洁，同时做好设备的润滑与维护工作。"灰尘也是外来物"，看似与质量不相干的环境卫生，其实会给工作和产品质量带来有形或无形的影响，特别是在产品精度要求较高的高端制造业，对环境的要求更高。要打造没有灰尘和锈蚀的闪亮工厂，要求油污粉屑不落地，当发现有飞屑和油污泄漏时，要及时查明原因，并采取措施加以改进。

（4）清洁（Seiketsu）：清洁的目标是不断执行、维持和提升上述的3个S，将其形成制度化和标准化，定期检查，贯彻到底。不断地进行整理、整顿和清扫，使环境不受污染，进一步消除浑浊的空气、粉尘、噪声和污染源，消灭发生安全事故的根源和职业病诱因，不仅车间环境做到清洁，创造一个良好的工作环境，工作人员本身也要清洁，使大家能愉快高效地工作；"5S不是搞运动"，常态化才是5S的目标。我们要建立标准化的现场5S责任表和定期检查制度，建立严格的问责考核制度，将检查结果公布和张贴，形成全面、持久、深入推进5S的长效机制。

（5）素养（Shitsuke）：素养的目的是通过活动的推进，让职工养成打造并维持闪亮工作现场的习惯，依照标准与制度行事，培养积极进取的精神，保持自律和坚持，让清洁与高效成为一种生活方式。在素养阶段，我们要通过各种贯彻、检查、宣传、评比等活动，将5S理念根植于员工的大脑深处，将随时进行整理、整顿、清扫、清洁变成员工的肌肉记忆，这样的现场谁看到都会喜欢，这样的员工到哪里都会受欢迎。"答案就在现场"，以前，每次有人参观，都要事先大扫除，现在不需要了，现场在任何时候都保持有序状态，有着良好素养和饱满精神状态的员工在整洁的现场努力工作，既能提高员工文明礼貌水准，又能营造团体精神，使现场变成管理的镜子，体现出企业的精气神，用现场说服客户，实现现场营销的管理目标。

下面介绍在实施5S中常用的几个有效方法。

红牌作战

红牌作战是5S实施过程中最常用的方法之一，主要应用在5S整理阶段，特指将不需要的或存在疑问的物品用红牌标识出来，以便团队讨论决定去留或处置方法。红牌作战还可以作为一项通过可视化手段快速识别并解决问题的方法应用于现场管理之中，可以提升生产效率和产品质量，有效地帮助团队聚焦于现场的改进点，实现持续改进。

实施红牌作战可以按照以下几个步骤展开，首先建立一个跨部门的团队，包括管理层、技术人员和一线员工，然后对团队成员进行红牌作战的培训，确保每个人都理解目的和方法，同时准备足够的红牌（通常为红色卡片或标签），用于标识问题区域、问题物品或其他问题点，然后团队成员一起巡视现场，一旦发现问题，立即使用红牌进行标识。红牌上应注明问题描述、发现日期和责任人，由专人记录每个红牌的位置、问题类型和解决状态，责任人或团队成员根据红牌上的信息，分析问题原因，制定和实施解决方案，定期跟踪问题解决进度，并对红牌作战的效果进行评估和反馈。红牌作战不是一次性活动，而是一个持续的过程，要确保所有员工都参与到红牌作战中，通过红牌的可视化，让问题区域和改进点清晰可见，便于团队成员理解和行动，一旦发现问题，立即采取措施，避免问题的积累和扩大。

红牌作战法可以使现场的环境变得更加整洁有序，减少了寻找工具和材料的时间，通过减少不必要的动作和等待，提高了作业的效率。此外，有序的生产环境有助于减少错误和缺陷，提高产品质量，员工通过参与改进过程，提高了他们的参与感和满意度，通过全员的参与和持续的努力，作业现场可以变得更加高效和有序。

定点拍照

定点拍照是一种可视化管理工具，通过在现场特定位置和特定角度进行拍照或摄像，实时捕捉现场状况或作业过程中的图像，帮助管理人员和操作员识别问题、监控进度，对比改善成果，是5S实施过程中最常用的方法之一，其实施步骤如下：首先，需要识别选定拍照区域，如重点改善区域或工位、现场鸟瞰点、瓶颈控制点或高风险操作区域等，在这些关键区域设置拍照点或安装摄像头，确保能够清晰地捕捉到现场状况或生产活动。然后，通过收集同一位置不同时间的图像数据，分析现场改进情况以及生产瓶颈与问题，并根据分析结果，制定具体的改进措施，如优化现场布局、改进作业流程等，并将定点拍照作为持续改进的一部分，定期回顾和更新改进措施。

使用定点拍照，提供不同阶段客观的现场状况和作业过程监控，有助于及时了解改善效果，快速响应和解决问题。对比过程还可以作为培训材料，帮助员工快速学习和适应工作要求。通过定点拍照，可以更容易地发现和纠正问题，提高产品与管理质量，通过监控工作环境，可以发现安全隐患，确保员工遵守安全规程操作。除了用于5S现场改善，定点拍照还可以帮助企业实现生产效率的提升、成本的降低和产品质量的改善。比如，在某汽车制造车间，通过定点拍照发现了一个装配线上的瓶颈工序，通过分析摄像头捕捉到的图像，管理人员发现操作员在装配特定部件时需要频繁移动，导致生产效率降低，他们通过重新设计工作站布局并引入自动化工具，成功消除了这一瓶颈，提高了生产效率。

物品使用频率放置法

物品使用频率放置法是一种基于物品使用频率来优化其存放位置的方法，高频使用的物品应放置在易于获取的位置，而低频使用的物品则可以放置在较远或不易获取的地方。

物品使用频率法的实施按下述步骤展开：首先，需要对现场使用的所有物品进行使用频率的评估，这可以通过收集和分析作业数据来完成，比如分为"每小时使用一次""每天使用一次""每周使用一次""每年使用一次"等，然后设计一个存储布局，将高频物品放置在易于接触的位置，如工作台附近或易于访问的货架上，并且为每个物品创建清晰的标识，包括名称、使用频率和存放位置，以便于员工快速识别和取用；然后对员工进行培训，确保他们了解新的物品放置规则和存储布局，并根据生产流程的变化和员工的反馈，定期评估和调整物品的放置策略。

具体可参照如下标准操作。

（1）每小时都要使用的物品，使用频率很高，可随身携带。

（2）一天使用一次的物品，使用频率高，放在桌子上。

（3）一个星期使用一次的物品，使用频率较高，放在抽屉里。

（4）一个月使用一次的物品，使用频率中等，放在柜子里。

（5）三个月使用一次的物品，使用频率较低，放在仓库暂存。

（6）半年使用一次的物品，使用频率低，放在仓库里。

（7）一年使用一次的物品，使用频率很低，放在仓库封存。

高频物品的近距离放置减少了员工在作业过程中的移动，优化的物品放置有助于提高作业速度，减少等待时间，减少了员工的物理劳动，有助于减轻疲劳和提高工作满意度，清晰的标识和有序的存储布局使得物品管理更加容易。比如，在某汽车零部件装配车间，通过实施使用频率法，将螺丝、螺母等高频使用的小件物品放置在工人的工作台附近，而将大型部件和低频使用的工具放置在较远的货架上。这一改变减少了工人在取物品时的移动距离和时间，提高了生产效率。

鼠迹巡查

丰田喜一郎曾说过："不要相信一个不洗手就去吃饭的工程师。"意思是工程师到现场如果不去触摸，就不能深入发现问题。同样，大野耐一也说过："绝不要提拔一个在车间走直道的人。"意思是在车间要走近工人、设备和物料，才能发现问题。我们在大野耐一圈的基础上形成一个现场管理的创新方法，叫作鼠迹巡查，也就是巡查轨迹像老鼠的移动轨迹一样，去搜寻和解决遗留在现场死角的问题。

鼠迹巡查的实施可以沿袭"定、集、梳、畅、序"五个步骤展开，一是定，站在现场中心10分钟，根据设定的目标，环顾四周，观察寻找问题所在地；二是集，在下面的20分钟内在现场问题所在地以及最边角的四周巡查，如沿着老鼠走动的路径一样，近距离摸排观察各种问题，收集记录所发现的问题；三是梳，仔细梳理各个问题，每个问题都用5个为什么等方法找出根源和解决方法；四是畅，在下面的30分钟内尽可能多地解决问题，其余问题列出改善行动计划，在2周内限期整改；五是序，如此成为工作机制，每月定期开展，通过核查总结全面改善现场状况。

与固定的大野耐一圈相比，鼠迹巡查更加灵活明确、细致入微，更能发现深层次现场问题，是一个有效的现场管理方法。鼠迹巡查与5S相辅相成，不仅可广泛应用于工业领域现场管理，同样可以应用于学校、社区、城市、家庭等工作生活的各种场所，创造可以提升品质效率、提高心情愉悦感、减少事故发生率的闪亮现场。

精益现场可视化四种方法

可视化管理又称目视管理，是通过对管理现场进行标识、色彩管理等视觉化信息传递手段，将事务与进程透明化和界限化（定物、定位、定容、定量和定时），可以使管理人员能随时了解和掌握现场作业的动态，有问题即可采取对策立即解决，方便信息传递，提高工作效率。

可视化的范围要涵盖作业区的各个场所与部位，包括：产线区、仓储区、早会区、质检区、讨论区、洗手间、会议室、办公室、咖啡吧、吸烟区、打印区、健身区、食堂、宿舍、接待区、资料室、设备间、监控室、电梯区、门卫室、公共道路、停车区等场所。场所内包括：环境、地面、墙面、通道、堆场、货架、产线、物料、工台、橱柜、小车、设备、工装、工具、管道、服饰、文件、门窗等部位或物品。

实施可视化管理的目的是让现场各种场景、实物与信息可视化，运用多种图标、颜色、声光将管理盲点明显化。要将正常、异常的范围标识标准化；要做到管理对象的正常、异常范围标识明显与统一；要将异常处置标准化，将异常出现时的解决方法和异常处置的负责人、联系电话等信息张贴在管理对象旁边；要通过图示化、色彩化来强化视觉；要将设备运行状态做自动提示；要将标志位置设置在合理、显而易见的位置、高度、方向和场所，接近被指示物品，必要时增设声音警示，在已知有危险的场合同时使用声音提醒。

颜色管理

在现代工厂管理中，颜色管理是一种简单高效且直观的视觉工具，通过颜色的系统化使用，帮助员工快速识别不同的区域和物品，快速识别和响应各种正常与异常情况，通过合理规划和严格执行颜色管理策略，工厂可以提高生产效率，减少错误和事故，从而创造一个更加安全和高效的工作环境。

常见颜色对人体的影响和用途如下所示。

（1）红色可使血压升高、脉搏加速、呼吸加快，代表危险和停止。

（2）黄色的影响接近于红色，但效果略弱，代表小心和慎行。

（3）蓝色可降低血压和脉搏速率，使大脑活动放慢，代表注意。

（4）绿色为中性色，让人感到舒适，代表安全与可行。

（5）黑黄相间色比较醒目，代表小心与搬运。

借助不同的颜色有效地传递正确的资讯给相关人员，员工可以清楚知道每个区域的要求，原则上以绿、蓝、黄、红为基准以区别状况的好坏程度，分为如下几类。

（1）地面功能区颜色：将工厂地面划分为不同的功能区域，如工作区、通道、存储区等，为每个区域分配一种颜色，如绿色代表安全通道，黄色代表警告区域，蓝色代表工作区等，在地面上用相应颜色的线条或色块进行标记。

（2）货物区颜色：在货架、托盘或货物本身使用相应颜色的标签或标记，根据货物的类型或用途分配颜色，如红色代表危险品，绿色代表一般物品，在物料分类上，一般红色代表 A 类物料，白色代表 B/C 类物料。

（3）管道颜色：在管道上使用相应颜色的标识带或刷漆进行标记，根据管道内流体的类型分配颜色，如红色代表消防管路，黄色代表气体管路，蓝色代表压力或光纤管路，绿色代表用水管路，灰色代表电气管路等。

（4）安全标识颜色：在安全标识、警示牌和逃生路线上使用醒目的颜色，使用国际通用的安全颜色，如红色用于表示危险或禁止，黄色用于警告，绿色用于安全出口等。

（5）员工工作服颜色：一般蓝色为作业员服装，黄色为领班服装，白色为品管员或技术员服装等。

在实施改善时，先要评估并规划管理对象，确定每个对象的功能和相应的颜色，采购制作相应颜色的标记材料，然后实施颜色标记，并进行定期检查和维护，以及对员工进行颜色识别与管理功能的培训。

标识管理

标识管理是创建有序、高效和安全工作环境的基础，通过系统化地设计、实施和维护标识，不仅能够指导员工行为，还能提升工作效率，确保安全，并强化企业文化。标识管理系统需要综合考虑空间布局、物料流向、设备管理、员工行为、安全规范和企业文化，以实现最佳的工厂运营效果。

公共区域的标识包括各个部门的位置布局图、楼房名称标识、楼层标识、办公室标识、走道标识、车辆停放位置、树木花草标识等；有关设备工具的标识包括定置管理标识、零件分类与定位标准标识、工具陈列柜标识、辅料与配件标识等；行政管理中涉及的标识包括欢迎牌，茶水间、洗手间、吸烟区等空间标识，会议室管理规范标识牌，负责人等身份标识，办公文件、桌椅、电话、垃圾桶等物品的名称及定位标识，人员服饰规范标识牌，企业文化展示名板等；生活区域的标识包括餐饮区域管理标识、休闲区域和宿舍区域管理标识等。

现场标识主要包含如下几种。

（1）空间标识：为工厂内的不同区域分配特定的颜色或标识，如工作区、仓库区、休息区等，使用地面标线、指示牌或墙贴标识来区分这些区域。

位置指示牌中标有目标方向与距离

（2）物料标识：为物料存储区和物料本身设置标识，为不同类型的物料分配特定的标识，如颜色标签、条形码或 RFID 标签等。

（3）设备标识：为每台设备分配一个唯一标识，如设备编号或二维码，并在设备显眼位置张贴这些标识。

（4）行动标识：使用标识指导员工在特定区域的行为，如"禁止通行""必须佩戴安全帽"等，并在相关区域设置明显的行动指示牌。

（5）安全标识：使用国际通用的安全标识，如紧急出口标识、消防设施标识、危险警示标识等，还包括机器设备安全管理标识，如安全使用说明书、保养时间记录卡等，以及生产环境安全管理标识，如安全提示语、安全宣传标识以及消防安全标识等。

（6）企业文化标识：在公共区域、车间、会议室或休息区等区域墙面展示公司的使命、愿景和价值观等核心文化理念的标识。

在实施改善时，先要规划现场空间布局，明确标识功能和标识对象，设计易于识别的标识，然后制作并安装标识，定期检查标识的清晰度和完整性，并培训员工如何使用和识别标识。

看板管理

看板管理是一种起源于日本的精益工具，通过明确的内容、可视化的展示和持续的更新，管理看板可帮助团队成员了解当前的工作状态和任务，更好地理解工作要求、监控进度和参与改进，是提升工厂透明度和效率的有效工具。在工厂中，看板管理可以应用于多个方面，包括员工管理、设备维护、物料管理、工艺流程、生产监控、精益改进和企业文化建设等方面。

现场看板一般分为如下几种。

（1）员工管理看板：可定期更新员工的工作状态，显示工作进度和紧急任务等。主要内容包括员工资质情况、出勤情况、工作分配和进度、技能矩阵以及培训提升计划等。

（2）设备看板：用图表显示设备运行状态，说明设备操作方法与维护注意事项，标记即将到来的维护任务等。主要内容包括设备状态和运行情况、操作与维护说明书、维护计划以及故障和维修记录等。

（3）物料看板：显示物料的基本信息与实时库存，标记物料的最低库存水平和补充需求。主要内容包括仓储区平面图，仓储区划分、货架名称、物料分类、物料内容与数量、库存水平、物料需求计划、物料补充和消耗记录等。

（4）工艺流程看板：显示整个工艺流程的可视化图表，用颜色或图标标记关键控制点。主要内容包括工艺流程图、关键工艺参数、质量控制点和作业指导书等。

（5）生产看板：显示每日、每周、每月的生产计划和生产状态。主要内容包括作业环境管理如生产线布局图、成品产量及合格率等，生产品质管理如品质目标看板、品质口号、品质趋势图等，生产活动5S标准和状态，作业人员管理如员工奖惩规定、岗位职责等，生产计划和进度、实际产出与目标对比以及异常和问题记录等。

（6）精益改进看板：展示过去完成和正在进行的精益改进项目，用图表和列表追踪改善进度，记录改善历史与成功故事等。主要内容包括改进项目和目标、改进措施和进度、成果和效益等。

生产管理看板

（7）企业文化看板：展示公司的核心价值观，用照片和故事展示员工业绩。主要内容包括公司使命、愿景和价值观，员工表彰和团队成就，重要通知和活动信息等。

推进看板管理，需要确定各项管理的关键指标与关键信息，设计看板模板与内容，分配责任人并培训相关人员，然后实施并监控看板管理效果，并根据反馈进行调整，定期更新看板内容。

形迹管理

形迹管理又称形迹追踪或足迹管理，是一种常用的物品与工具定位管理工具。形迹管理的主要目的是通过明确标识物品和工具的位置，减少员工对物品和工具的寻找时间和错误放置的行为发生，从而提高工作效率和准确性，旨在提升生产流程的透明度，帮助管理人员快速识别问题并进行改进。

实施形迹管理，先要为工具、设备、物料等确定固定的存放位置，并在地面、工作台、容器等处进行明确标识，使用不同颜色的线条或色块来区分不同类型的区域或物品，或给不同物品设置相同形状的凹槽进行准确定位，定期检查标识的清晰度和准确性，确保形迹管理的有效性，并对员工进行形迹管理的培训，确保他们理解并遵守相关规则。

使用形迹管理，员工能够通过合理规划物品放置，使空间利用效率最大化，快速找到所需物品，减少寻找时间。清晰的标识有助于预防事故，提高安全性，使生产流程和物料对所有团队成员都是可见的，便于管理和协调。形迹管理不仅是一种提高生产效率的工具，更是一种文化，它鼓励团队成员积极参与到生产改进中来，培养持续改进的意识。比如，一家汽车制造厂在实施形迹管理之前，生产线上的零件经常随意放置，导致员工花费大量时间寻找所需零件，影响了生产效率，实施了形迹管理后，为每种零件和工具指定了固定的存放位置，并在地面上用颜色编码的线条清晰标识，在每个工作站上方安装了看板，展示该站所需的零件和工具的存放位置。这样，员工就能迅速准确地找到所需零件和工具，提高了生产效率。同时，清晰的标识也减少了误操作导致的安全事故，提升了整体的工作环境质量。

二、精益利器功法

提高设备投资回报率

我认识两位企业老板，同样是做药物生产的，工厂设备投入都是三年左右，一家的设备现场打理得窗明几净，设备如新的一般，全车间没有一颗生锈的螺丝；另一家的设备则锈迹斑斑，有些管道已经腐烂需要更换，设备主体的使用寿命也令人担忧。可见不同的维护管理，在设备投资与使用效益上会产生不同的结果。

随着自动化和智能化的兴起，设备作为工厂运作的"心脏"，其性能和可靠性直接影响到生产效率和产品质量，其日常管理变得越来越重要。设备维护保养也需要科学的系统化方法，这个方法就是精益利器功法，作为一项关键的设备管理活动，旨在确保设备的最佳运行状态，延长设备使用寿命，降低运营成本，提高企业的整体竞争力。

实施全面生产性维护，可以通过预防性维护，减少意外停机和故障，确保生产的连续性；通过定期检查和维护可以发现潜在问题，避免小问题演变成大故障，提高设备的可靠性；通过全面维护可以减缓设备磨损，延长设备的经济使用寿命。此外，预防性维护通常成本较低，可以避免昂贵的紧急维修，维护良好的设备可以保证生产过程的稳定性，提高产品质量，并确保设备符合安全和环保标准，避免潜在的法律风险。因此，我们认为良好的设备维护策略可以使设备投资回报率最大化，实现投资增效。

设备 ABC 分类法

设备 ABC 分类法是一种将设备按照重要性分类并实施区别化管理的方法，分类法根据设备的使用频率、成本、对生产的影响等因素，将设备分为 A、

B、C 三个等级，以便于实施差异化的维护和管理策略。

实施设备 ABC 分类法，先要进行设备分类，要求列出所有设备清单，由操作者、所有者、工程师、经理一起进行评估，按如下标准将所有设备分为 A、B、C 三个等级：A 类是关键设备，使用频率高，价值高，无替代设备，对生产至关重要，一旦停机，整条生产线也被迫停止；B 类为次关键设备，有替代设备，对生产也很重要，一旦停机，生产进度可能会受影响；C 类为非关键设备，故障发生率低，对生产影响低，容易代替。

我们针对不同类别的设备，进行分类维护：A 类设备：必须采取严格的预防性维护策略，包括定期检查、频繁的维护和快速响应的故障修复，同时要求配备可随时使用的维修配件；B 类设备：应采取适度的维护策略，确保设备稳定运行，要求准备重要维修配件和配件清单；C 类设备：可以采取较为经济的维护策略，如定期检查和按需维修。分类完成后，需要对相关工作人员进行 ABC 分类法和维护计划的培训，执行维护计划，定期监控设备状态和维护效果，并根据设备运行和维护的反馈，不断优化分类和维护策略。

实施设备 ABC 分类法，可以优化资源分配，确保关键设备得到充分的维护资源，提高整体生产效率。通过差异化的维护策略，可以合理控制维护成本；通过预防性维护，可以减少设备故障，提高设备可靠性和生产稳定性；通过明确不同设备的风险等级，可以制定相应的应对措施，提高响应速度。

全面生产性维护 TPM

全面生产性维护（Total Productive Maintenance，TPM）的基础理论是 20 世纪 50 年代由戴明从美国介绍到日本，并不断演化，逐步发展成为比较系统的设备维护工具。针对传统的事后维修，预防性维护是以检查为基础的维护，利用状态监测和故障诊断技术对设备进行预测，有针对性地对故障隐患加以排除，在设备发生轻微故障或异常发生前就有所预防，避免和减少停机损失，从而实现零突发故障。那时，日本电装公司采用专职的维修人员来维修设备，而操作者只负责使用设备进行生产，后来由于大量使用自动化设备，设备维护成为瓶颈，需要招募大量的设备维修人员。因此管理层决定由设备操作者自己负责日常的设备维护。自主维护与专业维护相比更加节省成本，而且通过自主维护，操作者可以更好地了解设备每天的工作状况，当设备问题开始显现、产品质量开始降低时，操作者可以及时报告并迅速处理。自主维护加上预防性维护，逐步发展成为现代 TPM，日本电装公司也因发展和成功实施 TPM，受到多方表彰。

TPM 是一种以提高设备综合效率为目标的综合性设备管理策略。它强调全员参与，旨在通过预防性维护、故障减少、质量提升和生产效率改进，实现设备的最佳运行状态。TPM 的核心理念为以下四点。

（1）全员参与：从管理层到一线员工，每个人都对设备的维护负有责任。

（2）预防优于修理：通过预防性维护来避免故障，而不是仅仅在故障发生后进行修复。

（3）持续改进：追求持续的流程改进和效率提升。

（4）设备生命周期管理：关注设备的整个生命周期，包括从采购、使用到报废的整个周期。

概括起来说，TPM 的特点是三个"全"，即全效率、全系统和全员参与。全效率是指设备寿命周期的费用评价和综合效率管理，全系统是指生产维修系统的各个子系统都要包括在内，全员参与是指所有部门都要参加设备的计划、使用、维修等工作，尤其是操作者的自主维护活动。TPM 的目标为零停机、零废品、零事故、零速度损失。零停机是指计划外的设备停机时间为零，零废品是指由设备原因造成的废品为零，零事故是指设备运行过程中事故为零，零速度损失是指设备速度降低造成的产量损失为零。因此，TPM 是一种全面而系统的设备维护策略，通过实施 TPM，企业可以显著提高设备效率，降低故障率，提升生产质量和效率。TPM 的成功实施需要时间和努力，但最终将带来可观的经济效益和竞争优势。启动一项 TPM 项目，包括明确目标和预期成果，组建跨部门的 TPM 小组（成员包括操作员、维护人员和管理人员），明确小组职责和目标，对所有员工进行 TPM 理念和实践的培训等，并按如下 5 个步骤实施。

（1）设备识别和分类：首先需要对现有设备进行彻底的检查和评估，

识别设备故障、维护方式和潜在的改进点，对设备进行 ABC 分类，根据不同分类设定相应的维护目标和方法。然后为每台设备指定具体的责任人，并制定详细的维护计划，包括日常检查、定期维护等计划。

（2）清扫设备：要求设备操作员进行自主维护，如日常检查和清洁，并通过可视化管理，让维护活动更加直观易行。检查设备应包括查验接线是否松脱、触点是否腐蚀、部件是否损坏或磨损、是否有烧焦印迹、是否缺损漏油、是否受到或产生污染等。清扫设备类似于 5S 的清扫，但不只是为了外观整洁，更是为了暴露问题，从而改善设备表现，过程包括清扫设备、地板、天花板、墙面等处的灰尘、污迹等，在清扫过程中，还要修理破损表面，重新油漆和抛光表面，同时监控缺陷和遗漏问题，确保设备功能正常，将问题清晰标识并加以解决。

（3）消除污染源：设备停机主要是由于受到污染、磨损、使用不当、过度使用和缺乏日常维护保养等因素造成，因此，需要解决污染源问题并加以预防，降低设备恶化速度。同时，还要让设备检查变得容易，如在设备上增加直观的视窗，取消过多的螺栓，改为手柄、铰链和梨形孔等，从而很容易打开检查。在预防污染方面，可采用安装冲洗管、设计新的防护罩、利用防护屏、更换过滤网、使用更好的泵和冷却系统等预防手段。在这个阶段，要求细致监测设备状态，收集并分析各种数据，识别故障模式和维护需求。同时要对发生的故障进行根本原因分析，制定改进措施与防错机制，防止故障再次发生，并提供技术支持和专业培训，提升维护技能。

（4）建立标准：针对不同设备，建立计划性维护安排表，考虑预防性和预测性活动，识别潜在失效模式，设定计划维护周期，如每日、每周、每月、每季、每半年或每年等。安排更换和修理易损件，并将这些信息做成一个设备维护看板放在工作区域。所有维护结果，都要输入系统作为设备历史记录。同时建立操作者每日检测指引，检测表要确认关键控制点和检测方法，有关安全要求要用红色字体或标识醒目地显示出来，此外还要建立配件清单，列出易损配件名称、更换周期、库存数、供应商、采购周期等，重点还要监控关键设备的综合效率（Overall Equipment Effectiveness, OEE），用其指导设备使用和维护的持续改进。

（5）实施和监控：TPM 特别强调人员培训和全员参与，只有员工真正把设备当作自己的心爱之物，TPM 才会成功。设备操作者要严格按照设备维修部门制定的定期保养计划执行，可以在地上的设备投影面四周画有保养线，保养线上的号码对应设备的保养点，操作者每天循着保养线的号码执行日保养。同时企业也应制定有效政策，鼓励全员参与 TPM。

TPM 是精益功夫的重要内容，也是企业启动精益改善的入口之一，通过 TPM 改善，在提高生产效益的同时还有助于建立精益文化。企业要定期回顾 TPM 实施效果，识别新的改进机会，更新维护计划和流程，以适应不断变化的生产需求，同时要对突出的改进成功故事进行展示并给予奖励，通过持续的教育和培训，鼓励员工提出改进建议，对以前发生的设备问题，进行经验分享，并在项目设计阶段就认真考虑设备的可靠性和维修性问题，新项目的新机器购买时应考虑可维修性设计，从根本上防止故障和事故的发生，减少和避免整个设备生命周期的维修与二次成本投入。

提升设备综合效率 OEE

设备综合效率 OEE 最初由日本设备维修协会提出，综合考虑了设备的可用率、性能效率和产品质量三个关键维度，是一种衡量设备生产效率的重要指标。OEE 由以下三个部分构成。

（1）可用率（Availability）：衡量设备在计划生产时间内的可用性，包括停机时间、故障修复时间和计划维护时间等，可用率 = 实际运行时间 / 计划运行时间。

（2）性能效率（Performance）：衡量设备实际生产速度与理论生产速度之间的差异，包括设备速度损失和停机损失等，性能效率 = 实际生产数量 /（理论生产速度 × 计划生产时间）。

（3）质量合格率（Quality）：衡量产品的合格数量与总产量之间的比例，质量合格率 = 合格产品数量 / 总产量。

OEE 的计算公式为：OEE= 可用率 × 性能效率 × 质量合格率

设备的 OEE，一般管理水平的工厂为 40%~50%，世界级工厂可以达到 80%~90%，高水平管理 1 台设备其效用相当于一般水平管理 2 台设备，可见管理效率的改善空间是很大的。要提升设备的 OEE，首先需要知道 OEE 各构成部分的影响因素，主要如下。

（1）影响可用率的因素：因更换、维护、检查和清洁等导致的计划内停机和因故障、宕机、停电、自然灾害或缺勤等导致的计划外停机等。

（2）影响性能效率的因素：因工具问题、编程错误、传感器失灵或需要快速清理等造成的停机和因机龄、维护、故障或材料等因素导致运行速度低于正常速度的减速等。

（3）影响质量合格率的因素：如过度加工、加工不足及加工缺陷等造成的生产型废品和机器在启动、设置变更或产品调整过程中产生的启动型废品等。

针对由于设备意外故障导致的失效故障停机，我们要实施定期的预防性维护计划，以减少意外故障，引入状态监测和预测性维护技术预测并防止故障，同时建立快速响应机制，以便在故障发生时迅速修复。针对产品更换或生产线调整导致的停机时间，可以采用单分钟换模法（Single Minute Exchange Dia, SMED），减少换线换模时间，提高换线流程的标准化和换线效率，并预先准备好工具和材料，减少等待时间。针对生产过程中的非生产性设备空转，如等待物料或操作员延迟，可以通过优化生产计划和物料供应，减少等待时间，通过引入拉动式系统，确保物料及时供应，并且加强员工培训，提高其响应速度和效率。针对设备未能以最优速度运行，如维护不当或操作不当导致的速率减慢，可以通过定期维护和校准设备，确保最佳运行状态；通过培训操作员，确保他们了解如何最大化发挥设备性能，并不断优化工艺参数，提高设备运行速度。针对生产开始阶段产生不合格品的试制损失，可以通过优化启动过程，减少初始设置阶段的不合格品，使用统计过程控制（Statistical Process Control, SPC）来监控和改进产品质量，并通过培训操作员，提高他们在生产启动时的质量控制能力。针对产品质量问题导致的返工或报废，可以通过实施全面质量管理（Total Quality

Management, TQM），提高产品质量意识，引入自动化质量检测设备，及时发现和隔离不合格品，并通过各种精益质量工具的引入与普及，减少过程变异和缺陷。

当前各企业都越来越多地采用自动化设备作业，应用 TPM 提高设备效率可以产生立竿见影的效果。比如一家汽车制造厂的喷涂线，通过消除各类损失的措施对产线 OEE 进行优化：减少失效故障停机，包括引入状态监测系统，实时监控设备状态，预测故障并提前维护；采用 SMED 方法，将换线时间从 2 小时减少到 8 分钟；通过优化生产调度，减少因等待物料或操作员而导致的空转时间；定期校准喷涂设备，确保喷涂速度最大化，减少因设备问题导致的生产速度下降；改进喷涂线的启动过程，通过精确设定减少初始阶段的不合格品；安装自动检测系统，在生产过程中即时检测并移除有缺陷的部件，减少返工。通过这些措施，汽车制造厂的喷涂线 OEE 得到显著提升，生产效率和产品质量均有大幅改进。

三、精益清质功法

让工作一次做对，次次成功

精益清质功法中的清质是指质地清纯，不含杂质，是精益功夫中的质量预防与管理工具集，质量是精益的核心诉求，是提高效率的基础。因此，建立正确的质量意识，掌握科学的质量方法，是精益功夫的基本功。

谈起精益功夫中的"一次做对，次次成功"，让我联想起中国航天制造领域的"一次成功质量管理模式"。我们都知道航天项目一次成功的重要性，比如火箭发射，因为往往没有第二次尝试的机会。所以，一次成功是航天质量工作的出发点和落脚点。一次成功系统预防管理是指以追求一次成功为核心理念，以强化质量预防为重要基础，以实现价值创造为动力源泉，以系统工程为主导方法，融合系统预防质量文化、系统预防质量管理和系统预防质量技术，构成具有航天特色的一次成功系统预防管理模式。其中，系统预防质量文化主要包括质量预防理念、价值观以及行为规范，系统预防质量管理主要包括质量预防策划、控制、监管和改进，系统预防质量技术主要包括质量预防技术、方法、工具和手段。对于航天这样的复杂系统，单点或局部的预防无助于整体质量的提高，也不可能从根本上保证一次成功，要实现一次成功，质量预防文化、管理、技术三者融合缺一不可，需要整体协同优化，并要求统一以下三个方面的思想。

（1）预防管理的思想：质量管理并不是对已经产生的不合格品进行鉴别和处理，而是致力于减少和消除不合格品，尤其是预防不合格品的产生，应按照"零缺陷"的要求进行管理。

（2）全面管理的思想：要想全面地、有效地控制产品质量，就要求在产品全寿命周期各过程中，企业所有部门、全体人员都参与系统性的质量管理。

（3）源头管理的思想：不能把质量管理的力量平均分配在各个过程，而是要把质量管理的重点放在前面的过程，特别是源头初始过程。

精益功夫的"一次做对，次次成功"，涵盖了"一次成功"的内容，同时也包含了通过体系保证产品与服务的标准化和一致性。所以，"一次做对，次次成功"不仅是一个口号，更是一种追求卓越质量的工作哲学，强调的是在第一次尝试时就达到目标，并在后续的每一个过程中持续保持成功。为了实现这一目标，需要一套完整的质量保障方法论，包括质量策划、质量预防、质量检验、质量控制、质量改善和质量回溯等。

质量策划： 质量策划是整个质量管理过程的起点，涉及对产品或服务的预期质量标准的明确定义，以及如何达到这些标准的详细规划。通过质量策划，组织能够确保所有相关方都对质量目标有清晰的认识，并制定出实现这些目标的策略和步骤。

质量预防： 质量预防的目的是减少质量缺陷的产生，通过预防措施来避免错误的发生，这包括对生产过程的设计、员工的培训、原材料的选择等方面的严格控制。通过质量预防，能够有效减少返工和废品，提高生产效率。

质量检验：质量检验是确保产品符合质量标准的重要环节，包括对原材料、半成品和成品的检查和测试。通过质量检验，能够及时发现不符合标准的产品，并采取措施进行修正，保证交付给客户的产品符合质量要求。

质量控制：质量控制是对生产过程进行持续监控，确保过程的稳定性和产品质量的一致性，涉及使用控制图、统计过程控制 SPC 等工具来分析过程数据，及时调整生产过程，消除变异，确保产品质量始终处于控制之中。

质量改善：质量改善是一个持续的过程，旨在不断改进产品和工艺，提高质量水平。通过采用如 PDCA 等循环改进方法，识别改进机会，实施改进措施，并评估改进效果。

质量回溯：质量回溯是分析已发生的质量事件，从中学习和提取教训的过程。通过严格根源分析（Relentless Root Cause Analysis, RCCA）、问题根治方法 DRIVE 等工具，能够深挖质量问题产生的原因，查清责任人，并制定预防措施，防止问题再次发生。

质量不是结果，而是一个过程。通过质量策划、预防、检验、控制、改善和回溯的综合应用，能够建立起一个强大的质量管理体系，确保产品和服务的卓越质量。这不仅能够提升客户满意度，增强市场竞争力，还能够带来更高的运营效率和盈利能力。

质量先期策划 APQP

质量先期策划（Advanced Product Quality Planning, APQP）的概念起源于由美国通用汽车、福特和克莱斯勒三大汽车公司联合开发的"质量先期策划和控制计划"。这一方法后来被标准化，并广泛应用于各个行业，包括航空航天、医疗设备、电子产品等领域。APQP 的应用不仅提高了产品质量，还有助于降低成本、缩短开发周期、提高顾客满意度，随着市场竞争的加剧和顾客需求的多样化，APQP 将继续作为企业质量管理体系中的重要工具而得到推广应用。

APQP 是在产品设计时，就要对整个生命周期的各种性能与品质表现进行策划，是 ISO/TS16949 工业质量管理体系的重要内容，它是一种结构化的方法，用于在产品开发阶段确保产品质量，通过跨部门团队合作，系统地识别顾客需求，并转化为产品和过程的设计目标，从而提高产品开发的质量和效率。APQP通常包括以下五个阶段。

（1）项目确定与计划：包括确定项目范围和目标，识别顾客需求和期望，制定项目计划和时间表。

（2）产品设计与开发：包括进行产品概念设计和详细设计，确定设计规范和要求，进行设计评审和验证。

（3）过程设计与开发：包括确定制造过程和装配方法，制定过程流程图和操作指导书，进行过程能力分析。

（4）产品和过程确认：包括进行原型制作和测试，验证产品和过程是否满足设计要求，进行试生产和过程确认。

（5）反馈、评估和改进：包括收集顾客反馈和产品性能数据，评估产品和过程的表现，根据反馈进行持续改进。

APQP在产品设计和制造中发挥着重要的作用，它能够确保顾客的需求和期望得到准确理解和充分满足，促进设计、工程、制造、质量等部门之间的沟通和跨部门协作，通过早期识别潜在问题，降低产品开发风险，提高产品质量和一致性，减少返工和废品率，通过有效的项目管理，控制产品开发的时间和成本，并通过评估和反馈机制，实现产品质量和过程性能的持续改进。因此，APQP是保证产品研制成功的重要工具，在许多国际化公司广泛应用。比如，一家医疗器械公司在开发一种新的心脏起搏器的过程中，为了确保产品的安全性和有效性，公司采用了APQP方法：公司组建了一个多学科团队，明确了心脏起搏器的性能目标和相关法规要求，并制定了详细的项目计划，团队在心脏起搏器的设计过程中进行了多次评审和验证，确保满足所有设计规范，研发人员按照程序要求设计了心脏起搏器的制造过程，包括材料选择、装配顺序和测试方法，制定了详细的操作指导书，并进行了过程能力分析，在制作了产品原型后，进行了一系列的测试，包括性能测试、可靠性测试和临床试验，通过试生产，进一步验证了产品及其在使用过程中的性能。在产品上市后，公司收集了医生和患者的反馈，并根据反馈进行了产品和过程的改进。通过 APQP 的应用，这家公司成功地开发出高质量的心脏起搏器，符合严格的法规要求，满足了顾客需求，取得了市场成功。

失效模式与影响分析 FMEA

失效模式与影响分析（Failure Mode and Effects Analysis, FMEA）起始于20 世纪 50 年代的美国航空发动机项目，1974 年美国海军首先将它用于舰艇装备等军事领域。80 年代初，产品事故责任的费用突升和质量起诉事件发生不断，使 FMEA 成为降低事故不可或缺的重要工具。1993 年美国汽车工业行动集团组织编制了 FMEA 手册，开始大规模推广应用。FMEA 是在产品设计及生产前，预测或假设产品有可能出现的缺陷，并评估出现的几率及该缺陷的严重程度，在预测缺陷时可以与同类的产品相比较，同时考虑用户可能出现的不适当操作等。比如一把钢尺，在制作之前，就详细分析产品可能出现的弯曲、变形、裂痕、腐蚀、磨损、翘曲、粗糙、生锈、扭曲、刻度不准等失效模式，并逐项找出其原因，从技术与工艺上加以预防。当然，要预防所有失效模式工作量大，也没有必要。FMEA 给了我们失效的严重度、失效发生的频度和失效的可探测度三个因子，对每一种失效模式的三个因子分别打分，然后相乘，乘积即为该失效模式的风险优先数，对风险优先数排在前面的几项进行重点防范。这样，常见与严重的失效就能预防了。

FMEA 分为 DFMEA 和 PFMEA，DFMEA 为"设计 FMEA"，专注于产品设计阶段，识别设计缺陷可能导致的失效模式，评估设计对产品性能和安全性的影响，支持产品设计的迭代和优化。PFMEA 为"过程 FMEA"，专注于生产和装配过程，识别制造过程中可能导致的失效模式，评估过程对产品质量和一致性的影响，支持过程控制和改进。

FMEA 的做法通常包括以下步骤：首先，组建一个跨学科团队，包括设计、制造、质量、测试和维护等领域的专家，组织识别潜在失效模式，列出产品或过程中可能出现的所有潜在失效模式。然后，评估确定每种失效模式对产品性能、安全性和可靠性的影响，为每个失效模式及其影响分配一个严重性等级。同时，识别导致失效模式的可能原因，根据失效发生的概率、检测的难易程度以及严重性来评估风险，基于风险评估，制定和实施改进措施，持续跟踪改进措施的效果，并定期评审 FMEA。

例如，一家汽车制造商在开发一种新的刹车系统时，为了确保系统的可靠性和安全性，进行了 DFMEA 和 PFMEA。DFMEA：团队识别了刹车系统设计中的潜在失效模式，如刹车片过早磨损，评估了这种失效对车辆安全性的影响，并确定了一个高严重性等级，分析了导致刹车片过早磨损的可能原因，如材料选择不当，从而制定了改进措施，比如使用更耐磨的材料，并重新设计了刹车片的结构。PFMEA：在生产阶段，团队识别了制造过程中可能导致失效的步骤，如刹车系统的装配错误，评估了装配错误对刹车性能的影响，并制定了相应的检测和预防措施。通过改进装配流程和增加在线检测，减少了装配错误的风险。通过 DFMEA 和 PFMEA，制造商能够提前识别和解决潜在问题，从而确保了刹车系统的高质量和高可靠性。

通行证流程 PP

通行证流程（Passport Process, PP）是一种有效的产品研发工具，它能达到缩短产品上市时间，保证产品质量，提高产品利润，有效地进行产品开发，为客户和股东提供更大价值的目标，是一套成熟的产品开发模式、理念与方法。

通行证流程的核心思想：新产品开发是一项投资决策，通行证流程强调要对产品开发进行有效的投资组合分析，并在开发流程中设置检查点来决定项目是继续、暂停还是改变方向，有如"护照"通行证一般，唯有通过评审才能往下一阶段继续进行。通行证流程强调产品创新是基于市场需求和竞争分析的创新。为此，项目可行性分析作为流程的第一步，要求正确定义产品概念和市场需求，开始就把事情做正确。通行证过程被明确地划分为项目可行性、项目计划和规划、产品设计和开发、产品试制和验证、小批量试生产和大量生产上市等六个阶段，并且在流程中有定义清晰的六个通行证决策评审点。这些通行证评审点上的评审不仅仅是技术评审，也是业务和市场评审，通行证决策评审有一致的衡量标准，只有完成了规定的工作才能够由一个通行证决策点进入下一个通行证决策点。

组织结构是流程运作的基本保证，通行证流程采用跨部门的产品开发团队，通过有效的沟通、协调以及决策，达到尽快将产品推向市场的目的。通行证流程有两类跨部门团队，一个是属于高层管理决策层，其工作是确保公司在市场上有正确的产品定位，保证项目、保证资源、控制投资，并考察其市场前景，适时终止前景不好的项目，保证将公司有限的资源投到高回报的项目上。另一个是产品开发团队，属于项目执行层，通常成员包括市场、销售、研发、生产、技术支持、财务等部门相关人员。

在通行证过程的初期，一旦认为新产品、新服务和新市场的思路有价值，管理决策层会任命产品开发团队，也就是项目执行层成员，由他们了解未来市场、收集信息、制定业务计划。业务计划主要包括市场分析、产品概述、竞争分析、生产和供应计划、市场计划、客户服务支持计划、项目时间安排和资源计划、风险评估和风险管理、财务概算等方面的信息。所有这些信息都要从业务的角度来思考和确定，保证企业最终能够盈利。业务计划完成之后，进行概念决策评审，管理决策层审视这些项目并决定哪些项目可以进入计划阶段。在计划阶段，项目执行层会综合考虑组织、资源、时间、费用等因素，形成一个总体、详细、具有较高可行性的业务计划，提交给管理决策层评审。如果评审通过，项目则进入开发阶段，项目执行团队负责管理从计划评审点直到将产品推向市场的整个开发过程，负责落实相关部门的各项需求，在产品开发全过程中，就每一活动所需要的时间及费用，不同层次人员和部门之间依次做出承诺，通力合作，保证开发任务的按期完成和项目成功。

质量管理七大手法

质量七大手法就是常说的质量七工具，包括因果图、检查表、控制图、直方图、排列图、散点图和层别法。它们为组织的质量工作提供了一套系统化的方法，用以识别问题、分析数据、监控过程并促进持续改进。

（1）鱼骨图又称为因果图（Cause-and-Effect Diagram），由日本质量管理专家石川馨（Kaoru Ishikawa）在 20 世纪 60 年代末发明。它是一种用于识别问题原因并促进团队沟通的工具，广泛应用于质量管理和持续改进过程中。鱼骨图通过视觉化的方式展示问题与可能原因之间的关系，形状类似于鱼骨，因此得名。鱼骨图的头部代表问题或效果，主骨代表问题的主要类别或原因领域，次骨从主骨延伸出来，代表每个原因领域的具体原因，鱼刺是进一步细分次骨，列出更具体的原因。常见的主骨类别包括：人员（Manpower）、方法（Method）、机器（Machine）、材料（Material）、测量（Measurement）环境（Environment）等几个方面。鱼骨图可以帮助团队采用系统化的方法来识别问题原因，通过分析各个原因所涉及的领域，深入挖掘问题的根本原因，根据原因的影响程度和可控性，确定改进措施的优先级，并基于分析结果，制定有针对性的改进措施。

使用鱼骨图，首先需要确定分析的问题，组建跨部门的团队，在白板或大纸上画出鱼骨图的基本框架，包括头部和主骨。根据问题的性质，确定合适的主骨类别；然后团队成员进行头脑风暴，列出每个主骨下可能的原因，将头脑风暴的结果整理成骨和刺，对列出的原因进行讨论和分析，识别最可能的根本原因；然后基于分析结果，制定改进措施，分配责任人，同时执行改进措施，并定期跟踪效果。

（2）检查表（Checklist）是质量管理中的一种基本工具，在 20 世纪 60 年代，随着全面质量管理 TQM 的推广，检查表在各行各业得到了广泛应用。检查表是一种结构化的列表，用于记录信息、跟踪过程或监控特定事件的发生。检查表通常包括需要检查或记录的项目列表，每个项目应满足的标准或条件以及用于记录检查结果或相关信息的记录区域。检查表作为数据收集的工具，能够为进一步的分析提供依据，通过记录与检查结果，能够识别问题和改进机会。要确保每次检查都按照相同的标准进行，帮助检查者记住所有需要检查的项目，避免遗漏。通过标准化检查流程，可以提高检查的效率，同时作为沟通工具，确保所有相关人员对检查标准有清晰的理解。

使用检查表，首先要明确检查表的使用目的和需要检查的项目，根据项目要求设计检查表，列出所有需要检查的项目，并定义每个项目的标准或条件，为每个项目准备足够的记录空间，以便记录检查结果。同时要做好培训，确保在实际工作中正确使用检查表、记录检查结果。检查表收集汇总后，要做好数据分析，识别问题和改进机会，并根据分析结果，对检查表或相关流程进行改进。

（3）控制图（Control Chart）是统计质量管理中的核心工具，它起源于20世纪20年代，由著名的统计学家休哈特（shewhart）开发，用于帮助企业监控生产过程的稳定性。控制图不仅可以展示数据的分布情况，帮助检测和识别生产过程中的异常，还可以用来评估过程的能力，确定是否能够满足特定的质量标准。通过有效使用控制图，企业可以确保过程的稳定性，提高产品质量，减少浪费，最终实现成本效益的最大化。控制图由中心线（Center Line, CL）、上控制限（Upper Control Limit, UCL）和下控制限（Lower Control Limit, LCL）组成，中心线表示过程的平均水平或期望值，上下控制限是围绕中心线上下对称的两条线，通常设为中心线的 $\pm 3\sigma$（标准差），表示过程的自然变异范围。控制图上的数据点显示了在不同时间点或批次收集的过程数据，控制图通常按时间序列排列，显示过程随时间的变化。

使用控制图，首先需要收集一定数量的数据，这些数据应在你要监控的过程中具有代表性，然后根据收集的数据计算中心线和控制限。对于计量型数据，通常计算平均值和标准差，对于计数值数据，计算比例或数量，然后根据上述数据绘制控制图，在图表上绘制中心线和控制限，并在相应的时间点或批次位置绘制数据点。同时观察数据点是否在控制限内，以及它们是否显示出任何非随机的模式或趋势。如果数据点全部落在控制限内，并且没有显示出非随机模式，那么过程被认为是受控的；如果数据点超出控制限或显示出非随机模式，则表明过程可能受到特殊原因的影响，需要进一步分析与改进。

（4）直方图（Histogram）最早由19世纪比利时天文学家和统计学家雅克·凯特勒（Jacques Quetelet）提出，用于展示数据的分布情况。20世纪初，随着统计学的发展，直方图开始被广泛应用于各种领域。直方图是一种图形表示方法，用于展示数据集中的频率分布，由一系列宽度相同的矩形条组成，每个矩形的高度表示特定数据范围内的频数或频率，其中 x 轴表示数据的类别或数值范围，y 轴表示每个类别或数值范围内的频数或频率，矩形条则代表各数据区间，其高度表示该区间内数据的频数或频率。直方图可以直观地展示数据的分布情况，包括集中趋势、分散程度等，帮助识别数据中的异常值或离群点，比较不同数据集或不同时间点的数据分布差异，为数据分析和决策提供直观的依据，帮助在生产过程中监控产品质量的变化。

使用直方图，首先要收集需要分析的数据，根据数据的分布和分析目的，确定合适的区间宽度和数量，然后将数据分到各个区间中，计算每个区间内的数据频数或频率，并将数值绘制在一张图上。在坐标轴上绘制直方图，x 轴表示区间，y 轴表示频数或频率。绘制完成后，要观察直方图的形状和特征，分析数据的分布情况，根据直方图的特征，识别可能的问题或改进机会，并基于分析结果，制定和实施改进措施。

（5）排列图（Pareto Chart）又称为帕累托图，是由意大利经济学家维尔弗雷多·帕累托（Vilfredo Pareto）在 19 世纪末提出的帕累托原则演变而来的。该原则指出，在许多情况下，大约80%的结果（问题）由 20% 的关键因素（原因）决定。排列图由柱状图和折线图两部分组成，柱状图显示每个问题或原因的频率或成本，按降序排列，折线图显示累积百分比，从左到右累积，表示每个问题或原因对总体的贡献。在排列图中，x 轴表示问题或原因的分类，y 轴左侧表示问题发生的次数或成本，y 轴右侧表示频率或成本的百分比，柱状图部分用不同颜色或形状的柱子表示每个分类的数值，折线图部分用折线连接每个柱子的顶部，显示累积百分比。排列图可以通过柱状图快速识别导致大部分问题的关键因素，通过累积百分比线确定哪些问题最值得优先解决，直观地展示了每个问题对整体的影响，还能方便地比较改进措施实施前后的问题分布，并且能作为沟通工具，帮助团队成员理解问题的重要性和解决的优先级。

使用排列图，首先要收集与问题或原因相关的数据，将问题或原因按照类别进行分类，计算每个类别的频率或成本，按频率或成本降序排列问题，在柱状图上绘制每个类别的柱子，高度代表频率或成本。然后，计算每个类别的累积百分比，在柱状图顶部绘制累积百分比的折线。绘制完成后，仔细观察柱状图和折线图，识别主要问题和优先级，并基于分析结果，制定和实施改进措施，同时定期更新排列图，跟踪改进效果。

（6）散点图（Scatter Plot）在统计学中的应用主要是在 19 世纪，由法国数学家和天文学家约瑟夫·贝特朗（Joseph Bertrand）在研究行星运动时提出，并在 20 世纪随着统计学的发展成为分析变量间关系的常用工具。散点图是一种展示两个变量之间关系的图表，通过点的分布来观察它们是否存在某种关系，其 x 轴通常表示自变量或解释变量，y 轴表示因变量或响应变量，图上的每个点则代表一个数据，其位置由两个变量的值确定。利用散点图可以方便地观察两个变量之间是否存在线性、非线性关系或无关系，发现数据中的模式或趋势，识别数据中的异常值或离群点，为进一步的统计分析和决策提供直观的依据，并可以用于建立预测模型，分析一个变量如何影响另一个变量。

使用散点图首先要确定需要分析的两个变量，然后收集相关数据，确保数据的准确性，在散点图上绘制每个数据点，x 轴代表一个变量，y 轴代表另一个变量，分析点的分布模式，判断变量间是否存在某种关系，判断变量间是正相关、负相关还是无相关，其间要注意任何异常的点或模式，这可能表明数据错误或特殊原因。如果需要，可以进行更深入的统计分析，如相关性分析或回归分析，并基于分析结果，制定相应的决策或改进措施。

（7）层别法（Stratification）又称分层法、分类法或分组法，由日本质量管理专家石川馨在 20 世纪 50 年代提出，是一种通过将复杂数据按特定标准分类或分层，以识别问题根源的质量管理工具。层别法把收集来的原始数据按照一定的目的和要求加以分类整理，以便进行比较分析，从而使杂乱的数据条理化、清晰化，揭示数据内部的差异和规律。通过对不同层次的数据进行比较，有助于识别出影响产品或过程质量的因素，为制定改善措施提供依据，提升产品和过程的质量水平。

使用层别法，首先要明确分析目标，如降低缺陷率或提高作业效率等；

然后确定分层维度，可按设备、人员、时间等分类；接着收集分层数据，需确保数据颗粒度一致；再进行交叉对比分析，可使用排列图等工具可视化差异，进而锁定关键层，即识别显著偏离平均值的异常层；最后根据分析结果制定相应的改进措施并验证效果。

质量七工具是质量管理领域的宝贵财富，它们为组织提供了一套有效的问题解决和过程改进工具集。无论是在制造业、服务业还是其他领域，这些工具都能帮助组织提高效率、降低成本、提升产品和服务质量，帮助组织实现卓越运营和持续改进。

品质诊断流程图 QCPC

品质诊断流程图（Quality Clinic Process Charts, QCPC）是美国联合技术公司 1998 年推出的获取竞争优势（ACE）十二工具中进行质量诊断和品质提升的重要工具，是一种通过不断地收集流程中的问题或"误工"，优选主要问题，找出问题的根源，从而达到解决问题并预防问题再次发生的简单而直观的工具。

在 QCPC 中，误工是指阻碍或影响正常工作流程的情况，包括流程中任何低效因素如品质缺陷、缺料、设备故障、员工怠工等，通过对产品制造流程的分解，将每个工序中的误工识别出来，计算出误工率，并分析解决，实现品质的提升。QCPC 强调：领导的积极参与、鼓励及信任是品质诊断流程图成功开展的关键；每个问题都被认真对待且被视为财富；鼓励提出、发现、解决及承认问题的员工。QCPC 实施步骤如下。

（1）启动品质诊断流程图：组成跨部门品质诊断改善小组，明确项目目标，确定并制作工序流程图。

（2）汇总数据：利用问题收集表或散布图分工序收集影响产品质量的问题与误工数据，并根据产量计算单工序误工率，合计总误工率。

（3）作出排列图：先以误工率多少为顺序作工序的排列图，再将该排列图中出现频率最高的 3 个问题作为首要改善内容。

（4）确定改进方案：对目标问题进行分析，包括问题描述、问题提出日期、问题跟踪负责人、应急措施、根源分析、解决方法、错误预防措施、计划完成日期、完成状态、实际完成时间等。一般对误工的改善要求是在三个月内减少 50% 误工率。

（5）实施改善：根据改善方案对相关工序实施质量改善行动，消除误工，并通过运行验证改善的效果，通过解决主要误工，较大幅度提升整体质量合格率。

（6）展示成功故事：及时对改善成果进行总结、评价、宣传与奖励，让 QCPC 改善成为企业文化的一部分。

QCPC 将影响产品质量的问题分工序细化并相加放大，这有利于对问题引起重视并看到改善成果。比如一家门业公司对其 100 道工序进行 QCPC 诊断后发现其总误工率接近 1000%，将其中影响最大的几个工序改善后，总误工率大幅减少，三个月内减少到原来的 50%，6 个月内减少到原来的 10%，产品质量显著提升，质量损失大幅下降，产生了较好的经济效益。

问题处理法 8D

问题解决法 8D 也被称为团队导向问题解决方法，起源于福特汽车公司，作为其全球制造和设计流程的一部分，最初被设计用于解决复杂的工程和生产问题，但很快因其有效性而被广泛应用于各种行业。问题解决 8D 法是一种系统化、结构化的问题解决技术，这种方法通过明确的步骤，帮助团队深入分析问题、确定根本原因，并实施有效的纠正措施，包括以下所示几个步骤。

D1 成立团队：组建一个跨职能团队，明确团队成员和领导。

D2 问题描述：明确、准确地描述问题。

D3 临时措施：确定并实施临时措施，以减轻问题的影响。

D4 确定根本原因：使用工具如鱼骨图、5 个为什么等，找出问题的根本原因。

D5 制定永久性纠正措施：基于根本原因，制定并验证长期的解决方案。

D6 实施和验证：实施纠正措施，并验证其有效性。

D7 预防措施：制定标准操作程序，防止问题再次发生。

D8 团队表彰：表彰团队的努力，分享成功经验。

8D 问题解决法通过结构化的步骤和跨部门合作，帮助组织有效地解决复杂问题，帮助团队透过表面症状，找到并解决问题的根源；通过预防措施，促进持续改进和质量提升；通过临时措施和纠正措施，有效管理问题带来的风险，不仅能解决问题，还能提升团队能力，增强组织学习和持续改进的能力。比如，一家电子产品制造商遇到了产品在某些情况下性能不稳定的问题，管理层意识到问题的严重性，决定启动 8D 过程。首先，将来自工程、制造、质量保证和客服的代表组成攻关团队，团队定义了问题的具体情况，包括受影响的产品型号和故障表现，为了解决当前问题以保护客户，团队决定提供备用产品，并指导客户如何避免继续发生问题。其后，团队通过实验和分析，发现问题是由一个特定组件的质量问题引起的，于是团队与供应商合作，制定永久性纠正措施，改进了组件的制造过程，改进后的组件安装在产品上后，经测试验证其性能可靠。同时，他们制定了新的质量控制标准和供应商审核流程，以防止类似问题再次发生。改善结束后，管理层表彰了团队的努力，并在整个组织中分享了他们的成功经验。通过 8D 问题解决法，该电子产品制造商不仅解决了性能不稳定的问题，还提升了团队能力，提高了产品质量和客户满意度。

问题根治法 DRIVE

问题根治法 DRIVE 是对问题或议题进行系统化分析并加以彻底解决的共创式工作方法。DRIVE 是由 Define（定义）、Root cause（根因）、Investigate（研究）、Verified（验证）、Ensure（确保）五个解决问题步骤的英文单词首字母组合而成。

改进是质量管理原则之一，组织通过持续关注改进，识别改进机会，不断缩小与目标的差距，从而达成卓越绩效。常见的改进方法包括六西格玛改进 DMAIC、质量管理小组 QCC、福特 8D 等。DRIVE 从定义问题出发，通过根本原因分析、研究确定对策、验证对策效果和标准化等步骤确保问题得到彻底解决，其五个步骤如下所示。

（1）定义问题：清晰准确定义问题是解决问题的第一步，很多问题得不到有效解决往往是问题描述不清晰。清晰准确定义问题有助于确定解决问题的目标。我们运用 3W2H 来定义问题，即什么时候（When）、在什么地方（Where）、发生了什么事情（What），这个事情发生的频次如何（How often），事情有多严重（How much），在此基础上有时还会加上人（Who）、为什么（Why）、要点（Which）、多长时间（How long）等，这几个方面描述清晰了，问题也就定义清晰了。

（2）根因分析：问题定义清晰了，接下来就是根本原因分析。在这个阶段，我们强调通过贯彻现场、现物、现时的"三现主义"，收集掌握第一手数据，只有来自现场的真实数据才能为问题解决提供依据。数据收集后，利用排列图、散布图、直方图、层别法等质量工具，对数据进行统计分析，探究数据的规律，寻找问题的症结。然后利用 5 个为什么、鱼骨图等原因分析工具进行根本原因的排查验证，追本溯源。切忌主观判断，要根据数据和事实来判断是否是根本原因。

（3）制定对策：原因找到了，就需要制定改善对策。我们强调要考虑两种对策：一种是应急对策，也叫临时对策，快速对有问题的产品和服务进行阻断隔离，防止问题影响扩大，最大化降低对客户的影响，包括通知客户暂停使用、在制品和库存产品追溯隔离、全检、更换等；另一种是永久性对策，要求团队应用防错技术和方法，针对原因开发和制定改进措施，彻底消除问题原因，防止问题重复发生；这里需要使用防错法这种预防并消除错误的技术，针对人、机器、流程等可能出现的错误采取预防措施，从源头上消除错误发生的可能性，应用三级防错标准，即设计防错、工艺防错和检验防错，要特别重视设计防错，用最低的成本最高效地解决问题。

（4）验证效果：全部措施实施完成，需要重新收集数据进行前后对比和趋势比较，来验证措施是否有效；如果措施没有达成预期效果，团队需要对措施和原因再次进行分析评估，重复根因分析和制定对策两个步骤，直到达成既定目标为止。

（5）长期确保：经过验证有效的措施，我们需要将其标准化和文件化，更新相关作业规程、技术规范、设计图纸、控制计划及管理制度，防止问题再次发生；同时还可要求团队将完整的改进过程形成改进案例供全员学习共享，不仅让员工知道正确的做法是什么，防止问题重复发生，更重要的是让大家学会如何利用 DRIVE 分析问题和解决问题。

DRIVE 提供了一种结构化的系统问题解决方法，它鼓励跨部门团队合作，集合多方面的观点和专业知识，帮助团队深入分析问题，识别并消除导致问题发生的根本原因，促进创新思维，寻找和实施有效的解决方案。同时，DRIVE 方法支持持续的评估和改进，以适应不断变化的环境。因此，DRIVE 是一个行之有效的问题解决方法，可以应用在企业质量与绩效改进的多个方面。如一家制造工厂面临生产效率低下的问题，采用 DRIVE 方法进行分析和改善，团队首先定义了生产效率低下的具体表现，例如制造超出标准周期时间等；收集了生产过程中的数据；分析了可能导致效率低下的根本因素，如设备故障、材料供应延迟等；生成了多种解决方案，包括设备维护改进、供应链优化和生产流程调整，从中选择出最佳解决方案，制定了详细的实施计划并顺利实施。通过 DRIVE 方法的应用，该工厂成功提高了生产效率，缩短了生产周期，提升了整体的运营表现。

四、精益畅流功法

让流程一气呵成，一日千里

精益畅流功法是精益功夫中关于流程优化的工具集，其中的畅流是让流程更加通畅之意，流程加速是精益的核心诉求，让流程一气呵成，一日千里，是精益功夫追求的境界。因此，灵活熟练应用精益畅流功法是精益功夫成败的关键。

流程是工作的基础，也是组织绩效的源头，通过各种精益改善方法，持续削除不能增值的浪费环节和流路阻滞，加快流程速度，实现卓越绩效，是我们的核心目标之一。优化流程常用工业工程流程分析 ECRS 法，即取消 E（Eliminate）、合并 C（Combine）、重排 R（Rearrange）、简化 S（Simplify），除此之外还有下面要介绍的价值流程图 VSM 等方法。在进行流程优化时，我们一般可以分为价值分析、流程改善、资源配置、流程实施、标准化五个步骤进行推进。

（1）价值分析：流程精益改进的起点是流程的现状。我们应该亲自到现场，基于实际状况收集物料、工序、流程和时间等第一手数据，利用价值流现状图等工具，详细绘制所有流程活动，识别流程瓶颈和存在浪费的节点，为流程分析和改进奠定基础，并设定改善目标和路径。

（2）流程改善：基于按节拍生产、连续流、拉动、选择定拍工序、确定最小批量、均衡生产等精益原则，识别并确定改进方向，绘制改进蓝图即价值流程图未来图。基于现状与未来的差距，应用问题根治法 DRIVE 分析根本原因，确定流程改进计划。

（3）资源配置：根据改进计划，对质量、物料、人员、设备、布局、流程等进行规划，编制实施方案。在这个过程中应充分应用防错方法和技术，尽可能通过技术、管理、程序而非人员意识和责任心来达成高品质、高效率和低成本。

（4）流程实施。应用生产准备流程（Production Preparation Process，3P）可以预先识别流程改进中可能存在的问题，从而提高效率避免后期更改。然后，实施优化的流程，并达到预期的目标。

（5）标准化。流程改进完成后，需要通过标准化来巩固改进成效。按照如何操作、操作者之间如何关联、生产线如何构造、如何改善的做法，创建或修改作业标准，对关键流程采取过程认证，持续减少过程变异，确保过程能力充足。最后总结成功经验，发布成功故事。

我们正是按照上述步骤对目标流程进行一次次不断的优化与改进，才能把电梯的生产周期从 70 天缩短至 6 天，实现近乎零库存销售模式，大幅提升资金周转效率，实现从精益到卓越的跨越。

价值流程图 VSM

价值流程图（Value Stream Mapping, VSM）是丰田生产方式（Toyota Production System, TPS）的重要组成部分，是 20 世纪 90 年代由丰田汽车公司的大野耐一和顾问新乡重夫等人提出并发展而来，旨在通过可视化的方式展示产品从原材料到成品的整个生产流程状况。

价值流列示了产品生产流程中所需要的全部活动，包括增值活动、必要但非增值的活动和非增值的活动三类。事实上，企业用于增值活动的时间仅占整个流程的很小部分，大部分时间都花在非增值的活动中。VSM 通过图表形式展示整个生产流程，使流程中的每个步骤都清晰可见，并将信息流与物流转化成直观的时间流。通过分析流程图，可以识别出非增值活动，如等待、过度生产、运输等，基于对浪费的识别，提出改进措施，优化流程。此外，VSM 是一个动态工具，企业可以不断地回顾和更新流程图，通过持续改善以适应市场和内部变化，增强企业的竞争实力。

建议使用铅笔和纸绘制价值流程图，这有助于观察和理解产品并不断优化修改。通过价值流程图的物料流动和信息流动，发现浪费，为改善活动定下蓝图和方向，同时也方便员工了解企业的当前状态和理想状态，提供参与改善的机会。在价值流分析中，有一套约定俗成的符号供绘制价值流图之用，使用者只要经常运用，就能掌握。应用价值流程图分析企业生产流程，要从全盘看待问题，而不是将注意力集中于某个单独的过程，要对整体进行改善，而不仅仅优化某个部分。价值流程图分析可以是针对企业内部的活动进行分析和改善，也可以是针对从供应商出货、经工厂流程到客户收货为止的整个价值流的分析和改善。实施价值流程图的具体步骤如下所示。

（1）成立价值流改进小组：该小组享有充分授权，组员由各个部门成员组成。

（2）绘制价值流程现状图：价值流改进小组以客户为导向，选定产品族，并跟随其生产路径，从头到尾分析和描绘每一个工序的状态，包括

与研究院海外导师一起做工厂精益价值流程图分析

工序间的物流、信息流和时间流，形成当前状态图。

（3）绘制价值流程未来图：由当前状态图中找出增值活动、必要但非增值的活动和非增值活动三类，从中找出需要改善的地方，再描绘一个未来状态图，显示需要改善的方向和目标。

（4）制订行动计划并实施改善：根据上面步骤所列举的改善点，拟定详细的改善行动计划。整个价值流管理需针对全部过程实行成本核算，改善组组长对整个产品的流程、资源配置及成本运作担负领导、协调和控制的责任，带领小组成员通力合作，努力达成改善目标。

（5）实施标准化：在项目完成后，将新的流程进行标准固化，编写标准作业指导书，培训员工使其熟练操作，同时表彰团队成员，宣传成功故事。

通过价值流程图 VSM 进行流程改善是精益功夫的重要工作，只要坚持开展下去，就会让流程更加快速流畅。比如，一家汽车制造厂通过 VSM 优化其发动机组装线，他们首先组建一个包括工程师、生产线工人、物流人员等的团队，绘制发动机组装线的当前价值流程图，包括每个步骤的时间和所需库存。团队发现在某些环节存在长时间等待和不必要的运输，于是设计出一个减少等待和运输的未来价值流程图，通过重新布局工作站来减少移动距离。然后根据设计的未来价值流程图，引入拉动系统以减少库存，并在实施改进后，持续监控生产效率和质量。通过 VSM 改善活动，这家汽车制造厂能够显著缩短生产周期，降低库存成本，提高生产效率。

单分钟换模法 SMED

单分钟换模法（Single Minute Exchange Dia, SMED）是日本丰田公司在20 世纪 50 年代提出的快速换模方法。我们知道，生产时间是从上一个零件加工结束到生产出下一个合格零件的时间，一般可分为运行时间和准备时间，为了减少由生产一种产品到另一种产品的转换时间，就需要这种快速换模或快速换线方法，其目标是每次换模或换线的时间都少于 10 分钟，旨在减少设备停机时间，提高生产效率和灵活性。这一方法后来被广泛应用于各种制造业，以提高生产效率和降低成本。

快速换模的主要内容是识别和消除换模过程中的非生产时间，优化换模流程。其主要方法包括：测量目前全部的准备时间即换模或换线时间，区分内部换模时间和外部换模时间。内部换模是指机器必须停机才能进行的换模操作，外部换模则可以在机器运行时完成操作，尽可能地把内部作业转化为外部作业，即通过改进，使得内部换模操作可以在机器运行时进行，以有效减少内部换模时间，优化外部换模流程，减少不必要的步骤和时间浪费。改善完成后，把新的作业标准化，并培训员工，确保员工熟悉快速换模的流程和技巧。比如，一家生产多种型号手机壳的工厂，每次换模需要 1小时，严重影响了生产效率，于是决定实施快速换模，他们记录换模的具体步骤和所需时间，通过分析浪费，发现换模过程中有大部分是不必要的等待和寻找工具的时间，于是设计了一种通用的换模工具，同时对设备进行改造，使得部分换模可以在机器运行时完成，并将改进后的流程标准化，培训所有操作员。通过改善，工厂成功将换模时间从 1 小时缩短到 10 分钟，显著提高了生产效率和市场响应速度。由此可见，快速换模不仅是一种技术手段，更是一种持续改进和追求卓越的企业文化，通过不断优化换模流程，企业可以在竞争激烈的市场中更快一步，抢得先机。

生产准备流程 3P

生产准备流程（Production Preparation Process, 3P），适用于新工厂布局前或新产品投产之前，通过模拟实际产品的制造过程和新生产线的运行状态，确保未来在生产产品时有足够的灵活性和易升级性，能够在预设的成本下生产出质量完美的产品。

参加 3P 项目的跨职能团队应用精益原则，通过创建模拟的产品和作业流动过程，从而验证设计的有效性。值得注意的是，3P 方法并不只是对现有流程进行改良，而是重新设计流程，以期获得飞跃式的突破，力求在短期内获得显著的效果，避免许多事后改善造成的沉没成本。换言之，生产准备流程代表的是一个突破性的改善和革命性的变化，而不是一个渐进性的改进，其实施步骤如下所示。

（1）组成跨部门 3P 项目团队：团队应包括设计工程师、制造和工艺工程师、作业员、流程专家和其他协助将产品推向市场的人员，并给他们明确改善目标，赋能改善方法。

（2）收集相关资讯和数据：包括工厂平面图、生产流程和工序、设备立体尺寸、产品种类与数量、产能规划等，并对资讯和数据进行分析。

（3）分组设计多种可能的布局：评估这几种布局的可能性，选择出最佳的三种布局。团队对这三种布局进行评比，选出最佳布局方案。

（4）对最佳布局进行 1:1 模拟和优化：可采用纸板模型代表实物进行模拟，在模拟中充分考虑人、机、料的配置与走向，并不断进行优化。如不能进行 1:1 模拟，也可进行缩小比例模拟。

（5）实施布局：包括制订设备计划，配备或开发夹具、治具和机器设备，并根据模拟优化结果建立产线。

（6）创建产线标准工作：将产线布局、资源配备与运行操作方法加以标准化，并不断进行持续改善。

看似简单的 3P 活动，却能在精益产线改善中发挥着重要作用。比如，在一个拥有 100 多台（套）设备的航空制造工厂的搬迁中，3P 小组首先头

航空制造制造车间 1:1 的 3P 模拟

脑风暴，在多个布局方案中择优选择，对方案进行计算机二维模拟后，在新场地进行 1:1 实地模拟。大家用纸板箱制作成设备形状，用激光枪定位，在新场地精准进行精益布局，并将水、电、气管线预先布好。此时老厂区的设备还在工作，搬迁那天，拔去老厂房水、电、气接头，将设备运抵新厂房替换纸板箱，然后插上水、电、气接头，就能正常工作，整个工厂搬迁时间仅停工三天，实现了最快速度恢复生产，将搬迁损失降至最低。

标准作业法 SW

标准作业法（Standardized Work，SW）是精益生产的核心概念之一，其来源是 20 世纪 50 年代，日本丰田公司的大野耐一在观察生产线时，发现工人们尽管都在努力工作，但生产效率并不高。于是，他提出将实践摸索出来的高效率方法进行标准化，成为标准作业法进行普及，以消除浪费、提高效率和质量，起到了很好的效果。

标准作业法包括三个主要部分：作业顺序、作业内容和作业时间。作业顺序指确定完成工作的最佳步骤，作业内容指明确每个步骤中需要执行的具体操作，作业时间是为每个步骤分配时间，以确保整个流程的平衡和效率，将上述三项内容标准化，形成完成工作的最佳方式。实施标准作业法通常遵循以下步骤。

（1）观察和记录：观察当前的工作流程，记录每个步骤的执行情况和所需时间。

（2）分析和改进：分析记录的数据，识别浪费和非增值活动，提出改进措施。

（3）制定标准作业：基于分析结果，制定作业顺序、作业内容和作业时间的标准。

（4）可视化管理：通过标准作业表等工具，将标准作业可视化，确保所有员工都能理解和遵循。

（5）培训员工：对员工进行标准作业法的培训，确保他们理解并能够执行标准作业。

（6）持续改进：标准作业不是一成不变的，需要根据实际情况进行持续的评估和改进。

在标准作业法中，要重点明确节拍时间，即需要多少时间生产一个产品才能够符合客户需求，确定准确的工作顺序，即操作员工在节拍时间里，要按照怎样的顺序来工作，以及关注安全库存，保证生产流程能够不间断地运行。要求实施 5S 以维持工作场所的秩序和效率，识别并消除过度生产、等待、不必要的运输、过程中的缺陷、过多的库存等浪费，采用防错机制来防止错误的发生，并实现平衡作业，确保生产线上的每个工作站都能在相同的周期时间内完成其任务，避免瓶颈和等待，还需要通过平准化生产减少生产波动，使生产更加平稳和可预测。

标准作业法能够帮助企业实现更高效、更稳定和更高质量的生产，已经成为成熟制造企业不可或缺的重要方法。比如，一家汽车制造厂的装配线需要提高效率，决定实施标准作业法。他们首先记录装配线上每个工作站的操作流程和所需时间，发现某些工作站存在等待时间，因为它们完成得比其他工作站快。于是重新设计作业顺序与标准工作，确保所有工作站能够在相同时间内完成，并制作标准作业表，展示每个工作站的标准作业流程和时间。同时培训员工按照标准作业表执行任务，并进行持续改善。通过这些措施，装配线的生产效率得到明显提高，浪费减少，产品质量得到保证。

流程管理认证 PMC

流程管理认证（Process Management & Certification, PMC）是保证流程优质高效的管理方法。流程的目的是给客户带来有价值的东西，优质的流程能生产出优质的产品，高效的流程确保低成本并按时交付，灵活的流程可以对客户需求和市场变化迅速作出反应。流程管理认证是一套制造过程质量管理的系统化、结构化方法论，是应用统计思想对过程的关键特性进行测量，以便通过合理的、数据驱动的决策来改进管理过程，是达到过程保证的科学途径。

过程认证的具体实施分 DMAIC 五个步骤，即定义 D（Define）、测量 M（Measure）、分析 A（Analyze）、改进 I（Improve）、控制 C（Control），分述如下。

（1）定义 D：当我们选定要进行过程认证的零部件或产品后，首先要基于设计阶段的图纸和 DFMEA，确定该零部件或产品的关键产品特性清单。然后画出该零部件或产品的生产工艺流程图，针对工艺流程中的每一步骤进行高阶流程图 SIPOC 分析，识别每个过程步骤信息和资源的输入和输出情况、信息和资源的提供者（供应商）和接受者（客户），描述过程步骤内的操作活动，描述每一过程步骤中的测试、测量及检验活动，记录该过程步骤内引起的报废、返工或返修、维修等问题。最后，通过 PFMEA 分析，识别并确定关键过程特性清单。

（2）测量 M：测量系统的好坏可以通过测量系统分析来判断，被测量的数据可分为计量型和计数型，对应的测量系统分析也有计量型和计数型两种类型。计量型测量系统分析是针对连续型数据的测量系统分析，计数型测量系统分析是针对离散型数据，如不良品数、不合格数、泄漏次数等数据的测量系统分析。

（3）分析 A：确认测量系统之后，我们可以开始对已识别的关键特性进行数据收集，以便进行过程稳定性和过程能力的评估，分析阶段应用的主要质量工具是控制图和过程能力分析。通过控制图我们可以监测产品的一致性和偏差趋势，监控过程稳定后，我们开始计算过程能力指数。

（4）改进 I：如果发现测量结果不合格、生产过程不稳定或过程能力不达标，需要进行过程改进。改进的方向主要从人、机、料、法、环、测等影响质量的六要素入手，采用各种分析方法，多方面分析原因，找到根本原因。然后有针对性地采取措施，消除过程中特殊原因导致的变异，特别是针对 PFMEA 表中高风险项目要准备改进计划，尽可能采取措施降低风险。

（5）控制 C：在整个过程认证的实施过程中，需关注四项关键内容。一是识别特性清单，二是评估现有条件下的测量系统分析和过程能力，三是经改进后过程能力是否达到 1.0 以上，四是过程能力是否达到 1.33 以上，并制定定期评审计划。原则上，所有过程能力都应达到 1.33 以上或属性数据同等 PPM 水平时，才算通过了认证。过程认证完成后，需要更新相应的控制计划、工作指引、检验计划等质量文件，并保持动态更新，如制定一份跟踪表，将所有经认证的过程能力状态每月或每季度更新一次，确保过程保持在稳定状态。

高阶流程图 SIPOC

高阶流程图（Suppliers，Inputs，Process，Outputs，Customers, SIPOC）由美国质量大师戴明提出。他认为任何一个组织都是一个由供应商 S、输入 I、流程 P、输出 O、客户 C 这 5 个部分组成的相互关联、互动的系统，SIPOC 模型用于识别和可视化业务流程的关键要素，是常用的流程管理和改进技术。SIPOC 高阶流程图包含以下五个主要部分：供应商 S（Suppliers）：提供流程所需输入资源和信息的外部实体或内部部门；输入 I（Inputs）：流程开始时所需的所有资源和信息；流程 P（Process）：将输入转化为输出的结果或产品的具体步骤和活动；输出 O（Outputs）：流程产生的结果或产品；客户 C（Customers）：接收流程输出结果或产品的内部或外部实体。推进步骤如下。

（1）准备阶段：组建跨部门团队，明确需要分析的目标流程。

（2）识别并确定 SIPOC 五个关键要素：包括列出所有在流程中提供资源和信息输入的供应商，收集并记录流程所需的所有输入项，详细描述流程的每个步骤和活动，列出流程产生的所有输出项，确定流程中所有接收输出结果或产品的客户，我们一般从客户 C 开始逆向反推，形成完整准确的要素内容。

（3）绘制 SIPOC 图：将上述信息整合到一张图中，形成 SIPOC 图。

（4）分析和改进：应用 SIPOC 图分析流程，在实践中进一步识别问题和改进机会，并根据分析结果，制定和实施持续改进措施。

（5）监控和评估：监控改进效果，评估 SIPOC 高阶流程图的有效性。

高阶流程图 SIPOC 能够明确流程的起始点和结束点，界定流程的范围，帮助团队全面识别流程的各个要素，识别流程中的潜在问题和改进机会。同时 SIPOC 可以作为团队成员之间沟通的桥梁，确保对流程有共同的理解，促进不同部门之间的协作，共同优化流程。在实践过程中可经常运用 SIPOC 高阶流程图进行流程优化，通过主流程分解子流程，可以由关键流程推导出组织部门的关键绩效指标 KPI 等，不断分析与改善流程，提高工作绩效。比如，一家银行使用 SIPOC 图改进其贷款审批流程，他们组建了包括贷款审批员、信贷经理、IT 支持人员和客户服务代表的团队，确定提供贷款申请信息的供应商，如客户、信用评级机构等；列出贷款申请所需的所有输入，如个人信息、财务报表等；详细描述从接收贷款申请到审批决定的每个步骤，列出审批流程的输出，如批准或拒绝的通知、贷款合同等；确定接收贷款审批结果的客户，如申请人、内部风险管理部门等；然后将所有信息整合到一张图中，形成贷款审批流程的 SIPOC 图，然后使用 SIPOC 图识别流程中的瓶颈和潜在风险点，提出改进措施并加以实施，包括某些步骤引入自动化、增加审批人员培训等；实施改进后，监控流程效率和客户满意度，评估 SIPOC 图的改进效果。通过以上行动，银行能够清晰地识别贷款审批流程的关键要素，有效地进行沟通和协作，最终实现了流程的优化和改进。

用速度驱动品质。

第四篇·通　关

·
·
·

运用之妙，存乎一心

　　精益功夫的应用就是将十八般武艺融会贯通进行通关实战，解决实际问题，做到知行达三者合一。在本篇中，我们汇集了精益功夫在制造、设计和服务三个领域的实战案例与做法，在实战中工具使用并不强求一致，就如同有的武者擅长使棍，有的擅长使剑一样。改善可以从现场开始，可以从流程开始，也可以从质量问题开始，只要体现精益功夫的原则与攻略，万变不离其宗，最终都能贯通起来，达到团队进步与绩效达成的目标。

　　运用之妙，存乎一心，零缺陷、零浪费、持续改善的精益基石放之四海而皆准，精益功夫的应用没有界限，绝大多数项目和流程都可以采用精益功夫的方法进行改善。希望大家能够积极探索，学以致用，不断通关，创造佳绩。

一、精益制造刀马功

身边流程的改善空间可达 80%

　　比起拳脚功夫，刀马功速度更快、力度更大，自然杀伤力更强。精益制造作为精益管理的发源领域，在应用上应该有更高的要求，作为精益功夫的通关篇，我们首先讨论在制造领域的实战应用。这里的制造对象可以是工业产品，也可以是农副产品；制造形式可以是离散型，也可以是连续型；改善标的可以是效率，也可以是质量。总之，在当前制造业同质化竞争日益加剧的大环境下，练好精益制造功夫，是制造型企业赢得竞争的不二选择。

一家生产特种车辆的企业，车体制造与装配的节拍是 30 分钟，即连续生产情况下一天能制造出 16 节车厢。产品生产是从钢材、板材开始，主工序有 120 道，各种子工序 400 余项，所用的零辅件 80% 以上需要自制。当时的工厂总经理非常体恤下属，看到工人们每天加班加点地工作，周末还要加班，收入每月只有几千元。他的愿望是能够通过提升作业效率，让工人能享受双休日，在不加班的情况下，每月收入争取能达到上万元。经过交流与评估，决定将精益改善目标设定为在人数基本不变、车间面积不变的情况下，将制造节拍加快 50%，即从 30 分钟减少到 15 分钟。这样每天的产能从 16 节提高到 32 节，既能满足客户的需求，又能通过提质增效实现员工劳动强度的降低、劳动时间的缩短以及劳动报酬的提高。于是，工厂组建了由技术、工艺、制造、外协、采购和数字化等部门的专业人员组成的团队，在外部顾问的指导下，对原生产流程进行了详细分析，采集了大量过程数据，绘制了价值流程图现状图，120 道工序的当前速度和均衡度跃然纸上。然后，采用 ECRS 等方法对流程进行优化，发现优化后的工序有 86 道，再对每一个子工序进行规划，无论是采用工业工程方法、并行工作方法、自动化方法还是数字化方法，总之要将每一道工序的完成时间限定在 15 分钟之内。这里关键的是一些要求特别高或耗时特别长的瓶颈工序，比如检测、喷涂等，要求通过增加在线检测设备，改造喷涂工艺等进行改善。经过 10 个月的设计攻关与改造实施，最终将装配节拍降低到 13.5 分钟，整体改善提升率达到 55%。

还有一家生产汽车轮毂的企业，改善前轮毂制造的一次交验合格率为 91%，分析其原因，不合格品主要是由铸造与机加两个环节所造成。铸造车间是产品质量的第一棒，发现其模具尺寸不精准，模具因维修不到位产生了破损，而且在架模、调模、试模等环节存在基准偏差、异物干扰和操作不到位等现象，因此，铸造出来的工件表面产生大量毛刺，于是不得不在后道增加了由 8 个人组成的打磨工序，噪声和粉尘也很严重。当改善组将上述模具、机台、操作、环境等问题一一改善之后，铸造出来的产品不需要打磨就可以直接进入机加环节，那 8 个打磨工就省下来去做其他工作了。在机加工环节，发现机械手臂不稳定、加工中心基座落差、刀具选用偏差、轨道线抖动以及一些设备漏油等现场问题，导致机加产品尺寸超差，表面磕碰伤较多等。于是员工们对上述问题在进行改善的同时加强了设备的基础保养和环境改善。经过 3 个月的系统诊断与综合改造，产品质量明显提升，一次交验合格率达到了 98%，不良品率减少了 78%。

上述在生产质量与效率上的改善，只是众多精益功夫应用于制造业项目中的两个例子。精益管理起源于制造，但又不局限于制造，在我们身边，只要涉及质量与效率的行为，都有精益改善的空间。可以说，每一个未经精益化的系统，几乎都有 20%~80% 的改善空间。我们将精益改善的内容概括为下列几项，大家可以视情况找出改善点，应用精益功夫功法进行改善。

（1）节省时间：主要通过减少无效损耗、缩短作业节拍、减少交付延误等途径进行改善。

（2）节省空间：主要通过减少作业面积、减少堆放面积、减少土地占用面积等途径进行改善。

（3）节省人力：主要通过减少动作浪费、减少人力数量、避免人员伤亡等途径进行改善。

（4）节省物料：主要通过减少多余浪费、减少物料损耗、减少库存堆积等途径进行改善。

（5）提高设备利用率：主要通过减少设备损耗、减少停工损失、减少设备投资等途径进行改善。

（6）节省资金：主要通过节约采购费用、减少销售管理成本、减少资金占用等途径进行改善。

（7）节省能源：主要通过减少"跑冒滴漏"、减少能源支出、减少污染排放等途径进行改善。

（8）提高质量：主要通过减少误工浪费、减少劣质产品、减少商誉损失等途径进行改善等。

当然，上述改善并不局限于制造行业，只要符合零缺陷、零浪费和持续改善的精益理念，任何行业和所有流程都可以成为精益功夫施展威力的战场。

飞机总装从月产 3 架提高到月产 15 架

世界上第一条飞机总装移动式生产线，是 21 世纪初波音公司建立的阿帕奇直升机脉动线，实施后大大提高了产能。到了 2006 年，波音 737 等主力机型总装也陆续采用了脉动式总装生产线。波音 737 装配线在改造之前是一个月总装 3 架飞机，建成脉动生产线，机体边移动边总装，流动速度是每分钟约 5 厘米，生产的节拍是 16 个小时，这样每月就可以总装下架 15 架飞机。这条生产线的实施包含下列几部分内容：首先要做产线的价值流程图 VSM 分析，精益改善的一开始，就要绘制飞机总装线的价值流程图现状图，然后通过分析消除浪费，设计出价值流程图的未来图；在设计中要做好产线平衡，即根据主生产计划合理安排机型、车间、工位的生产进程，实现企业内部和外部供应链的均衡生产；规范每一项作业、每一个工序的动作与时间，将改善内容固定下来，形成标准化；做好现场整理、整顿与清扫，包括物料定置定位、现场分区划线、实物看板与电子看板设置等；实现一次配送，即将指定飞机架次在各个装配站位所需要的物料、工具工装、辅料以及消耗材料一起按照装配顺序摆放在配送箱或配送车上，在需要的时间一次送上，实现准时化生产；在主线边设置可以完成配件装配的辅线，以配合主线进程，形成无缝衔接；先形成过渡的脉动生产线，允许存在非增值的缓冲时间，并通过持续改善逐步将脉动节拍加快，最终实现连续移动生产线。

人们可以看到，在这个一眼望不到边的车间里，多架飞机首尾相接并缓缓移动，产线按照客户需求决定的生产节拍缓慢移动，场面非常壮观。在这里，工人们将零件、配件与工具都放置在产线工位边，同时配备移动

波音 737 总装线的精益改善前后现场对比图

工具车，放置了工序所需的零件、工具、化学用品、标准作业指导书等，准时配送到需要用的位置；员工们严格按照标准工作要求开展工作，两个班次的工作内容和人员基本均衡，并采用突破性流程重建来组织各项工作；车间地面根据节拍计划设置行程位置标识线，成为飞机列队移动路线的交通标志；现场配置节拍监视系统用来监控产程进度并与计划相对照，配置同时面向装配线和支持车间的双面显示屏，管理信息系统实时显示作业拉动需求和物料配套需求；为作业工人配备显示终端，显示作业指导书、实施装配过程数据采集和发送装配进度需求等；装配线近旁设置了用于生产准备和紧急支援的月光车间，进行快速零件返修、紧急设备维修、临时工装制造、配套和配送所需物资等工作响应。系统安装了报警指示灯用来触发报警和提示解决方案，快速应急响应小组由 5 名组员和 1 名组长组成，发现问题时由小组成员报告给相关团队领导并通力解决。

月产飞机从 3 架到 15 架，效率是原来的 5 倍，以前固定、分散的产线经过改造，成为流动、连贯的集成线，整个产线如行云流水，一气呵成。可见传统生产中的资源和时间有可能大部分是不产生价值的，值得我们探索与改进。精益管理不仅对波音公司的生产发挥了重要的推动作用，还对整个行业的发展产生了重要影响。比如通过精益改善，使洛克希德·马丁公司的 F 系列战斗机的生产节拍做到了每天一架，欧洲空客公司、加拿大庞巴迪等公司也相继建立起了脉动式总装生产线，总装范围覆盖了各种类型的军用飞机、直升机，也包括了民用支线和干线客机。2021 年我去清华大学工业工程系拜访，他们正在探索为国产飞机制造工厂设计脉动总装线，精益措施使得国内飞机制造工厂生产周期缩短、生产速率提高、员工综合效率增强、产品故障率下降。

同时，脉动线技术也从飞机装配领域向其他组装领域扩展。当年参与主持 737 精益改善的日本新技术公司顾问中尾千寻曾来过西子工厂，当时正值西子对扶梯生产线进行精益改善遇到困难的时期。中尾千寻对一筹莫展的工程师说，飞机那样的庞然大物都能流动起来，电梯扶梯也一样能流动起来，于是通过详细的价值分析，在车间铺上滑轨，最终实现了流动式精益装配生产线。

电梯部件生产节拍从 8 分钟缩短为 3.5 分钟

美国奥的斯的母公司美国联合技术公司是最早一批引进精益制造的国际化企业，并且在精益管理方法工具上加入其特有的质量管理与决策管理工具，在 1998 年推出了由 12 个精益品质工具组成的"获取竞争优势 ACE"管理工具。西子与奥的斯合资后即跟随世界巨头掀起了一场质量与效率的革命，先后将精益制造管理技术和 ACE 管理工具迅速应用到中国工厂；同时全面推行世界先进的柔性制造体系，加入奥的斯全球质量改进工程，对钣金等四大龙头车间进行大幅度的技术改进；引进国际一流设备，开展 5S、TPM、错误预防等 ACE 推广活动，生产管理由原来的月计划过渡到周计划，建立覆盖全工序、所有部件、各部门、全员的成本控制体系；导入无纸化办公、全球采购共享、车间成本核算、应用钣材下料软件等措施；形成了严密的生产制造体系和质量、成本控制体系，基本实现了"无废品、零库存"，创造了强大的竞争优势。下面通过一个门机精益改善项目案例来具体说明。

由于市场的发展，一个制造车间的门机产能要从每年 8 000 台提高到 25 000 台，产量扩充要求超过了 3 倍。同时产品的前置时间也要求从 6 天缩短到 4 天，交付及时率也要大幅提高。面对这样的要求，需要导入精益思想，借助精益工具来解决所面临的问题。于是，一场提质增效的改善活动在门机车间举行。这是一套有理论指导和工具应用的标准化流程改善方法，分为如下几个环节。

（1）绘制价值流程图现状图，规划价值流程图未来图。

（2）进行产品 ABC 品类分析，定义产品生产节拍时间。

（3）定义快速线和混装线，将量大面广的产品和特殊定制化产品线分开。

（4）进行动作分析，规划工序的平衡策略。

（5）制定品质系统规划。

（6）制定物料管理规划，包括物料 ABC 分类、定义是按订单采购还是按库存采购。

（7）规划生产线布局并实施这一布局。

（8）采用均衡排产的方式来实现整个改善目标，达到产能提升和品质改善的要求。

其中，价值流程图是将产品从订单、排产、采购原材料、生产与工序衔接、出货等全过程进行分析，将产品制造的信息流和物流合并进行讨论，形成一个时间流，展现每一个环节的生产周期、库存量和质量状况，从而找出其中的改善空间。价值流程图现状图画好后，我们再根据客户的要求绘制价值流程图未来图。在未来图中，要求大大缩短节拍时间，减少中间库存量，每一个改善点就是一个爆炸点，将这些爆炸点分解成一个个改进项目，成立团队运用精益品质工具逐个进行改善，实现流程节拍的提升和品质的提高。

根据对该车间门机的生产工序分析，每个工位的实际操作时间在 239 秒到 526 秒之间，总时长 1 471 秒，存在大量不均衡等待时间，这些都是浪费。我们把目标节拍时间定为 240 秒，经过对每个工位的动作分析和 ECRS 改善，每个工位的实际操作时间低于设定的节拍时间 240 秒，分别是工位 1 为 181 秒、工位 2 为 172 秒、工位 3 为 176 秒、工位 4 为 184 秒、工位 5 为 167 秒、工位 6 为 163 秒，总的工作时间是 1 023 秒，比原来缩短 448 秒。在物料管理规划方面，共有制造物料 389 种，包括价值高的重要 A 类物料 26 种，品种多价值低的 C 类物料 290 种，其他为 B 类物料 73 种。其中有 195 种物料采用简便的供应双箱法，有 141 种物料采用计划采购方法，其余 53 种物料采用策略性采购方法，大大减少了物料的库存，提升了物料的精准度和准时到达率。在产线上，将快速线和混装线分开，进行精益布局，改善后的物料和人员移动距离大幅缩短。同时，进行了品质系统规划，设立了用于门机整机和系统的全自动测试系统，全过程无需人员干预，一键自动完成测试，可自动识别故障并用曲线显示动态监测过程数据。此外，现场还定制了多种工装货架、设置警示灯和自动生产设备，设置了多种信息看板，编制员工作业标准，制定规范的工艺文件，设立员工技能矩阵看板，实施5S、可视化及TPM管理，并对成功案例进行专题宣传。比如，打包环节从全手工打包改变为半自动打包，改善前每个打包操作需要30秒，改善后只需16秒，每台可节约成本0.36元等。经过四个月的改善，同样面积的厂房，同样人数的工人，效率得到大幅提升：改善前生产节拍为8分钟，改善后缩短到3.5分钟，缩短了56%；改善前每日产能50台，改善后每日产能192台，提高284%；改善前准时交付率为69%，改善后为100%；改善前一次交验合格率为78%，改善后达到95%。

除了上述门机产品的大幅改善，西子其他产线的质量和效益也通过持续改善得到大幅度提升。比如电梯控制柜产能提升176%，生产节拍时间缩短64%，生产周期缩短73%，半成品库存降低85%，换线时间减少63%；电梯主机自动化装配线生产节拍缩短67%，配件箱产能提升33%，主机包装线产能提升77%；转子精加工线产能提升119%，机座线产能提升158%；供应商品质缺陷的PPM减少96%；等等。经过20多年持续不断的精益改善，西子电梯的生产节拍缩短为每2分钟出1台，库存周转天数由原来的每年2次提高到60多次，在用电梯运行故障率不超过10 PPM，市场占有率名列前茅，管理出效益在这里得到了充分体现。

航空制造项目效率改善超过20%

这是一个航空部件工作包，从首件下线到累计实现交付上千架，工作包毛利从最初的负毛利到现在的正毛利，充分说明了一个未经精益化的系统，几乎都有20%以上的改善空间。当然，这个过程并不容易，共用时

7 年时间，经历了一场全方位的精益提质增效战役。这里分两个阶段叙述，第一阶段为从首件交付到月产 2 架份，第二阶段为从月产 2 架份爬坡到月产 20 架份。

在第一阶段，为了解决生产过程的各种问题，加速生产节奏，简化操作难度，企业团队及时总结工作包首件出现的问题及改善机会点，以生产增效降本为目标，通过使用 5S、看板管理、标准化作业、价值流、生产线平衡设计等精益质量管理工具，从人、机、料、法、环、测六个方面逐一进行分析，对涉及工作包的多个因素提出持续改进方案，并加以实施。

（1）公司设立了"零号"培训中心，针对项目各种工艺进行培训，让新员工上线操作前就拥有扎实的基本功。通过对人员技能水平的考核评估，建立了工作包操作人员岗位技能矩阵。针对生产过程的复杂困难点，形成标准化案例流程，避免人员流动导致的重复问题发生。

（2）为了提高生产效率、降低成本，缩短产品生产交付周期，引进世界先进的高速数控加工中心，制定使用柔性真空工装和"双工作台"相结合的工艺方案。从而保证了产品加工的速率和加工过程的稳定性与合格率，大大地降低了零件加工后变形量和加工时间，直接消除了耗时耗力的钳工校形工作，消除了由于人为失误造成高价值零件报废的风险，使得单架份零件加工效率提高近 100%，实现了该类零件"零报废"目标。

（3）在工装工具方面，引进先进钻孔设备（Advanced Drilling Unit, ADU），使制孔工序时间缩减了 90%，制孔质量的稳定性和孔壁表面质量得到大大改善，操作人员由原本 4 名员工单线操作变为 1 名员工多线操作，大大节约了人力成本并缩短了产品的生产交付周期。此外，为了减少铆接表面损伤，员工们将工具上除工作面会与零件接触的位置进行保护，磨掉锐边和直角，改变了原本高难度的操作姿势和难下手的操作环境，将磕伤、划伤发生人次缩减为原来的 10%。

（4）在原材料及零件配套方面，通过对零件交付状态的优化，由原来的工装定位制孔改为零件带导孔，减少钻模制孔、搭接、重复补漆等操作及等待时间；通过合并工序与集中实施，使漆胶等辅料定额降低 50% 以上；

通过设立散件工位，将零件在架下优先完成定位工序，避免原先所遇到的工具干涉和操作不便的问题，不仅降低了操作难度，同时也提高了生产效率和产品质量；通过引入拉动式生产，与生产计划部门一起建立各工作站位的零件需求齐套表，避免现场停工待料情况的发生；同时，通过开展容差分析，进行零件公差合理分配，定位后即可安装，减少零件在型架的调整时间；通过优化工艺方案，相同工序合并，减少漆胶料固化等待时间，减少因开罐寿命导致的物料浪费，并减少文件记录及报工时间。

（5）在精益布局方面，通过对装配站位的细致划分，对现场工具的摆放位置，物料的存放、周转进行规划，实现每一步操作都是以最短路径和最高效的操作完成；为了让操作更加得心应手，工人们自制辅助工装，将原本需要两人配合完成的操作改为一人手脚配合操作，在提高效率和操作便捷性的同时也保证了一次合格率；工人们自己制作了多种工具与零件存放盒，在指定区域操作时，只要找到对应的工具盒和零件盒放到周转车上，就可以方便地推到工位上，避免了以前要四处找工具的忙乱局面。

（6）在测量方法方面，工人们调整工装定位公差，终检测量点由工装定位保证，使每次耗费 2.5 小时的测量全检改为每十架中抽检一架，使工作包装配操作工时从最初平均 412 小时一架减少到 240 小时一架，同时在质量方面也保持优良表现，装配责任故障数量从平均每架 3 个降低为零。

（7）仓储团队也紧密配合产线，由车间领料制改为仓库配料制，将串联作业转变为协同作业，缩短了产线节拍时间，节省了产线人力；为了提高仓库分拣配送效率，在物料定置定位管理基础上，同一工位物料邻近放置，同时兼顾物料号排序，便于查找，减少走动时间；针对航空标准件供货周期长、库存金额高、称重配料时间久的情况，策划并实现了供应商管理库存的 JIT 开架配送模式，标准件供应流程由 9 个环节减少为 4 个环节，大大节省了运营成本，还有效避免了标准件急缺件影响产线的风险。

在第二阶段，工作包从月产 2 架份一直爬升到月产 20 架份，其间做了多处改善，包括引入拉动式管理，由装配拉动上游需求，引入了约束理论 TOC 和产能管理（Capacity Management, CCP），根据产能的需求更改零件的生产顺序，做到均衡生产；加强了物料计划和生产计划的协同，物料齐套率由最初的 80% 提升到 99% 以上，ERP 库存准确率由 95% 提高到 99% 以上，工作包装配准时交付率一直保持为 100%，零件平均生产周期从 45 天缩减到 25 天，装配周期从 20 天缩减到 7 天。此时的工作包毛利虽然有了明显改善，但仍未进入盈利状态。于是，团队继续进行精益改善攻关，从机加工材料定额降低、表面处理、质量、采购、包装运输等方面开展了一系列的降本工作。

（1）数控工艺团队首先评估当前材料定额中加工余量是否合理，对于定额中材料尺寸选用不合理的部分加以调整，对于加工夹持面的余量，统一将加工刀具直径调整为使用小直径刀具，夹持面余量减少 50%，以减少材料损耗；其次调整夹具装夹量，比如将螺栓规格优化，最大化优化材料定额；最后适时调整材料厚度规格，将工作包项目多个零件的边角余料排版切割，提高材料利用率，减少材料采购数量，工作包每架份所用的铝板材料重量节省 6%。

（2）特种工艺团队聚焦工作包部件的主体框架，实现了阳极化装载工件从 1 块变 2 块的突破，减少工件阳极化工时，有效提升表处工序生产效率 8.1%，缩短了产品的生产交付周期；采取统一多项目共用油漆以降低采购成本，细化分解每一个零件的喷涂面积和油漆消耗量，并建立了油漆使用数据库，优化设计大部件竖立喷涂工装以减少喷涂过程损耗，实现工作包项目单架份油漆定额比首件下降 78%，基本实现油漆的"零报废"目标。

（3）质量工程和质量控制团队从单架份平均耗时最长的装配终检入手。对检验流程进行了优化，合理节省检验时间，对工作包检验区域进行了划分，并规定了检验顺序。通过统一的检验顺序来确保无漏检，减少复检次数，加快了检验效率；员工们对容易产生外表损伤的钻模进行了改进，减少了产生压痕磕伤的概率，降低了压痕磕伤的严重程度，实现检验效率 50% 的提升，同时将产品瑕疵数量减少了 50%。

（4）采购物流团队联合技术部门共同推动材料的优化套料、优化下料排版方式，通过对材料可替代性的详细分析，减少了采购品类的规格和类型，从而提高了物料利用率；员工们将多个工作包的材料进行合并优化，实现持续降本，仅此一项改善，当年就实现降本近百万元；通过分阶段地整合标准件、原材料、化学品等供应商，调整占比、周转率高的原材料直接采购方式，对成本占比较大的原材料从源头工厂处寻求成本优化方法，通过参与和运用客户共同招标系统，实现单架份采购降本；推进并实施原材料供方备库到现场的（Vendor Managed Inventory, VMI）模式，物料周期又缩短了4周时间，推行标准件配货到现场的JIT模式，每年节约资金超过220万元。

（5）项目团队预定整个框架箱在厂内装货，取消约2 000元/次的装箱费用，并由技术团队支持，计算最大叠放数量，充分利用框架箱的空间。同时调整发货计划，充分考虑客户需求和将框架箱利用率最大化，这样每架份工作包包装及运输费用降低了10%；后来又进一步编排相同收货方的不同产品组合发货，此举又实现了每架份工作包成本降低2.5%。

经过多年多个维度的精益攻关，让这个项目的效率和效益明显改善，实现红字进来、黑字出去，帮助团队成功抢占市场、提高能力的同时，也最终使企业获得了应有的经济回报。

二、精益设计攻防战

占产品问题80%的设计更需要精益功夫

我们知道，精益是从制造发展而来，但并不局限于在制造领域的应用。实际上设计过程也同样需要追求高质量、高效能与低成本，往往占总成本10%以下的产品设计开发决定了产品总成本的70%以上，并且后续80%以上的质量问题往往可以回溯到设计开发问题。因此，在设计的每一个环节、步骤、流程中都尽可能地使用最优的方案，在设计活动中对产品设计的流程和状态进行精确控制和优化，使设计的产品价值最高、成本最低，这就是精益设计的内容。这里我们用了攻防战一词，一方面说明设计是一场决定未来成功与否的主动进攻，另一方面说明设计是产品实施错误预防的最重要环节。可以说，设计开发的管理和控制真正决定了产品质量的好坏，只有从源头的设计开发着手做好攻坚与防错，才能事半功倍地解决好产品质量问题。这也是常说的"产品质量是设计出来的"的缘由。

在《改变世界的机器》一书中，作者将丰田的精益设计与美国和欧洲汽车企业的传统设计进行了对比。根据 1983—1987 年投入市场上的 29 种全新车型开发计划，一种全新的日本汽车平均需要 170 万个设计工时，从开始设计到发货给用户需要 46 个月。与之相比，在美国和欧洲相当复杂程度、相同共用件和通用件系数的项目，平均需要 300 万个设计工时，总共消耗 60 个月。这是精益设计和传统设计之间的差距，设计工作量的差距约为二分之一，而开发周期约可缩短三分之一。

精益汽车设计方法在领导力、团队合作、信息交流和同步开发等方面与传统汽车设计有明显不同。首先是领导力方面，欧美传统汽车设计项目的负责人权力有限，往往扮演协调者的角色，而日本精益设计项目的领导者是项目团队的强势领导人，可以指挥所有必需的技能部门。其次是团队合作方面，在精益的开发过程中，项目领导者组织团队并一直负责到项目完成为止。这些成员来自市场评估、产品规划与造型、先期结构工程、细节工程、生产工艺设计和工厂管理等各职能部门，他们保留与各自职能部门的联系，但在整个项目完成之前，都明确处于项目领导者的控制之下。与之相比，在多数传统设计项目团队，人员组成是从职能部门短期借调来的，在项目的全过程中，项目由市场营销部门开始，转移到工程部门，然后再到工厂运营部门，在每个地方是由不同的人来参与工作，团队的负责人可能始终看不到成员的人事记录，而且团队负责人的业绩评价对成员的职务影响不大，这直接影响到了成员的积极性和团队的组织效能，而完成同样规模设计项目，精益设计团队人员比传统团队成员数量减少三分之二。在信息交流方面，由于架构与权责的问题，传统设计项目成员往往做出含混不清的决策，而精益设计团队在一开始就签署正式契约，有关资源和优先权的矛盾能够在过程的开始而不是在结束之时就得以发现，精益设计团队的人数在开始时最多，随着开发项目的进行，由于有些专业不再需要，参加人数就逐渐减少。与之相比，传统设计团队开始时参与人数很少，但在接近投产期时由于大量人员被吸收进来以解决那些在一开始时就该解决而拖延下来的问题，人数增加到了顶峰，就如同传统制造一样，精益生产方式的工厂一开始在问题成倍增加之前就花大力气把它们解决掉，结果总工作量就会少得多，质量也更高。相反大批量生产的工厂不惜代价地维持总装线的运行，但最后在线尾却要完成大量返工工作。最后在同步开发方面，比如汽车底盘模具开发，传统设计采用的是设计完工后再到模具厂开始模具制造的串行作业方式，开发时间大约需要两年，而精益设计是在开始车身设计时就同时开始模具制造，因为模具设计师和车身设计师直接面对面地接触，模具设计师知道新汽车的大致尺寸和面板的大概件数，所以他们提前订购模具用的钢块，并开始在上进行粗加工，当面板的最后设计图一经发出，立即可以转到精加工钢块环节。这种在汽车设计师和模具制造商之间强化的信息交流、准确预测和巧妙安排，让日本设计团队能够用一年的时间完成一整套的新款汽车模具，仅占传统模具开发所需时间的一半。

无独有偶，激烈的市场竞争促使有竞争力的精益设计在多个领域不断应用与发展。1992 年 IBM 遭遇了严重的财政困难，公司销售收入停止增长，利润急剧下降。经过分析，他们发现在研发费用、研发损失费和产品上市时间等几个方面远远落后于业界最佳企业，为了重新获得市场竞争优势，IBM 提出了将产品上市时间压缩一半，在不影响产品开发结果的情况下，将研发费用减少一半的目标。为了达到这个目标，IBM 公司率先应用了集成产品开发（Integrated Product Development, IPD）的方法，通过流程重整和产品重整两个方面达到了缩短产品上市时间、提高产品质量和利润、有效地进行产品开发、为顾客和股东提供更大价值的目标。IPD 作为精益的产品开发体系，其核心理念是：新产品开发是一项投资决策，在开始研发前要进行有效的投资组合分析，并在开发过程中设置检查点，通过阶段性评审来决定项目是继续、暂停、终止还是改变方向；强调产品创新是基于市场需求和竞争分析的创新，把正确定义产品概念、市场需求作为流程的第一步，开始就把事情做正确；强调跨部门、跨系统的协同，组成跨部门的产品开发团队，通过有效的沟通、协调以及决策，达到尽快将产品推向市场的目的；强调采用并行工程，通过严密的计划、准确的接口设计，把原来的许多后续活动提前进行，缩短产品上市时间。可以看出，与丰田汽车精益设计一样，市场拉动、质量前置、团队协作、有效沟通以及结构化并行作业等内容，成为缩短设计周期、提高设计质量的精益研发的主要特点。

五步工作法让火箭成本降低 90%

让埃隆·马斯克名扬天下的不仅有特斯拉汽车，还有他雄心勃勃的星链计划，其中猛禽发动机的设计优化堪称传奇。从立项启动至今，猛禽发动机已经进行了多次迭代，推力、燃烧、试压等各项数据都在迅猛提升，它以超低温液态甲烷和液氧为燃料，推力是猎鹰 9 号发动机的两倍以上。这意味着星舰的推力将比史上其他火箭都大，因为每艘星舰都要用差不多 40 个猛禽发动机。而马斯克的愿景是打造一支星舰舰队，因此猛禽发动机不仅要有强大的推力，还要有超出寻常的低成本才行，他的目标是将每个猛禽发动机的成本降至 20 万美元左右，这是当时成本的十分之一。马斯克采用他的五步工作法进行研制工作，最终实现了这个看似不可能的目标，这里我们介绍马斯克五步工作法。

（1）学会质疑。在马斯克看来，不可变更的金科玉律只有那些物理学定律，任何人提出的要求都有被质疑的可能。马斯克很关注成本控制，经常质疑团队提出的购置需求。他问手下为什么要花 200 万美元造一对吊车来吊起火箭，手下的人向他展示了空军规定的安全条例，他成功说服军方修改了它们，最后起重机这一项只花了 30 万美元。火箭上的一个阀门比汽车上用的类似阀门要贵 30 倍，马斯克要求他的团队多从航空航天领域以外的公司采购零部件，以大幅降低零件成本。比如在空间站中使用的门闩，一个就要 1 500 美元，马斯克让工程师改造了浴室隔间门上使用的插销，做出一种闭锁机构，成本只要 30 美元。有一次，工程师告诉马斯克火箭载重舱的空气冷却系统要耗资 300 多万美元，而一套空调系统成本大约 6 000 美元。于是马斯克团队就买了一些商用空调设备，改造了其中的泵，把它用在了火箭顶部。通过大胆质疑和低成本替代，他们为火箭建造发射装置的花费只相当于航天部门的十分之一，彻底颠覆了整个行业的成本结构。

（2）删除流程中的非必要部分。有一次，在特斯拉工厂里，马斯克注意到装配线上有一个工位的节奏跟不上，这个工位上是一个昂贵的机器人，负责把玻璃纤维条粘到电池包上，但吸盘经常握不住玻璃纤维条，而且胶水涂得太多。马斯克询问这些玻璃纤维条是干什么用的，工程团队告诉他，这是降噪团队要求的，目的是减少振动。于是他命令团队对比有无玻璃纤维条的情况下车内的声音并做记录，最终删除了这一工序。还有一次，他发现工厂做好电池包以后，会在电池包嵌入车辆的尖头上装一些小塑料帽，当电池包送到另一个工厂时，塑料帽会被拆下来扔掉，有时工厂的塑料帽不够用了，就会耽搁电池包的运输。马斯克问为什么要放这些塑料帽，员工告诉他这项规定是为了确保电池包的触点不会弯折，马斯克指示他们删掉这项内容。事实证明，此后并没出现触点弯折的问题。在太阳能屋顶项目上，安装人员要求在从房屋伸出来的通风口和烟囱管道周围施工，而马斯克建议应该直接裁掉干燥器和通风扇的管道，将太阳能瓦片铺在上面，空气仍然能从瓦片下方排出。不仅如此，他发现屋顶系统有 240 个不同的零部件，包括螺丝、夹具、轨道等，他指示工程师们删除了一半的零部件，仍能保证工程的质量。

（3）简化和优化流程。也就是在移除非必要部分之后，对剩余的流程进行简化和优化。马斯克有一个概念叫"白痴指数"，是指一个零部件的总成本与它的原材料成本的比值，比如零部件成本 1 000 美元，而制作它的铝材成本只有 100 美元，那么这个零部件的白痴指数就是 10。马斯克认为高的白痴指数产品很可能就是设计过于复杂或制造过程效率太低所导致的，是实现大幅度降本而简化与优化的重点。传统火箭的白痴指数都在 50 以上，马斯克让下属梳理出发动机的零部件中白痴指数前 20 的零部件，然后要求每个人负责一个零部件，目标是降低 80% 的成本，并且实现在 12 个月内将每个发动机的成本从 200 万美元降到 20 万美元。马斯克让设计团队和工程团队混在一起办公，简化一切不必要的流程，让工程师学会像设计师一样地思考，让设计师的方案更加落地，从多方面简化工艺流程。比如发动机泵和整流罩等需要大量高精度加工的部件尽可能减少加工工序，并对使用材料的选择以及冲压打孔方式等进行优化。有一次，马斯克看到一个玩具车模的车底是用一整块金属压铸出来的，于是想到这种简单的做法能不能应用到特斯拉汽车上，但市面上还没有这么大的压铸机。他和高管们给六家主要的铸造公司打了电话，其中五家拒绝尝试这项提议工艺，但意大利一家专门生产高压压铸机的公司接受了这项挑战，同意制造几款超大的机器，为特斯拉汽车生产整个底盘。这种压铸机一台重近1万吨，机器将熔化的铝注入冷铸模具，可以在短短80秒内直接将整个底盘压出。而过去生产一个底盘需要将100多个零部件焊接、铆接或者黏合在一起。这项革新不仅降低了成本，还避免了老工艺带来的缝隙、响声和泄漏等问题。

（4）加快流程的周转时间，努力提高每个流程的速度。在2008年8月第三次火箭试射失败后，马斯克给团队设定了6周内完成新火箭的最后期限，而以前的周期都是十余个月。这项要求挑战性很大，当时存放在洛杉矶工厂的第四枚火箭零部件，如果通过海路运输需要四周时间，他们采取租用军用运输机的方法满足了最后期限。此外，火箭修复如果遵循所有的新要求，至少要花上五周时间。他们打破常规，在五天内完成了检修，这是航空航天产业中大公司想都不敢想的，说明有时候设定疯狂的期限的确是有意义的。后来第四次火箭发射成功，创造了历史奇迹，对比大型公司同类部门有50 000人，马斯克的团队只有500名员工。他们从头开始设计整个系统，自己完成所有建造工作，几乎没有外包，而且所用资金也是大型航天企业完成类似工作的零头。他们的第一代猛禽发动机是在2017年量产的，五年后的2022年才迎来了二代猛禽的量产，但仅仅只过了两年，第三代猛禽发动机发布，优化的时间在加速。每经过一次迭代，产品的白痴指数就大幅降低，如果还有优化的空间，就再罗列一遍，再次螺旋重复以上的操作，直至达到降本提速的目标。

（5）让成熟的产品自动化生产。特斯拉工厂配备了许多自动化设备，包括超大型一体式压铸机，帮助特斯拉实现了高效生产。然而，在自动化道路上，马斯克也走过弯路，大多数工厂的设计都分两步进行：第一步，搭建生产线，工人要在每个工位上完成特定的任务；第二步，生产线跑通以后，机器人和其他设备陆续进场，渐进式地替代一部分工人的工作。然而，马斯克一开始把步骤颠倒了过来，要打造一种现代化的"外星人无畏舰"工厂，他第一步就尽可能让自动化完成每一项工作，用了大量的机器人，但是却不好使。一天晚上，马斯克在工厂里注意到一个工位上的生产进度迟缓，机器在抓取材料和对准过程中出现了问题，他们试着手动完成这个过程，结果发现手动过程的可靠性更强。于是马斯克要求换掉这台机器，结果装配线的生产速度随之提高。随后他们找出生产线上每一个存在自动化障碍的环节，看看去掉自动化后是不是能完成得更快。这项工程，使得车间的月产量从 2 000 辆增加到 3 500 辆。从此，去自动化成为马斯克量产方法论的一部分，并要求务必等到设计过程的其他部分都做完以后，在你质疑了所有要求、去掉了所有不必要的部分以后，再引入自动化设备。

从猛禽发动机的迭代到马斯克五步工作法的应用，下面是一些马斯克在精益研发管理中的做法和经验，供大家参考。

（1）提出挑战性目标：马斯克在质量、成本、交期等方面打破常规，提出看似不可能的目标 —— 猛禽发动机的生产成本要降低到原来的十分之一。这突显了在高科技企业中对于生产效率和成本控制的关注，他让团队质疑现存作业的必要性，激励团队思考如何大幅度降低成本，实现超常规的价值提升。

（2）重视成本效率控制：马斯克创造性地提出"白痴指数"，通过监控零部件的成本与其原材料成本的比值，鼓励简化设计、降低不必要的复杂性和提升制造效率，并创立五步工作法进行改善。

（3）亲赴现场，关注细节：我们说答案在现场，马斯克亲自担任推进器项目负责人，直接投入解决问题的第一线，在现场发现许多问题并将其解决，并且要求员工熟悉成本细节，能够随时指出成本过高的部分，并寻找改进方案。

（4）绩效导向，用精准的数据说话：马斯克认为如果有人不能实现目标就应该考虑更换人选，强调财务分析师需要对成本数据了如指掌，一切用数据说话，体现了他用数据驱动决策和用绩效说话的精益理念。

6 张通行证让产品设计周期缩短 40%

当时我在研究院与工厂技术中心联合开展装备技术研发项目，作为项目通行证评审委员会成员，几乎每个月都会受邀与项目组研发人员、集团技术领导以及相关市场人员等参加项目的通行证评审会议。相比较以前在高校开发产品的宽松做法，这种以预设条件触发的机制化研发项目评审会对科研项目的促进作用是显而易见的，使项目组能够及时获得相关决策方的支持和资源配合方的协助，能够及时调整项目出现的问题和偏差，还能够将研发人员大脑中的隐性知识转化为显性知识存档，形成科学、精益而又有序的研制任务流，大幅提升了研发的质量和效率，是精益研发的宝贵实践。

电梯作为特种设备，其性能与安全可靠性往往在设计阶段就已经决定了，这得益于我们长期采用的精益研发方法——通行证流程（Passport Process, PP）产品开发流程。这种结构化的研发方法，既可应用于电梯系统的设计，也可方便地移植到电梯部件及其他系统的设计中。通行证流程根据项目特点，将设计开发过程分为 6 个阶段，明确每个阶段的任务和目标，在通过评审委员会批准后方可进入下一阶段，可以持续获得组织高层管理者对研发项目的关注和支持，有效提高研发的质量与效率。其六个阶段如下所示。

（1）产品概念阶段，由销售与市场部门主导。本阶段主要为研发前期准备，包括了解客户需求，提供投资决策依据，明确产品定位以及进行财务、技术、质量、风险等评估。在这个阶段要组建项目团队、编制项目报告并签署责任状、确定激励措施。本阶段以通过 Passport 0 为结束标志。

（2）产品计划阶段，由技术研发部门主导。本阶段开发团队需要对产品进行定义，制定产品全生命周期计划并进行架构和系统设计，形成商业计划书、项目合同及早期客户清单，本阶段以通过 Passport 1 为结束标志。

（3）产品设计阶段，由技术研发部门主导。本阶段项目团队利用专业设计开发技术进行产品设计，应用专业、复杂的研发设计理论和方法开展工作，如失效模式与影响分析 FMEA、试验设计 DOE 等，完成产品功能样机提交评审委员会批准，本阶段以通过 Passport 2 为结束标志。

（4）工序设计阶段，由技术研发部门主导。本阶段工程师们应用面向制造的设计（Design For Manufacturing, DFM）、面向装配的设计（Design For Assembly, DFA）等工具，对功能样机的批量生产工艺进行开发，最终完成符合批量制造技术与成本要求的样机制作工艺与验证测试计划。评审委员会通过设计评审和设计验证确保产品各项功能满足设计要求，本阶段以通过 Passport 3 为结束标志。

（5）结果评价阶段，由制造部门主导。本阶段主要对样机和工艺过程进行确认验证，确保产品功能和工艺性能满足客户要求，并提交完整的产品和工艺过程技术方案、作业文档和量产计划，还要完成样板产品的制造和安装，并开始量产准备工作。本阶段以通过 Passport 4 为结束标志。

（6）完整发布阶段，由各职能部门联合展开。本阶段发布正式产品、开展销售和渠道培训，收集市场和客户反馈，并对市场、供应、制造和服务能力进行评估，在样板产品安装运行一年后，启动完整发布评审工作。本阶段以通过 Passport 5 为结束标志。

为了保证精益研发项目实施的顺利和成功，需要企业各部门的通力协作，在项目研发期间，工厂相关部门在各阶段对应的职责如下。

企划与销售部门：在产品概念阶段负责发布商品企划书和市场战略，包含产品信息、宣传方案及进程预告。在产品计划阶段协助制定预售活动计划；在产品设计阶段完成销售资料的准备及产品广告设计；在工序设计阶段开始启动预售活动计划并选定先锋客户；在结果评价阶段要启动小规模销售活动，并做好样板项目市场反馈工作；在完整发布阶段开始商品的批量销售工作。

开发设计部门：在产品概念阶段设定开发项目目标；在产品计划阶段

制作开发报告书，其中包括样品性能、安装、布局等设计规划；在产品设计阶段进行样机设计、一次样机评价、安装布局更改、二次样机评价以及技术资料制作；在工序设计阶段进行简化设计，做好最终量产样机评价和样板项目的确定与交付；在结果评价阶段，做好样板项目的评价。

测试中心：在产品概念和产品计划阶段发布先期样品的性能确认与性能评价计划；在产品设计阶段发布完整的性能评价计划和可靠性评价方案，实施产品性能评价和部件认证；在工序设计阶段进行量产样机最终性能与工艺评价；在结果评价阶段做好样板项目的监测与评价。

生产部门：在产品概念阶段制定制造目标；在产品计划阶段制定采购计划和外协计划，并做出制造计划；在产品设计阶段做好生产准备计划，包括制造设备布局、QC 管理工程图、制造工艺标准等，确定采购方案以及采购认证计划，做好图纸交付与验证，先期模具的计划、设计与制作以及1、2 次样机的制造与评价；在工序设计阶段，做好量产模具的设计与制造、量产样机的制造与评价以及工序认证和物流发运等事宜；在结果评价阶段，做好样板产品的制造、发运与评价，对物流进行评价并开始量产工作；在完整发布阶段，做好量产及发运等工作。

现场安装部门：在产品概念阶段做好安装方法和保养方法的目标制定；在产品计划阶段做好安装、测试与保养方法的规划；在开发阶段，包括产品设计阶段和工序设计阶段，做好安装调试方法的设计并简化安装方法，做好保养手册、保养方法的设计和保养方法的简化，并做好培训计划；在结果评价阶段，完成安装方法与保养方法手册的制作，做好保养培训以及样板项目的安装与评价；在完整发布阶段做好安装和保养工作。

安全部门：在产品概念阶段制定好安全目标；在产品计划阶段制定好产品的安全要求；在产品设计阶段确定安全评价，包括设计、制作和安装方法的安全性保障；在工序设计阶段做好小批量试制、制造工序和安装方法的安全评价；在结果评价阶段做好样板项目的安全评价。

项目经理：在整个过程中负责制定整体计划，并根据实际情况进行调整，控制整个项目的进程，做好项目技术评价及通行证评审的协同，做好开发责任部门的移交工作，做好销售及发运的计划与管理，协调各部门之间的冲突与问题的解决。

专利部门：在产品概念阶段组织专利侵犯风险讨论；在产品计划阶段做好专利侵犯风险与应对策略制定；在产品设计阶段做好专利侵犯的风险与缓解策略实施工作以及专利申请；在工序设计阶段做好全面的专利申请工作。

品质保证部门：在结果评价阶段反馈用户的评价意见和对项目实施结果的评价；在完整发布期间召开项目完整发布会。

品质评价部门：在产品概念阶段做好品质评价成员的选定；在产品计划阶段做好概念设计审查批准；在产品设计阶段做好初步设计审查批准和关键设计审查批准；在工序设计阶段做好质量评审与批准；在结果评价阶段做好样板项目评价和批产质量评审与批准。

经营评价部门：在产品概念阶段做好 PP0，批准转至开发部门；在产品计划阶段做好 PP1，批准进入产品详细设计与实验阶段；在产品设计阶段做好 PP2，批准进入量产试制准备阶段；在工序设计阶段做好 PP3，批准进入限定销售与样板项目的安装阶段；在结果评价阶段做好 PP4，批准转入正式销售；在完整发布阶段，做好 PP5，完成项目的完整发布。

在此过程中，各阶段通行证的评审节点尤为重要，要求项目经理提前完成陈述资料并连同评审申请单交项目管理处，经审核可交付成果的完成情况及前一次评审的意见，同意评审要求后可安排评审，评审要求和陈述资料需提前发送给评审委员会，评审会邀请相关人员参加，每次会议给出评审结论为"Go"：批准并授权项目组进入到下一阶段的开发；"No Go"：取消或暂停此项目；"Re-Direct"：要求项目组过段时间重新准备一个评审会，会议决议以会议纪要的形式发布给参会人员，并将相关资料存档。

通行证流程 PP 让研发有章可循，在推进研发工作规范化与高效化过程中起到了重要作用。运用 PP 流程进行的电梯部件研制项目，从原来需要 6 个月周期的研发工作缩短为 104 天完成，而且性能质量都超越预期，可见在研发过程中设置特定关键质量审核点，并不会延长研制周期。相反，通过并行工程、流程优化与价值工程等精益改善，精益研发实现了提质增效的作用。

同时，根据前文介绍的十倍代价法则和品质前置原则，研发环节是产品的源头环节，只有长期注重精益研发工作，才能在行业中始终保持领先地位。所以说，精益要从研发开始。

项目设计交付周期缩短 50%

一家设计公司对外承接项目的设计工作，面临的问题是交付时间延期，导致回款缓慢与用户抱怨。改善项目组采用工业精益的方法对其进行分析，根据当前实际作业情况，绘制了典型产品的价值流程现状图，作业流程如下所示。

（1）启动及准备：包括项目启动会，项目经理组建团队，考察计划与分工，进场考察准备。

（2）进场考察：包括实地考察，诉求对接，资料整理，考察内部会，座谈交流会。

（3）大纲制作：包括资料消化，考察情况小结，团队大纲讨论，综合现状分析，初步思路与定位，形成大纲内容。

（4）大纲交流及意见反馈：包括成果汇报，与会人员意见交流，明确下一阶段工作，大纲确认回函。

（5）初稿制作：包括大纲意见及座谈，初稿头脑风暴，主定位提炼，主产品内容，内审，公司评审会，形成初稿。

（6）初稿汇报及意见反馈：包括成果现场汇报，与会人员意见征求，明确下一阶段工作，拿到初稿确认函。

（7）评审稿制作：包括书面意见反馈，阶段回款，团队任务分工及制作，内审，形成评审稿，查错，打印。

（8）评审：包括评审汇报，形成专家评审意见，评审回函。

（9）终稿制作：包括阶段回款，按专家意见编制终稿，查错，终稿确认，电子版提交。

（10）终稿提交：包括终稿确认函，终稿打印，申请盖章，通知甲方，快递寄出，尾款收款到账。

经过对上述每个阶段进行作业时间与等待时间统计，得出改善前的整个作业流程为 1 448 小时（181 天）。

经过团队讨论，绘制了该产品的价值流程未来图，作业流程如下所示。

（1）启动及准备阶段：包括合同签订，项目启动会议，准备入场考察，首付款到账。

（2）进场考察及设计大纲：包括实地勘察，进场考察座谈，设计大纲形成并征求意见。

（3）阶段稿制作与汇报：包括阶段稿制作共创会，PPT 制作，项目审查会，阶段稿修改完善，阶段稿汇报并拿到专家评审意见，阶段款收款到账，意见整理及反馈。

（4）评审稿制作阶段：包括开会分工，说明书制作，文本制作，汇报 PPT 制作，项目审查，评审稿修改，预约评审，评审稿打印。

（5）评审汇报及意见反馈阶段：包括评审汇报并拿到专家评审意见，阶段款收取到账，意见整理及反馈。

（6）终稿制作与提交：包括开会分工，终稿制作，内审修改，终稿确认含电子简版提交，尾款收取到账，电子版及纸质版终稿制作提交。

经过对上述每个阶段进行作业时间与等待时间预测，得出改善后的整个作业流程为 600 小时（75 天），可见通过改善，整个项目作业周期至少可以缩短一半。

根据价值流程图现状图和未来图的梳理，项目组整理出几个改善方向，具体内容如下所示。

（1）缩短文稿制作时间，包括大纲稿、评审稿和终稿，要提早联系甲方，争取在完稿后第一时间提交成果，减少无效等待和低效沟通，加快汇报文件的修改与定稿，消除或减少返工，加快方案模块化体系建设和模块内容完善，鼓励使用人工智能与专家系统，减少重复劳动，提高方案制作质量与效率。

（2）提前预约相关人员，缩短评审等待时间。包括现场考察人员约定、大纲稿汇报人员约定、内部评审会专家约定、评审稿汇报人员约定等。原则上要求在头一次会议上约定下一次会议的时间和人员，并发函确认，所有会议都要提前一周由项目经理与相关方联系人确认具体汇报时间。如果在两天内无法获得时间确认的，立刻上报领导，并根据领导约定的最新时间准备汇报评审，减少无效等待及低效沟通。

（3）提高开会效率，包括内部交流会、评审会和外部评审会。在会前列出需要领导修改的意见和不用讨论直接修改的意见，以提高开会效率。提前准备好需要专家指导的问题，力求会上整理好会议纪要，相关人员签字确认。

（4）并行作业，要求在合同中明确项目各关键节点的交付标准与达成时间，以及对甲乙双方的要求与违约责任，双方都按照共同商定的节点努力工作，将以往的串行工作转换为并行工作，不要等到一件事完成了才去开始另一件事。比如在大纲阶段就要开始整理方案框架与标准模块内容，在初稿阶段就开始同步制作部分文本，在评审稿阶段就要敦促甲方备款等，切实缩短项目周期。

（5）缩短回款等待时间，包括首笔款、阶段款和尾款，要求在合同中写明付款节点。在合同会签时就开好首笔款发票，合同和首笔款发票同时寄送给甲方，由商务跟进付款流程直至到款；在约定评审稿评审时，商务与甲方对接人沟通阶段款并开具阶段款发票，评审通过后现场提交评审款发票，商务负责跟进，终稿完成同步开具尾款发票；在提交电子成果时同步寄送尾款发票，商务跟踪尾款付款流程，直至到款，然后寄送终稿成果。

项目团队根据理出的改善点，制定了改善行动计划，分工负责，实施改善。与此同时，还制作了产品分工序爆炸图，按工种进行人工工时分析；制定了设计作业标准工时表，明确了关键质量控制点和保障措施；还根据标准工时表编制了标准作业指导书，根据产能计划优化人员组合，并制定了人员的培养计划。由于合同是项目成功的前置因素，标准合同的拟定也至关重要，通过标准合同，可以明确项目的阶段内容，还可以减少付款的次数，对后续的生产有着非常重要的作用。然后，将改善成果用IT的方式在流程上固化下来。该项目使生产交付周期缩短了50%，并实现了人员成本的节省、标准化工作的提高以及客户满意度的提升。

三、精益服务组合拳

服务业的精益"处女地"可达 80%

一百多年前，弗雷德里克·泰勒从研究制造车间的工艺、工序、动作与时间开始，进一步发展成为现代科学管理之父。今天，我们将工业管理的经验向服务业延伸，将会给服务业带来巨大的创新提升。精益的概念最初来自制造业，是随着竞争的加剧和用户需求的复杂化产生的，精益功夫同样可以广泛应用于服务业，我们称之为精益服务。精益服务的精髓就是使服务更加完美，这体现在三个方面：一是服务效率更高，二是服务质量更好，三是服务效益更佳，三者是递进关系。服务效率提高了，顾客等待的时间缩短，服务更加规范，服务质量得到改善，顾客的价值提升，顾客满意度提高，顾客更愿意为好的服务买单，服务的效益就会更好。精益服务可以在差异化的同时做到低成本，以为顾客创造价值的端点出发，沿着价值流的方向去消除浪费，让价值流更加畅通，并且在服务型企业创建全员参与改善的企业文化，可以提升服务业员工的精益职业素养，是对传统服务业观念和行为的颠覆。精益服务强调顾客定义价值，按照顾客的需求拉动价值流，通过分析整个价值流中服务设计、技术标准、服务工艺、服务流程、服务质量、检验标准等环节，使那些创造价值的步骤流动起来，发现其中的中断、回流、等待和不合格等浪费，并加以消除，以达到不断追求完美的状态。精益服务能够降低成本，拓宽效益空间，增强服务行业竞争力，这项创新延伸的工作才刚刚开始。可以说，服务业的精益"处女地"可达 80%，未来大有作为。

在服务业中，麦当劳和肯德基是精益思想的先驱者，其运作流程在很多方面都和精益不谋而合。比如精炼的生产流程设计，灵活的人员配置，拉动式的生产模式，造就了肯德基和麦当劳的速度，使速度成了它们口味之外的第二大核心竞争力。肯德基曾经用"挑战60秒"的方式来宣扬其快速，可以说没有精益，麦当劳和肯德基不可能成为全球快餐食品业的巨无霸。

同样，许多医院开始将精益思想应用于医院管理，取得了良好的经济与社会效益。人们对丰田生产系统进行了诠释与发挥，利用精益理念去改善医院的安全与质量，提高医疗服务的效率，包括观察分析医院作业流程和价值流，设定标准化精准操作基准，用可视化管理、5S及看板等方法优化现场管理，用问题根源解决法与防错法提高品质，以及改善流动速率、加强员工激励等，为医院更接近完美的医疗服务目标提供了很大的帮助，同时大幅度提高了医疗质量和效率，降低经营成本。精益服务的应用面之广，改善空间之大，值得我们花大力气去创新改进。这里说的打好精益服务组合拳，就是要充分发挥聪明才智，积极运用多种精益管理方法与工具，在多个服务领域找到精益改善的机会并加以实施，创新无限，自然也会收获满满。

精益改造让超市销售额提升 8 倍

商超行业的竞争一直非常激烈，然而D超市却能独树一帜，当许多大型商超净利润都在零上下徘徊时，他们的平均毛利率达到30%，远超多家行业内上市公司。不久前，D超市对另一家知名超市进行了调改，效果斐然。调改前，超市日均销售额15万元，日均客流2 000人，调改后，日均销售额130万元，日均客流1.2万人，而且调改后超市的日营业时间缩短了2小时，员工工资却增加了30%。分析研判这家超市成功背后的原因，精益管理功不可没。正如这家超市的创始人所说："并不是说我们很聪明、很智慧，而是我们学习的方法是宝贵的财富，我们是用了一套方法，变成了这样的状态"，这个方法其实就是符合精益的方法。

首先是为顾客创造最大价值，只有创造客户价值，他们才会愉悦成交，客户满意度提高，才会持续复购，从而为超市创造价值和利润。D超市采取一系列以客户为中心的举措，为了给顾客提供物美价廉的商品，他们在成立之初就打破常规，与其他几家超市一起进行联合采购，集体竞价。他们用醒目标语提醒顾客理性消费，客户在店里买了东西三日内不满意可以退货，七日内如果发现其他超市价格比他们高，可以退补差价，如果顾客需要的商品缺货可以提供登记，补货后马上通知顾客。他们还为顾客提供100多项免费服务项目，再加上无所不在，体贴周到的细节设计，让顾客真正有了宾至如归的感觉。他们认为服务好员工，便能更好地服务客户，关爱员工、以员工为本成为企业文化的重要内容。他们认为，员工无论做什么，都要发自内心的喜欢，没有喜欢就不会产生热情和动力，就不会专注，更不会创造品质，也就不会有健康的发展和长久的美好。他们希望每个员工都成为有品位的人，员工品位提升了，才会提升企业的品位。他们视员工为真正的财富，想方设法提高员工待遇，将每年组织绩效的大部分分给员工，并且给员工设立了委屈奖，还有不开心假，上班时间比许多企业短，让员工拥有饱满的精神状态去迎接客户。

当然，除了以客户为中心和以员工为本，他们还有一整套符合精益原则的管理技术系统，这套系统涵盖了招商、运营、设施维护等各个方面，包括场地布局、现场目视化管理、全面设备设施维护、数字化技术应用以及供应链管理和物流配送系统等。这样就使超市犹如管理有序的工厂，突破传统商超理念，创造卓越绩效。下面我们总结了他们的一些特点与做法。

（1）整洁有序的现场环境：舒适洁净的购物环境是顾客的基本要求，保持环境的整洁，也是创造美好体验。超市的每位员工养成了清洁卫生的习惯，走进超市，可以看到琳琅满目的商品分类细致，标识清晰，摆放整齐，摆放高度不高于1.5米，这几乎和世界级工厂的现场要求一样。

（2）无微不至的精益举措：他们充分运用精益原则实施细颗粒的差异化布置与管理，针对不同群体需求，为电动车停车设置了遮阳棚，为带宠物的客户设置了宠物寄存处，为宠物准备了清洁袋和饮用水，专门为环卫工人设置了喝水处，为不同人群设置了七种购物车，可谓细致入微。他们在制作工坊设置了监控设备，让场景一目了然，配置了一站取齐的火锅配菜柜，减少了顾客的奔走浪费；他们在收银台设置了20多台机器，有效解决了收银排队问题；他们还设置了一些独特的装置，在塑料袋缠绕轴上设有一个润湿的小球，手沾湿了之后就容易把塑料袋打开；在海鲜区设置了一次性手套、洗手处，包括洗手液和纸。此外，他们还采取多项保鲜措施，保证生鲜商品的品质与口味。

（3）全方位深层次的透明超市：他们希望打造一个如玻璃般纯净透明的企业，这包括财务透明，做事方法与理念透明，产品规划与商品信息透明等。在这里，员工收入是透明的，每个人对照考核标准都知道自己的薪酬；管理人员的推选是透明的，每个管理人员都是由员工民主选举出来的；产品利润是透明的，明确标识商品的进价、售价和利润率，让消费者明明白白地花钱；商品的渠道是透明的，他们会标注商品的来源、产地甚至联系方式，既可以溯源，保证了质量，也给同行提供了商业信息。来到 D 超市，就如同来到精益透明工厂一样，产品的信息一目了然，包含产品特性、质量信息以及其他相关信息，比如水果的甜度、辣椒的辣度，香蕉的成熟度，还有选择的方法、烹制的方法，以及各种辅助采购的信息与计量器具，一应俱全。

（4）值得信赖的高质量商品：在信息不对称的环境下，消费者要找到一个值得信赖的购物场所并不容易，所以他们对任何一个单品的质量要求都要达到国家质量标准以上，从原材料到加工工艺，产品不仅从源头上严格把好质量关，还建立起严格的质量管控标准与系统，保证顾客的权益不受损害。中央厨房是他们的食品生产基地，不仅要符合国家标准，还要高于国家标准，让消费者更加放心。目前他们已经建立了自己的食品质量检测中心。他们在肉类区设置的是白炽灯照明，能够清晰还原肉类的新鲜程度，并在出口处设置了免费的保鲜冰块，保证产品在途中的新鲜。他们在水果保鲜上也推出有力的举措，比如手切水果过了 4 小时打 8 折，过了 6 小时打 6 折，过了 8 小时就下架。他们分享的是价值，而不是低价，他们不断优选商品，把好的商品提供给顾客，同时也对所有商品的利润做了限定，商品价格的制定围绕公平合理的原则，不允许出现因为采购失误造成价格虚高的情况。万一有不妥的地方，他们会采取商品召回的措施进行改正，在他们心中，即使企业破产，也不能丢失顾客的信任。

我们认为，一个管理系统分为战略、激励和运营三个维度。这家超市以客户为中心的战略，以员工为本的激励和以追求精益质量的运营，构成了其突出的管理特质与企业文化，这些方面真正做到位了，也就形成了自己的特色。在此，我们在战略与激励方面并不展开讨论，而是着重在精益方面下功夫，探讨通过精益化打造商超服务的差异化发展，形成新的竞争优势。现在一般超市会和餐饮融合在一起，形成一个商业综合体。下面我们列举了一些商超餐饮中的精益化服务关注点，供大家思考与参考。这里只列出问题，是希望在思考的过程中发挥众人的智慧，形成具有自己特色的解决方案。

（1）人或物的动线与安置的考量：包括残疾人轮椅及设施设置，老人休息的场所、小孩玩耍的场所和婴儿椅的设置，女士补妆点、宠物寄存及卫生设施的设置，汽车、电瓶车、自行车的停放与防护，顾客行李、雨伞、包的存放，购物车、购物篮和购物塑料袋的取用、更换与放置，手机故障、网络覆盖问题的解决，午休设施及应急救援设施的设置，口罩、消防面具等配备，大件物品的运送或临时堆放，空间或通道占用以及货物的更换等方面的考量与措施。

（2）减少寻找浪费的考量：包括考虑如何方便寻找工作人员或服务人员，寻找店铺与商品，寻找关联物品，寻找车位、寄存处、出入口和洗手间，寻找水龙头、手纸、笔，寻找购物车、购物篮、塑料袋，寻找保质期和生产日期，寻找休息处，寻找同伴、小孩，寻找医生和药物，寻找垃圾桶，寻找包间、座位，寻找灭火器，寻找充电宝和电插头等方面的考量与措施。

（3）现场标识与可视化考量：标识与看板要涵盖产品的品类、品名、产地、厂商、单位、计量、规格、价格以及产品的说明，产品的质量和溯源，在突出的位置显示产品的保质期，还包括产品的特色、使用方法与产品的相关知识。做好场所、出入口、存放区等指示，做好物品使用说明和设备设施说明，做好重点过程的监控，排队信息的显示，加工过程的明示。用精准的描述和醒目的颜色做好各类看板与标识，包括温馨提示牌和安全警示牌等方面的设置。

（4）减少各种等待浪费的考量：包括采取措施减少停车出入口排队、

卫生间排队、拍照打卡点排队、爆品销售排队，减少食物处理排队、称重排队、结账排队，减少电梯排队、试衣间排队，减少翻桌排队和上菜等待，减少问询等待、取物等待、酒水等待、开票等待，减少开门等待、补货等待、卸货等待以及垃圾清运等待等方面的考量与措施。

（5）商品与工作质量的考量：在食品质量及保鲜等特色措施上，要注重保质期临近提醒，制定水果、海鲜、肉类保鲜措施，做好质量的溯源，做好新鲜程度、口感程度和品质等级标记，做好质量口碑的反馈，制定打错标签怎么办、上错菜怎么办、结错账怎么办的应对措施，搞好环境卫生、地面质量、包装质量以及防撞、防夹措施等方面工作。

（6）问题导向的改善点考量：针对看不清价格、塑料袋打不开、水产品装袋困难及沾污、活鱼落地、鳖蟹死活难辨等问题的解决或预防措施，制定怀疑剂量、放错东西、发生争吵等应对策略，明确餐具冲洗水处理、果碟垃圾处理、上菜顺序、多点退货、打包收费以及抽烟或特殊习俗和偏食的应对措施，以及设立方便顾客的送货邮寄服务等方面的考量与措施。

上述这些都是对精益功夫的考验，精益化的服务关注点考虑得越细致，让人感觉越体贴，体现的管理颗粒度也就越细，无形之中提升了自己的能力和魅力，顾客满意度提高了，企业的绩效也会跟着提高。

派出所第一次实现单日零报案

2018 年 8 月的一天，某区公安分局下辖 10 个派出所的所长、政委们在分局领导的带领下来到我们工厂，我带着他们参观，并就工业精益管理进行分享交流。这是在他们分局领导参加了我们举办的 4 天精益课程后，专门组织的精益应用研讨活动，体现了公安干警对引入精益管理的热情和期待。

该区是城市重要的门户区域，人口众多，经济活跃，综合治安任务繁重。关于如何提高办事效率，提高出警质量，提升公民对警务工作的满意度等问题，分局领导从精益管理中得到启发，开始将精益管理理念与方法创新性应用到各警务部门与窗口，产生了意想不到的作用，形成了精益向警务服务领域延伸的一个典型案例。

（1）精益管理深入：他们将精益管理方法应用于办事窗口，做好现场5S管理，完善现场可视化引导标识，将接待与办事流程采用SIPOC及ECRS工具进行优化，减少了群众办事的步骤，缩短了等待时间。他们还将办事流程和处置预案贴在墙上，让人一目了然，将设备工具采用TPM进行维护，将武器装备用影子板定位，让使用者一秒钟就能找到，同时引入早会制度，实行问题快速响应机制，将每天的运营数据上传到手机端显示，并通过培训和实践，培养了全体干警的精益管理意识和水平。

（2）警务价值延伸：他们做到了从"案结事未了"到"案结事亦解"的延伸。比如，针对劳资纠纷报警，干警们着眼价值链延伸，联动协同街道综治、劳动执法等职能部门的工作人员共同赶到现场，耐心协调，让双方达成共识，当场结清拖欠的工资，实现"案结事亦解"，并进一步消除矛盾，减少隐患。

（3）警务模式优化：通过对警务工作特点与难点分析，辖区派出所根据组织效率原则实行改革，整合原有职能部门，建立综合指挥室、基础中队和办案中队的"一室两队"勤务机制。综合指挥室负责研判管控，指挥调度，基础中队承担巡逻和日常处警，办案中队则着重打击犯罪，"一室两队"相互协作，在警务工作提质增效中发挥了重要作用。以电动自行车巡查为例，综合指挥室通过对相关警情数据的分析研判，锚定案情多发或者易发的重点区域以及相应的时间节点，通过指令安排基础中队形成常规巡查，看到有忘记上锁的电动车，进行保护性上锁，并在锁具上放一张说明卡片留下派出所联系方式，电话联系5分钟内附近的民警便能赶来开锁。虽然这只是一件小事，却折射出精益管理的颗粒度，变盲目为精准，化被动为主动，增加了群众的幸福感和安全感。

（4）智慧警务发展：精益管理离不开科技赋能，近年来他们大力发展智慧警务，整合辖区超过7万部前端感知设备，基本实现零死角、全覆盖的轨迹溯源，实现对各类风险的精准识别、预警监测、高效处置。感知上线、数据运算、行动落地构成了他们在线警务的三部曲，通过感知设备收集信息，经分局联勤中心、警种研判中心、派出所综合指挥室对信息进行数字化的科学分析、研判，再由智能防控平台做好警力部署，指导各警种、各派出所有效开展工作。比如一位阿尔兹海默病老人夜间走失，根据家人提供的线索，依托在线警务迅速开展寻人工作，经过 36 个小时的空地拉网搜索，最终将老人找回。这种智慧化的现代警务手段，一年内帮助 470 多位走失人员回到家人身边。

2021 年初，我再次遇到那位分局领导，他拿出手机告诉我，今天是他们下辖某派出所历史上第一次出现零报案。通过精益管理的推行，有力遏制了严重暴力案事件，全区警情显著下降，治安状况持续向好，5 分钟接出警率稳定在 95% 左右，传统侵财案件破案率达到 81%，还荣获年度公安机关优秀执法单位。后来，他们的管理创新受到了上级政法系统的关注和表扬，许多单位到他们那里观摩交流，他们的案例也多次在我们精益管理培训课程中宣讲分享。

行政审批从 600 天缩短到 32 天

以前，在某地进行行政审批，从立项到施工许可，商业性开发建设项目完成审批需要 600 个工作日，政府投资建设项目需要 700 个工作日。经过精益优化后，商业性开发建设项目全流程审批时间缩短为 32 个工作日，政府投资建设项目全流程审批时间为 46 个工作日。从 600 个工作日到 32 个工作日，各级行政主管部门正在用建设项目审批提速来促进政府职能转变。

以前企业办理建设投资审批手续，建筑项目前期还没施工，就要派多人奔波于多个部门，常常遇到部门之间、规定之间互相扯皮，专项评审就要做很长时间。现在，从拿地开工到建成投产，一些项目甚至可以在当年完成。项目之所以速度这么快，得益于办理规划许可证、施工许可证等审批流程的不断简化以及工程审批全程数字化工作的开展。比如，为了加快审批速度，政府主管通过政策与流程梳理，将建设项目从立项到施工许可审批过程中 34 项前置审批简化为 6 项，同时减少了 32 个审批要件，通过删除、合并、重排、简化等方法优化了审批环节，原来项目单位需要将施工设计图纸、消防设计图纸、防雷电装置设计图纸分别送交城建委、消防、气象 3 个部门进行技术性审查，审查时间最快也要 2 个月。现在将原来消防、气象部门承担的审查职能统一合并到城建审图中心，由审图中心在 15 个工作日内完成审查并出具意见，同时将原来消防部门承担的验收职能调整合并到城建部门，实现了同类审批服务职能的有机整合。此外，整合地籍测绘、建设工程规划竣工测绘、房屋建筑竣工面积测绘等测绘相关部门，实现一次委托、统一测绘、成果共享，并在标准化的基础上推进数字化，通过建设并联审批网络平台，实现了申请人基础信息、审批流程信息、审批结果信息的统一上传和实时共享，将原来申请人需要重复提交 7 次的基础信息减少到仅需要在初次申请时提交 1 次即可，将原来申请人需要重复提交 10 次的项目立项文件改为部门间通过网络平台信息共享获取。这样申请人就不需要再奔波往返于部门之间，这个"一网通办"的信息数据平台正在覆盖到工程建设项目审批所有相关部门，落实一张蓝图、一个系统、一套表单、一个窗口、一套机制，实现统一受理、并联审批、实时流转、跟踪督办、信息共享，逐步实现申请材料零纸质、办理过程零跑腿、企业办事零见面和电子证照全覆盖、审批部门全覆盖、项目类型全覆盖的便民高效目标。

在政府服务精益化的探索中，起源于浙江省的"最多跑一次"成为政务改革中受益较广的典型实践案例。"最多跑一次"是指群众向行政机关申请办理一件事，如果是申请材料齐全、符合法定形式的，从提出申请到收到办理结果全程只需一次上门或者零上门，是通过"一窗受理、集成服务、一次办结"的服务模式创新，让企业和群众到政府办事实现"最多跑一次"的目标。2016 年 12 月浙江省开始全面实施"最多跑一次"改革，深化"一窗受理、集成服务""破除信息孤岛，实现数据共享""推进企业投资项目开工前审批"等措施。到 2018 年 11 月，已经实现省市县三级"最多跑一次"事项全覆盖，"最多跑一次"改革的实现率、满意率分别达 90.6% 和 96.5%。

"最多跑一次"改革是一项关乎全局的创造性改革举措，是浙江省将改革向纵深推进的一块金字招牌。改革涉及政府治理、公共管理、地方政府创新等多领域工作，应群众需求而生、为解决问题而变，既植根于行政审批制度改革形成的体制机制优势，又在价值取向、流程优化、信息共享、力量

希望有更多像"最多跑一次"这样的精益服务理念与行动

整合等方面有了新的超越，是一场从理念、制度到作风的全方位深层次变革。为了依法推进"最多跑一次"改革，浙江省政府制定了保障"最多跑一次"改革规定，要求各级人民政府都要推进"最多跑一次"改革，将"最多跑一次"改革作为政府工作的重要内容，建立健全改革工作协调机制，减少办事环节、整合办事材料、缩短办事时限、减免办事费用，优化办事流程，提高办事效率。人民政府指定综合行政服务机构统一负责办事事项的收件工作，并指定综合行政服务机构统一负责办事事项的受理、送达工作。凡是申请人选择以线上方式提出申请的，电子申请材料与纸质申请材料具有同等法律效力，实行统一收件或者受理的办事事项，申请人只需按照办事指南提供一套申请材料，有关行政机关不得要求申请人重复提供，行政机关能够通过公共数据平台提取的材料，不再要求申请人提供。通过公共数据平台提取的电子证照、证明等材料，与纸质材料具有同等法律效力。行政机关可以通过公共数据平台核验线上申请材料真实性的，不再要求申请人提交原件核验。申请人不能提供依法应当提交的申请材料，但根据其他证明材料可以证明事实的，行政机关、综合行政服务机构可以不再要求申请人提供。按照安全规范要求生成的电子签名或者通过生物识别等技术可以确认真实身份的其他验证方式，与本人到场签名具有同等效力，可以作为法定办事依据和归档材料。申请材料齐全、符合法定形式的，行政机关应当出具受理凭证或当场予以办结。主要申请材料具备、仅办事指南确定的受理申请材料欠缺的，行政机关可以先予受理，并当场一次性告知需要补正的内容以及补正的期限。事件受理后，法律法规对办事期限有规定的，行政机关应当在法定期限内办结。行政机关承诺的办事期限少于法定期限的，应当在承诺期限内办结。企业申请办理项目核准、备案，可通过在线平台填报项目信息、提交项目申报材料，报送项目开工建设、建设进度、竣工等基本信息。企业选择线下申报的，由收件或者受理单位协助企业录入在线平台。投资主管部门及监督管理部门建立项目信息共享机制，通过在线平台实现信息共享。各类开发项目根据需要对环境、节能、地质灾害危险性、水土保持、地震安全性等进行评估，实行多评合一、联合评估。同时推行施工图设计文件联合审查，由施工图设计文件审查机构对涉及建设工程质量、人防、消防、节能、抗震、防雷等公共利益、公众安全、工程建设强制性标准的内容进行全面审查，并分专业出具审查报告。要求有关部门加强公共数据平台标准化建设，制定数据汇集、数据平台、数据安全、大数据应用等标准，构建跨部门、跨层级、跨领域的标准模型，推动政府数字化转型。各地政府建立"一窗受理"平台，有关部门的业务系统与"一窗受理"平台联通，建立跨部门的综合管理服务平台，实现多部门之间信息互换、监管互认、执法互助。

综上所述，缩短审批周期和"最多跑一次"工程，都是精益管理在政务领域的有效应用，大大提高了政府办事效率，真正体现"为人民服务、让人民满意"的价值导向，值得全社会推广。

熟能通其窍，精能尽其妙。

第五篇·鼎　新

·
·
·

出神入化，巧夺天工

百炼钢，化为绕指柔。当训战结合，功法娴熟之后，即可游刃有余，达到出神入化，巧夺天工的境界，这时候更有价值的创新便会产生了。

小时候看到人们打太极拳，其缓慢但有气韵的动作让人耳目一新，惊奇这种拳术是如何创造出来的，当后来自己修炼内功达到一定火候的时候，就会自然而然地出现一些动作，这些动作由内气驱动，亦有以动引气，因势利导，或如老君推门的运掌，或如拨云见日的云手，由是看来每一个太极招式，都是内在真气的推动，如神来之笔，并非偶得。这是长期修炼的结果，熟能生巧方能开拓鼎新，游刃有余才能任意发挥。

精益功夫也是一样，掌握功法并经过实战以后，即可延展发挥，在自己所在的领域驰骋创新，形成特色产品与特色管理，在推动社会进步的同时，也使自己能在激烈竞争中脱颖而出。本篇介绍了精益功夫在衣、食、住、行、购、玩、医七大领域的创新实践与思考，这些都是关系国计民生的大行业，每个行业每年都有数万亿乃至数十万亿的产业规模，在大行业中任何小的精益创新，都会带来惊人的价值贡献。这里只是抛砖引玉，希望大家集思广益，发挥聪明才智，充分发挥精益功夫，创造出更多精彩产品与服务，这也是精益功夫未来的潜力所在。

一、衣不积压的精益招数

一年 20 万亿元规模服装产业的精益创新路径

在衣食住行中，衣排在第一位，全球服装产值超过 20 万亿元，中国服装业的年产量为 700 亿件。服装行业是一个充满竞争和变化的领域，然而，库存问题一直是服装行业的顽疾，它不仅影响企业的现金流，还可能对品牌形象和市场竞争力造成损害。我曾关注过一个知名服装品牌，在其营收规模 170 亿元左右时，库存有 90 亿件，形成严重库存积压。由于服装具有时效性，过季产品价值迅速下降，库存积压需要更多的仓储空间，增加成本，且大量库存占用资金，影响企业现金流和投资回报率。

90 亿件库存的代价就是数十亿元的资金占用、数亿元的打折与损耗费用、成千上万平方米的场地占用费用以及数以百计仓库人员的管理费用，这不是个小数目，大型服装企业或许还能支撑，但许多实力不强的服装企业会被库存压垮。如果将全国服装市场的积压加起来，会是一个相当惊人的数字。因此，这个问题亟待解决。

服装行业的库存顽疾可以通过综合的精益解决方案来应对，企业需要在市场预测、生产计划、供应链管理等方面下功夫，以实现库存的有效控制，提升企业的竞争力和盈利能力。通过不断地创新和改进，逐步消减库存，促进可持续发展。

消除 90 亿元的库存

由于服装行业受季节、潮流和消费者偏好影响大，市场需求预测不准确会导致库存积压，这是行业的普遍现象。从精益管理角度来看，服装制造行业是典型的"推动式生产"方式，就是在几个月前对未来的市场偏好进行预测并作出设计，然后购买大量布料进行成千上万件的批量生产，生产完成后运送到各个销售点进行推销。由于市场行情变化的不确定性，衣服的款式如果不能被市场接受，就会变成库存，这时要么打折销售，要么来年再推，其造成的损失不言而喻。尤其是女装品牌，今年的款式压到明年销售难度加大，损失会更大。

我们就上述现象进行分析后认为，导致积压主要是款型预测偏差，而预测由于生产周期和运输周期长而导致，如果能大幅缩短服装制造周期，比如能实现当天订货、当天生产与当天交付，就无需在仓库存放那么多成品了。

其实，通过价值流程图分析，如果一批服装的制造周期是一个月，但真正加工一件服装的有效时间可能只要几小时，再加上快捷灵活的小件物流运输，理论上当天订货当天送达是有可能实现的。于是，我们可以对服装加工线进行改善，从批量化生产方式转变成一件流生产方式。这就要求实现快速换模，以前换模需要一小时，自然不可能只加工一件就结束了，造成诸多在制品库存。现在换模只需要1分钟，加工1件后可以再次灵活切换，适应这种小批量、多批次、定制化的服装生产。于是，一种新型"拉动式"精益生产模式在服装加工行业应运而生：在分布各地的销售网点只提供一两件成品供顾客选购，当顾客购买出现空缺时，网点即刻向工厂发送订货请求，工厂接到请求后即刻安排生产并发货，这样，理论上库存只存在于展架上和路途中的那几件。由于顾客购买行为和制造行为发生在几乎同时，顾客的特殊化定制要求可以满足，有效解决了预测偏差问题。这种以市场真实需求拉动生产的新型服装销售模式，是根据消除等待浪费、减少库存积压等精益原则对传统产业转型升级的创新之举，可以改变行业的运营模式，实现提质增效。

当然，除了采用价值流识别并映射产品从原材料到成品的整个流程，找出非增值活动并消除它们以外，还需要通过提高市场判断的精准性、提高生产计划的灵活性、提高供应链管理的可靠性以及建立能够快速适应产品变化的生产线等多种途径和方法，实现拉动式生产。比如，一家著名服装企业建立了一种快速生产模式，实现了快速的市场响应和精准的库存管理，透明的供应链高度灵活，能够快速生产和补货，减少库存积压，同时通过限制每款产品的生产数量，创造了稀缺感，刺激消费者购买，有效控制了库存水平。可想而知，那家库存 90 亿元的服装企业如果能够从库存中释放部分资金，其运营状况将会大幅改善。

买一件衣服与买一百件的单价一样

我曾经参观过位于杭州余杭区的阿里巴巴犀牛工厂，这是一家应用数字化技术在传统服装制造产业进行创新的"灯塔工厂"，是利用智能制造实现精益制衣的典型案例。犀牛工厂通过整合最新的数字化技术和管理理念，有效降低了服装库存，提高了生产效率和市场响应速度，其独特的运营模式和创新做法，在服装行业中引起了广泛关注。

犀牛工厂采用从消费者到制造商 C2M 的模式，直接连接消费者需求和生产过程，减少中间环节，降低库存风险，与供应商建立紧密的合作关系，实现供应链的透明化和协同化，提高响应速度；他们利用大数据、人工智能等技术优化生产流程，实现精准预测和智能排产，建立柔性生产线，能够快速切换生产不同款式和尺寸的服装，提高生产线的适应性和灵活性；他们提供小批量定制服务，快速响应市场变化和消费者个性化需求，减少大规模生产带来的库存积压；工厂通过数字化工具实现生产过程的实时监控和管理，采用模块化设计理念，简化生产流程，提高生产效率。我在参观中发现，不仅是制造过程的高度精益化，其生产信息管理也有突破性改变，系统自动将任务优先分配给技术匹配的员工，每个员工的实时工作量和报酬都可以在工作台终端中显示。

在犀牛工厂，制造一件定制服装和制造 100 件同款服装，单件成本几乎是一样的，因此，工厂鼓励个性化定制和小批量生产的销售模式，由于生产单元的高速化，加上物流单元的敏捷性，传统服装产业的库存问题在这里得到根本性解决。相信随着技术的不断进步和市场环境的变化，犀牛工厂的实践将为更多企业提供借鉴和启示。

100% 到款再组织生产

我们讨论了拉动式生产在服装产业中的应用，现在再来看预售模式，这是一种企业在正式推出产品前，通过预售的方式收集客户订单，并利用这些订单获得初始资金，提前验证产品市场需求的方法。预售模式通常在产品开发过程中就开始实施，不仅能够帮助企业提前锁定客户，获取资金流，还能够降低库存风险，提高市场竞争力，成为商业领域中的一种受欢迎的销售策略，其具体流程如下所示。

（1）市场调查与需求分析：企业首先需要进行市场调查，分析目标客户群体的期望和购买偏好，确保产品能够满足市场需求，从而提高预售成功率。

（2）产品概念设计与展示：根据调查结果，设计产品概念并通过小程序、官网、社交媒体等平台宣传，吸引潜在客户的关注，利用高质量的产品图片、视频及详细的产品说明进行展示，吸引客户注意力。

（3）预售活动策划与发布：制定详细的预售活动计划，包括预售时间、活动内容等，并通过各种渠道进行推广，设置具有吸引力的预售优惠，如折扣、赠品等，激发客户的购买欲望，促进订单转化。

（4）接受订单与资金收取：在预售期间接受客户订单并收取资金，这些资金可用于产品生产、市场推广等环节。

（5）产品生产与质量保证：使用先进的订单管理系统，实时跟踪订单情况，合理安排生产计划，确保按时交付，避免延迟，并确保产品质量达到预期标准，避免因质量问题引发客户投诉，同时与客户保持沟通，及时回答问题，提供订单状态更新，增强客户信任感。

（6）产品交付与售后服务：按预定时间将产品交付给客户，并提供必要的售后服务，及时处理客户问题和投诉，及时提供维修、更换等服务，增强客户满意度和忠诚度。

销售预售模式符合精益原则，是商业模式的创新，不仅可以应用于服装销售，还可应用于各种快速生产的商品销售领域。比如一家公司在市场推广时，采用了预售模式，他们通过线上发布产品预览和功能展示，吸引了大量有意向的用户，同时还推出了一系列限时优惠活动，进一步激发了客户的购买欲望。在预售期间，公司不仅成功获得了大量订单，还收集到了宝贵的客户反馈，并根据这些反馈进行产品优化，在正式发布时，已经拥有了一大批忠实用户，确保了产品的顺利落地。另一家智能硬件制造商在推出其首款智能音箱时也采用预售模式，他们通过众筹平台发布产品预售信息，并通过详细的功能介绍和产品视频吸引了消费者的关注，预售活动不仅成功达到了融资的目的，还让品牌在上市前就获得了广泛的市场认可，使该公司在正式推出产品时，已经拥有了稳定的用户基础和市场声誉，从而迅速占领了市场份额，奠定了品牌的行业地位。还有一家知名的电商平台，通过预售模式赢得了大量的用户和订单，成功吸引了众多企业的关注。其预售模式体现了对市场需求和消费者行为的精准把握，比如，在节日和特定促销期间，他们利用预售模式提前确定订单量，从而更好地规划和分配库存，减少了库存压力和风险，显著提升了供应链效率。在预售活动期间，他们根据消费者的预订情况，精准地投入营销资源，提高广告投放的转化率，降低了获客成本，并在预售模式中结合了社交电商的特点，通过社交媒体和小程序进行裂变传播，增大预售活动的曝光度和影响力。同时，提前安排物流和仓储资源，在预售活动结束后，迅速发货，缩短了商品到达消费者手中的时间，提高了客户满意度。

预售模式的成功实施，可以提高企业的市场竞争力和品牌影响力，通过预售活动积累的客户数据和市场反馈，为企业日后的产品开发和市场拓展提供了宝贵的参考资料。预售模式还促使企业在产品开发过程中更加注重用户体验，提高产品质量。预售模式赋予了客户更多的选择权和参与感，使他们可以在产品正式推出前就了解并决定是否购买。客户还能够通过预售活动享受到价格优惠和专属福利，增强了购物满意度和品牌忠诚度。因此，预售模式作为一种有效的商业策略，不仅降低了企业的市场风险，还为客户提供了更好的购物体验和更多的选择，有望在更多行业和领域中发挥重要作用，进一步推动商业模式的变革，助力企业在激烈的市场竞争中脱颖而出。

二、食不等待的精益招数
一年 15 万亿元规模餐饮产业的精益创新路径

中国菜拥有几千年悠久的历史，有川、粤、鲁、苏、闽、浙、湘、徽等多个菜系和炒、炖、蒸、煮、烤等多种烹饪方式，从山珍海味到五谷杂粮，中国菜使用食材广泛，注重色香味形的和谐统一，还注重营养搭配，许多菜肴都有滋补养生的功效。餐饮不仅是一种饮食文化，更是一种艺术和哲学的体现。中国是人口大国，每年餐饮食品的市场规模在 15 万亿元左右，在餐饮行业的精益改善，可以有效节省时间，大量减少食材浪费，并有利于中国传统美食餐饮的国际化传播。

我们在此探寻中餐与西餐用餐行为上的差异。比如在餐具使用上，中餐通常使用筷子，而西餐使用刀叉；在食物装盛上，中餐往往以整盘菜呈现，而西餐则倾向于分餐制；在饮食节奏上，中餐讲究多人共享，边吃边聊，节奏较为宽松，西餐则更注重个人用餐的独立性和仪式感；在食物种类上，中餐一餐可能包含多道菜，而西餐则分为前菜、主菜和甜点等几个明确的部分。如果把食物当成原材料，则就餐就相当于将不同的原材料取用加工进库的过程。从精益角度来看，中餐与西餐在饮食方式上具有明显的差异：西餐是由水蜘蛛将定量的材料配送到工人面前，工人用三级动作即可作业，且双手均衡，由于是限定用料，不易产生浪费，整个过程有序、卫生且有仪式感。而中餐则是每个员工自己从仓库取料，有时候够不着会站起来取料，是双手不均衡的五级动作，且合餐无分餐责任，更容易产生浪费，交叉取用容易干涉且不利于卫生。因此，中餐的习惯与精益原则还有相当大的距离。因此，改变具有悠久历史的中餐习惯需要整个社会的共同努力，任重而道远。

在餐食领域，就如同在精益管理领域一样，可借鉴日本的餐食文化与做法。日本的餐馆规模通常不大，但不失温馨；食材也非常新鲜，做工精致；

佐料经过精心调制，食物色香味俱全；餐食的碗碟小而精致，按需取用，可减少浪费；餐盒分餐成为主流，有序而不嘈杂；更有旋转寿司店借鉴精益产线理念设计，就餐的灵活与高效让人印象深刻。

日本人在餐食上体现的精益方法和精益文化，得益于其独特而又深厚的"食育"教育，以及从小抓起，全员普及健康高效的"食育"文化。日本作家村井弦斋在1903年所著的《食道乐》中提出了"食育论"，他认为"对于儿童来说，食育比德育、智育、体育更重要，体育、德育的根本在于食育。"所谓食育，是指可以让人们习得与食物有关的知识，掌握如何选择食物的能力以及形成良好饮食习惯的饮食计划和饮食教育的总称。战后日本经济的快速增长带来物质生活的极大丰富，各种与食物、饮食相关的问题也开始频频出现。于是，从事教育、食品营养和环保等行业的社会各界人士开始关注更高维度的元素，比如食品安全、营养健康、饮食文化、食物生产消费过程中的环保等。2005年6月，日本国会通过了《食育基本法》，将食育作为终身教育的必要环节，从法律的角度来保证国民的身心健康。日本政府还推出了"日本式饮食生活"，号召各地根据当地具体情况推广传统饮食，携手水果生产者联合开展"每日水果200克"活动，号召在家庭和学校配餐活动中加大水果的摄入量，还推出"时尚健康生活计划"，提出"每天多加350克蔬菜，每天减少2克食盐，每天都要喝牛奶"的健康目标。他们在推广健康饮食的同时也积极提倡在食材购买、加工和食用等各个环节的节约环保，提出要在2030年前将各个环节的食物浪费减少50%。配合政府的节约行动，全社会推出了"光盘行动"，推出小份菜单，提倡打包带回家等节约活动。目前，日本的食育已经贯彻到食物生产的各个领域，从食材生产的农家，到食品加工的工厂、店铺、餐馆等饮食行业，从各个环节推进食育的普及和发展。食育教育让日本的孩子们从小就获得足够的有关"食"的知识，具备选择"食"的能力，养成健康的饮食和生活习惯。他们从学龄前娃娃抓起，在托幼机构，营养指导教师会尽量安排不同的食物，确保幼儿每天至少能吃到30种食物，厨师在把食物分给每个孩子之前，都要对食物进行称重，因为他们算好了每个孩子每天所需的卡路里，规定每个孩子都要摄入 12 种营养素，而每种营养素都精确到毫克。在培养幼儿的良好饮食习惯方面，日本还特别注重仪式感，午餐开始前，孩子们开始洗手、摆放自己的桌布、餐具，年龄特别小的还需要换上就餐服。在吃饭的过程中，孩子们可以说话、交流，餐后他们把自己占用的区域一一打扫干净，把餐盘、餐具放回指定区域，再把桌椅摆放整齐，以上内容都要求在 45 分钟之内完成。

　　因此，在人生最基本、最重要的饮食方面，无论是数量、质量还是效率方面，我们都还有相当大的改善空间。未来，精益功夫在精益餐食，精益餐馆等领域将大有作为。

2000 年的国粹与最精益的餐食

　　记得大学一年级时，混合班外教老师给我们上的第一课就是"快食餐厅（fast food restaurant）"，其中讲述了麦当劳、肯德基等美国著名的快餐食品和快餐文化，知道了热狗、汉堡包、炸鸡块、炸薯条等快餐食品。当时，这些洋品牌还没有进入中国，直到 1987 年中国首家肯德基餐厅在北京前门开业，1990 年麦当劳在深圳东门开设了内地第一家餐厅，他们不仅将现代快餐概念引入中国，还成功地将标准化的服务观念带给消费者，并迅速在中国市场获得成功。如今，麦当劳在大陆开店近 6 000 家，肯德基则超过10 000 家。

　　其中麦当劳从一家开在美国伊利诺伊州的快餐店开始，发展成为拥有超过 3 万家餐厅、遍布全球一百多个国家和地区的世界 500 强企业。应该说，精益化与标准化是麦当劳发展壮大的关键要素。麦当劳在全球采用单一核心菜单，顾客在任何一家餐厅都可以享受到统一口味、统一服务、统一用餐体验。从原材料生产到食品制作流程，从产品包装到厨房所用的设备，从选址设点到经营管理，麦当劳投入了大量的人力和资金去确定最佳方案、操作流程，将标准传递给经营者，再花费大量精力去监督标准化在每个餐厅的实施情况。比如在店面布局时，采用精益管理中的意大利面条图工具，经过反复设计，减少人流物流距离，并进行现场 3P 模拟后实施；使用的牛肉要经过 40 多道程序的检验，挑选土豆时对产地、气候、温度、湿度甚至形状都有严格要求，柜台高度严格设定为 0.92 米；烤土豆饼时烤几秒、翻几次都做了规定，甚至汉堡包上的芝麻如何撒的均匀、撒几下都有量化统一要求。在麦当劳，只有服务员，没有厨师，厨师都被机械替代了，所有的操作都是标准的，由计时器和温度计指挥。麦当劳坚持任何原料都有保存期，超过这个时间就要处理掉。无论在世界上哪个角落购买麦当劳的汉堡包，面包底部的厚度都大致相同，制作好的成品和时间牌一起放到成品保温柜中。可以说，是精益与标准化打造的高效作业和清洁环境，让一个汉堡包在世界流行，可见管理的重要性。

后来，在杭州的湖滨延安路，出现了一种名为"南方大包"的快餐食品，包子大小和普通汉堡包差不多，但只卖一块钱一个。其肉馅更符合中国人的口味习惯，而且刚出笼热气腾腾，引起市民排队抢购，两个包子下肚，一顿饭就解决了。于是我开始关注中国的快餐食品，认为如果经营得当，中国包子的优势会胜过美国汉堡包，中国烙饼的优势会胜过欧洲披萨饼，其中应该有商机。果不其然，后来在杭州市场上出现了一家包子连锁店，让包子走上标准化的路线，他们遵守严格的操作规范，开拓了一种新的商业模式，一下子拓展了上百家网点，并开始向国外输出，让包子这一传统中国食品展示了新的魅力。我曾经设想，线上下单，在路边的自动售货机中取出两只包子加上一袋豆奶，包装设计成可以一只手握住的那种，吃几口包子喝一口豆奶，另一只手还能翻看手机，这样高速节奏的早晨景象，在未来惜时如金的城市中或许会变为现实。

不仅是包子，中国还有一种我更看好的食品，那就是饺子。作为中国最美味的传统餐食之一，饺子的历史可以追溯到 2 000 年前的汉代，那时只有少数富家可以享用。到了唐代，饺子已经成为节日食品，象征着财富和好运。宋代时饺子的制作技艺更加成熟，馅料和形状也更加多样化。明清时期，饺子已经成为民间不可或缺的食物，寓意团圆和幸福。作为快餐食品，饺子具有许多优势：饺子通常包含肉类和蔬菜，提供均衡的营养和丰富的口味；其制作过程相对简单，可以快速批量生产；制作完成后可冷冻保存，煮熟的饺子冷却后可以方便地打包带走，且只需加热即可食用，适合快节奏的生活方式。可以说，饺子具有天然的精益属性：首先，其大小合适一口吃下，节省了多次取用与分割食物的时间；其次，一般餐食吃荤菜一个动作，吃素菜一个动作，吃主食一个动作，喝汤是一个动作，吃的饺子里有荤菜、素菜、面食，还带有汤水，一个动作取代了好几个动作。此外，饺子的馅是剁碎的，减少了咀嚼难度也更易于消化，因此我们说饺子可以称得上是世界上历史最悠久、最为精益的快餐食品之一。

以饺子为载体的快餐品牌在我国也有了长足的发展，其中具有代表性的水饺品牌已经在100多个城市开设了近千余家餐饮连锁店。围绕饺子，可发展成快速、健康、美味的中式快餐连锁品牌，包括使用优质原料，注重营养搭配，提供多种口味的饺子，在运营模式上采用流水线作业，快速完成饺子的制作，设置自助点餐与结算系统，减少顾客等待时间，并可与外卖平台合作，提供便捷的外卖服务等。此外，通过精心设计的品牌定位、产品策略、服务模式和营销策略，饺子餐馆连锁可以满足现代消费者的需求，提供健康、美味的快餐选择。相信通过不断地创新和优化，饺子这个具有二千年历史的国粹或许会成为世界上最精益的餐食，饺子餐馆连锁有望成为走向全世界的中式快餐领军门店。

关于餐饮领域应用精益方法减少浪费，提高效率，我们还有一些判断和建议，供大家思考与参考。

（1）小火锅将越来越受欢迎：相比于大伙围坐、热气腾腾的大火锅，小火锅越来越多地走入人们视野，而且正以各种不同形式在全国生根，无论是快餐，还是轻正餐、轻奢餐，都可以将小火锅纳入进行融合，原因是小火锅更具精益优势。第一，小火锅更适合商场消费人群，逛商场的人群一般不多，吃大台火锅不但性价比不高而且难以达到气氛，小火锅则正好满足这一需要。小锅的特性让餐位布局更灵活，单人到多人可自由组合，上座率也就更高，且在锅底选择上更灵活，无需特意调换座次；第二，小火锅有更高的翻台率，传统大锅大都是聚会需要，坐下来慢慢吃，慢慢聊，相应的翻台率就会低，而大众消费的小火锅可以看作为火锅中的"快餐"，随吃随走，提升翻台率和整体利润；第三，小火锅具有相对较低的成本，大多数小火锅的营业面积在 150 平米以下，一些旋转自助小火锅甚至可以做到 50 平米以内，房租成本较大锅降低不少，而且营业面积减少，服务人员自然也减少，许多小锅品牌还做到了去厨师化，只需操作员摆切即可，低成本优势明显。加上小火锅吧台式的流线桌面和可旋转的时尚座椅，营造一种清新的潮流气息，少了浑浊嘈杂、油污脏乱，多了洁净时尚、宁静淡雅，是更加健康卫生的餐饮方式，其单人单锅单点的备餐方式，从点餐到上桌，总共不需 5 分钟，整个就餐时间不超过半个小时，符合快节奏生活的时间要求，也是更加精益高效的餐饮方式。

（2）自助餐也有改善空间：多人就餐较高效的方式是自助餐。然而，自助餐也存在大量的时间浪费，值得我们去改善。根据精益原则，不产生价值的动作都是浪费，我们去吃自助餐，拿盘子、拿筷子、排队取餐、找位子、送餐盘，按理都属于不增值的动作，要仔细研究，减少上述过程，提高就餐效率。特别是大家司空见惯的排队取餐，其瓶颈往往都在等待前一个人放下取餐夹。如果能多放几个取餐夹，再将餐盆之间的空间加大，几人可以同时取用，速度马上就会大大加快，排队等待时间可大幅缩短。还可以多设几条取餐线，或将基础餐食预先分装好，个人只需亲取特殊几样，也是提高效率的改善思路。当然，最快捷的还是标准化分餐制，只要做好位置导引，坐下就吃，十分钟吃好换下一波，可大大节省就餐时间。

（3）精益餐馆将受到欢迎：许多饭店在管理上存在精益改善的空间，比如就座后，面前一桌好菜，就是无法开席，因为酒水没有上桌，殊不知就如同工厂工序一样，举杯开席是一桌酒席的"定拍工序"，是第一个需要准备好的工作。然而许多饭店点菜时不问酒水，冷盘上好才点酒水，导致迟迟不能开席，既影响了顾客的体验，又拖延了时间，不利于饭店的翻台周转。再比如上菜顺序，自然是先主菜，再素菜，然后是点心和甜品。而事实上许多饭店顺序颠倒，体现出其作业计划中的混乱。等待上菜也是一大痛点，特别是等第一道开席菜的饥饿和等最后一道菜结束的焦急。这方面有些饭店已经有了措施，比如在点餐后的台子上放一沙漏，承诺 45 分钟内全部菜品上桌，否则整桌免单。这是非常体贴的做法，也同时倒逼了饭店管理进步。

当然，还可以持续改善，比如将 45 分钟缩短成 30 分钟，以及承诺第一道菜上桌时间不超过 5 分钟等等。光盘行动是减少食物浪费的有效倡议和行为，如果能在餐食准备环节做一些改善，会更有利于达到光盘行动的效果。然而许多饭店的菜单是按份销售的，即便是 2 个人吃饭，一盘菜的量与 8 人一桌的量是一样的，这样就难以光盘，如果采用按量销售，就会避免许多浪费。此外，缩小餐具的尺寸，也是减少浪费的有益之举。还可以效法工业精益中的 JIT 方法，一道菜不吃完不上下一道菜，也是一种实现精益光盘的有趣方法，据说在中国南方真有这样的做法。

上菜计时器，如果 45 分钟没有上齐，菜金全免

烧出一桌菜只用 30 分钟

平时我们可以吃食堂，但周末在家里往往要自己烧菜，一顿中餐往往要花费一个上午的时间，包括去菜场买菜，回来洗菜切菜，然后烧菜，期间发现哪样配料不够，还要出去采购，可以说一桌下来，也是忙得不亦乐乎，

一个假日的时间，大多都耗在三餐上了。而现在有的地方可能不出 30 分钟，一桌饭菜就能完成，而且许多是专业厨师精心调制的"大师餐"，色香味俱全，这得益于工厂预制食品的推广与普及。

预制食品是以一种或多种食用农产品及其制品为原料，经过工业化预加工制成的包装食品，比如饼干、水饺、净菜等，以其便捷性、标准化和节省时间的特点，满足了快节奏生活中人们对饮食的多元化需求。美国、日本等发达国家的食品预制化普及率达到了 60%，而中国尚不到 15%，但随着居民生活节奏的加快，预制食品以其便捷性和多样性满足了消费者的需求，尤其在疫情期间，家庭备餐需求的增加，进一步推动了产业的市场扩张，在政策支持、市场需求和技术创新的推动下，中国预制食品产业迅速发展，预计未来几年将保持高速增长，成为新的万亿级产业赛道。

我们可以看到，预制食品实际上就是把各家各户的原料采购、食材准备、食品烹制中的大部分工序转移到工厂完成，由于工厂的精益化管理和标准化作业，加上成熟的供应链与质量保证体系，理论上可以使食品的原料安全性、口感、卫生和质量比家里和食堂里更胜一筹，加上当今的科技进步，如速冻技术和冷链物流的发展，为产品的品质保障和市场扩张提供了基础。虽然在预制食品发展初期，由于粗放的管理使得行业鱼龙混杂，影响了人们的判断与信心，但是，时间和健康是人们最宝贵的财富，工厂的标准化、快节拍生产可以帮助人们节约时间，使食品更加健康安全，是符合精益原则的，作为一种新兴的餐饮模式，将在全球范围内展现出强大的生命力。未来，中国预制食品产业需要在保障食品安全、建立行业标准和提升消费者认知等方面下功夫，实现可持续发展，并在国际市场中占据一席之地，相信中国工业化食品预制产业会大有作为，助力实现"让正宗中国食品走向世界"的梦想。

15 万亿产值产业的精益拓展空间

前不久，我去参观浙江一个县域的农业产品企业，发现现在的农产品种植与加工与以前大不相同。在花菇养殖基地，数个规整的大棚如车间一样，环境整洁，内部实行温湿度自动控制，并将生产现场画面、过程控制参数以及相关信息统一显示在办公区大屏上，实现了定量化、数字化控制。这里的花菇单位产量比传统种植基地高30%，花菇的质量合格率与一致性都比传统方式有所提高，产品远销多个西方国家。在一家清水鱼养殖基地，进入大棚车间，数十个直径3米左右的圆形鱼缸中养殖着清水鱼。工作人员告诉我，他们在水中给鱼配备了含多种微量元素的饲料，在鱼缸中设有斜向冲水管，工作时产生涡流，鱼在里面需要不断游动方能保持平衡，这样的鱼就如同进了健身房，一边不断运动，一边吃蛋白粉，各个长得浑圆健美，肉质自然鲜美，深受客户喜爱。这些案例，说明精益农业已经在路上，将农业像工业一样进入厂房，引入精益管理方法进行机械化、标准化、定量化生产，将产生巨大的经济效益，推动农业产业新的质效革命。

精益管理是一种旨在提高效率、降低浪费、优化流程的管理方式。在农产品的全产业链中，精益管理的应用可以显著提升产品质量、降低成本、增强市场竞争力。当前，我国农林牧渔业总产值超过15万亿元，但其生产管理方式还相对粗放，拥有很大的改善空间。精益生产在农业产业化的应用，可以使农业企业实现生产效率的显著提升，生产效率的提升意味着企业能够更快地响应市场变化，提高产品的市场竞争力，通过消除浪费，企业可以降低生产成本，提高利润率，还能够提升产品质量，增强消费者对品牌的信任度。精益生产赋能农业，可促进农业企业转型，帮助农业企业优化生产流程，共同推动企业向着更加高效、可持续的方向发展，还能够激发员工的潜能，增强团队的凝聚力和创新力。

在农产品生产加工过程中，我们可利用历史销售数据和市场趋势分析，精确预测市场需求，减少库存积压；推进精益育种可以从源头提高作物质量与产量，合理分配土地、水资源和肥料，减少浪费，为农产品质量与产量奠定基础；制定标准化的种植流程，确保作物生长的一致性和可预测性，减少原料损耗，提高产品利用率；通过自动化，缩短加工时间，提升生产效率；优化物流和配送流程，缩短产品从田间到餐桌的时间，保证新鲜度。同时，精益管理有助于减少资源浪费和环境污染，符合可持续发展的要求，在农产品产业链中推广质量追溯管理技术与应用，对食品安全起到至关重要的作用。因此，要广泛引入工业精益质量管理理念、工具和方法，让又快又好的安全健康食品占领中国人的餐桌，让农产品企业抓住精益管理带来的机遇，实现可持续发展。

三、住不杂乱的精益招数

一年30万亿元规模房地产建设产业的精益创新路径

中国基础建设举世瞩目，已经成为全球第一建筑大国，其中房地产建设产业年度规模达30万亿元。房地产业作为一个综合性产业，不仅涉及土地和建筑物的开发、建设、经营、管理，还包括维修、装饰和服务等多种经济活动，对经济增长有着重要的影响。近两年我国房地产行业虽然有所放缓，但由于中国的城镇化率与发达经济体水平相比，还有一定的提升空间，每年仍有超千万的农村居民进入城镇，这为房地产市场带来了大量新增需求。可以说，房地产在相当长的时间里，还将会是一个巨量的市场。然而，我国建筑从规划设计到施工使用再到拆除利用的各个环节，仍存在一定的资源能源浪费现象，有着较大的精益改善空间。

规划浪费是建筑浪费之源，有些地方规划随意，贪大求洋，重复建设，大量使用昂贵建材、无谓扩大景观面积、盲目追求外观新奇，导致造价大大提高，一些地标型建筑在绿色节能方面缺少细致考虑，节能标准偏低或滞后，从长周期看也是很大浪费。

由于规划设计的问题和施工的粗放，中国某些建筑寿命很短，主要原因一是建筑标准过低或质量不高，缩短了使用寿命；二是由于规划调整、经济利益驱动等因素，对正常使用的建筑物进行拆除，人为缩短了建筑寿命。其中最大的浪费在于大拆大建。据统计，我国每年老旧建筑拆除量已达新增建筑量的40%，远未到使用寿命限制的道路、桥梁、大楼被拆除的现象比比皆是。建筑废弃物浪费严重，其中具有较高资源化利用价值的废弃混凝土大部分仅做填埋或初级利用，浪费了大量的建材资源。因此，在人们居住领域管理的精益化有着广阔的提升空间，顺应房地产市场而发展的精益设计、精益家居和精益建造，在提高效率、减少浪费方面，将发挥重要作用。

精益住宅功能的 90% 靠设计实现

精益功夫认为，设计决定了产品功能的 90%、质量的 80% 和成本的 70%，是项目成功的源头。因此，房地产首先要从精益设计抓起，力求让每幢建筑都称为精益建筑。精益建筑的核心是理解并满足客户的真正需求，确保每个建筑单元与施工步骤都能直接增加建筑项目的价值，通过去除不增值的步骤，精益建筑帮助项目团队减少浪费，包括时间，材料和人力资源浪费，从而有效控制成本并提高工程质量，实现建筑项目的成功。在现代生活中，居住空间的设计和布局直接影响到居住者的生活质量和幸福感。然而，许多居住空间存在不精益的问题，这些问题产生了空间和资源的很大浪费，是精益管理需要关注的方向。比如，一些住宅的设计没有充分考虑居住者的实际需求，导致空间使用不均衡，部分区域拥挤而其他区域空闲；或者存储空间的设计不合理，导致居住者难以有效收纳物品，居住环境杂乱无章；或者照明、取暖和空调等系统设计不当，造成能源的浪费，增加居住成本；以及居住空间缺乏灵活性，难以适应家庭成员变化或居住者需求的变化；室内外环境的隔离缺乏自然光和通风，影响居住者的健康和舒适感等。

打造理想精益的居住环境，首先需要明确居住需求，在设计之初，深入了解居住者的生活方式和需求，以此为依据规划空间布局，并采用开放式设计，打破空间界限，使居住空间更加通透和连贯，并在下面几个方向进行改善，如优化空间布局，包括规划居住空间，确保每个区域的功能和使用效率，避免空间浪费；增加存储解决方案，包括设计多功能家具和定制存储解决方案，如沙发床、折叠桌等，提高空间利用率，保持居住环境整洁；采用节能材料和智能系统，以减少能源消耗，降低居住成本；设计可变空间，如可折叠或可转换的家具，以适应不同的居住需求；通过开放式设计和引入自然元素，提高室内外环境的协调性，减少对人工照明和空调的依赖，提升居住者的舒适感；引入智能家居技术，提高居住空间的自动化和智能化水平，提升生活的便利性等。

可见，通过识别和改善当前居住空间的不精益之处，我们在设计端引入精益理念，用拉动式思维设计建筑项目，提升居住体验，实现更加舒适、健康和经济的居住环境，为现代生活带来更多高质量的安全、舒适与便捷可能性。

让 100 平方米住宅发挥出 130 平方米的作用

在住宅精益领域，我们可以参考与借鉴日本的一些做法。我们知道，精益中最基础的现场管理方法 5S 最早是出自日本家居整理达人之手，不仅如此，在 21 世纪初，日本杂物管理咨询师山下英子大力推广"断舍离"理念，它包含三个元素，即断：断绝不需要的物品进入家中；舍：舍弃家中无用或不再使用的物品；离：脱离对物品的执念，达到内心的自由和宁静。断舍离掀起了一场家居整理之风，形成了家居整理收纳的热潮，这是符合精益思想的。岛国日本由于地小人多，他们的住宅都很紧凑，这种客观情况迫使他们通过精益化管理，让有限的空间变得井然有序，到处体现出精益。这样既节约空间又节省资源的精益居住体验如果能在资源越来越紧张的中国普及，应该是一件造福子孙后代的好事情，也是精益功夫着力倡导的居住理念。

在我国，经济的发展已经使得家庭居住面积大幅增加，但离面积的有序布置和有效利用还有很大差距，主要是传统居家舍不得丢弃、随意堆放、缺乏经常收纳习惯等观念与行为导致。记得刚工作时曾去一位医学院老师家里，我被震住了。一尘不染的房子中，每个抽屉和柜子都贴上了标签，里面整整齐齐，找什么东西都一目了然，现在想来，这应该是我见到的最早也是做得最到位的 5S。这样的居家，存取物效率自然就高，空间利用率和环境舒适度也高，不仅能提高生活效率，还能帮助我们培养更好的生活习惯，享受更加宁静和美好的居家时光。因此，我们要通过精益理念重新审视家中的空间布局和物品摆放，去除不必要的家具和装饰品，使居家空间更加开阔有序；减少不必要的物品能使居住者能够更专注于重要的事物，提高生活质量。5S和断舍离的实践有助于培养良好的生活习惯，如定期清理、有序存放等习惯，有助于维持一个干净、整洁的居住环境，同时还可以让我们减少购买不必要的物品，从而减少资源浪费和环境污染，符合可持续发展的理念。

另一方面，如今房子价格高涨，在大城市中购买一套小房子可能就要花光许多人的积蓄。由于小户型房子的空间面积有限，房子如果塞得满满当当的，令人感觉拥挤压抑。于是如何让家具更省空间，就成为家居设计师的新课题，也是未来居家精益发展的趋势。我曾在日本看到许多别出心裁的居家装置设计，比如水盆龙头是用隐藏式软管连接的，既可以固定使用，又可以拉长冲洗，很是实用方便。还有卫生间厕位上有一个龙头，如厕后用这个龙头洗手后的水，用来冲洗厕位，节省空间也节省水资源。当然还

带龙头的小便池，节水又省空间

有许多其他的精益家居设计，比如将卧室飘窗打造成榻榻米，不单提供休息场地，还具备一定的收纳储物作用；可以将衣柜嵌入墙体，与墙面融为一体，既节省了空间，又增加了家居的美观度；餐桌或床铺可以在不用时折叠起来，节省空间；将电视挂在墙上，下方空间可以用作收纳或者放置其他家具，既节省了空间，又增加了家居的美观度；可以让客厅的沙发在需要时变成床铺，使客厅可以作为临时客房使用等。这些举措既节省了空间，又满足了家庭的不同需求，都是提高效率、节省资源、减少浪费的精益之举，可以帮助人们打造出一个实用又美观、舒适又环保的居住空间，努力实现让 100 平米的住宅发挥出 130 平米的作用。

29 小时建成一幢 11 层住宅楼

21 世纪初，中国学者和企业开始探索精益建造的本土化应用，近年来，随着国家政策支持和行业需求加大，精益建造在中国得到广泛推广，中国精益建造在一些大型建筑项目中得到应用，特别是在公共建筑和工业建筑领域。精益建造是借鉴吸收精益生产的理念，加以改进并应用于建筑业的一种先进管理思想，是以生产管理理论为基础，以精益思想原则为指导，对工程项目管理过程进行重新设计优化，在保证最优质量、最短工期、消耗最少资源的条件下以建造移交项目为目标的新型工程项目管理模式。精益建造的观点认为，要把建筑项目管理看成一种生产管理，提高其前期控制的能力，从而大大提高工作流的稳定性。精益建造与精益制造有异曲同工之处，体现在建造计划的均衡性、资源准备的完善性、现场管理的有序性、设备维护的主动性、标识标志的可视化、建造流程的简捷性、品质预防与质量控制的有效性、施工作业的安全性、作业动作的高效性、标准规范的可得性、管理体系的一致性等诸方面，要求从精益价值角度进行编排与改善，实现速度最快，质量最优的效果。在精益建造技术中，值得特别重视的是装配式建筑，这是一项未来会对房地产建设产生颠覆性的技术。

装配式建筑又称预制建筑，是指通过工厂化生产建筑部件，再运输到施工现场进行装配的建筑方式。从 21 世纪初开始，随着技术进步和政策推动，装配式建筑得到了快速发展，近年来，装配式建筑技术日益成熟，新材料、新工艺的应用大大推动了装配式建筑技术的进步，应用范围不断扩大。装配式建筑与智能建造技术的结合，也将在建设领域实现更高水平的自动化和信息化。目前，中国装配式建筑在新的建筑项目中的使用比例逐年提高，特别是在住宅、学校和医院等公共建筑中应用广泛，装配式建筑占比有望达到30%以上。

据报道，在湖南长沙，一幢11层公寓楼仅用29个小时就建成了，让世界再一次见识到"中国速度"。这幢楼是用一个个的模块化盒子拼接而成，除了外部结构搭建速度惊人外，内部工程也相当规整。房间内部除了明亮的阳台之外，洗手间、浴室、厨房等全都做得非常完善。如果按照传统的建筑方式，完成一幢这样的高楼至少需要1年时间，而现在只需要29小时，其中工厂化生产起到了决定性作用。我们知道，由于建筑工地条件所限，传统的建设方式面临工期长、环境差以及质量难以保证的挑战。而将建筑进行模块化设计，每个模块在工厂生产，就能在批量化、快节拍、高质量等方面为建筑工程提供保障。这项工程的90%以上都是在工厂预先完成的，在工厂流水线上，如盒子一样的房间整齐摆放，除了洗手间等室内硬件设施之外，阳台等部件也在工厂预先组装好，这样不仅降低了建筑工地的事故发生率，同时还减少了粉尘污染，一幢大楼的模块仅仅需要2个月就可完成。在安全

29小时建造的11层大楼

上，工程师们用不锈钢管来进行结构组合搭建，重量是钢筋混凝土的 1/10，最高可以安全盖到 160 层的高度。由于采用了新型焊接方式与新型材料填充，整个结构不仅能隔音防热，同时也保证了牢固性与抗震性，消除了建筑的安全隐患。

由此可见，精益建造正逐渐改变着中国建筑行业的面貌，它们以提高效率、降低成本、促进可持续发展为目标，响应了国家对于绿色建筑和建筑工业化的号召，显著提高了建筑施工的效率，减少了施工过程中的资源浪费，有效降低了成本，提高了建筑质量的一致性和可靠性，减少了建筑施工过程中的污染和能耗。随着政策的支持、技术的进步和市场需求的增长，精益建造方式有望在未来中国建筑行业中发挥更加重要的作用。

四、行不拥堵的精益招数

全国 600 万公里路网出行产业的精益创新路径

目前，全国已拥有 600 万公里交通路网，每年全国跨区域出行超过 100 亿次，区域内出行更是无数，但局部交通状况却不容乐观。为了缓解拥堵状况，政府部门实行了车辆高峰与景区限行、车牌摇号与竞拍限购等政策。由于经常在高架入口设闸限流，使得还没上高架就车流堵塞，再加上时常出现的交通事故，把道路堵得行驶缓慢，"行路难"已经成为我们当前面临的重要问题。人们在车站、路上由于等待浪费了大量的时间，而道路、交通工具的利用效率不高，又浪费了许多资源，解决行路难是精益功夫未来的重要方向之一。

出行体验呼唤精益交通，精益讲求的是流动、速度和效率，这和道路交通的要求高度一致。人们每天消耗在路上奔波的时间，基本是不产生价值的时间，应该越少越好，交通运输应该越快越好，越安全越好。因此，借鉴国际先进经验，运用精益工具优化、提升交通的运行效率，进行交通管理变革势在必行并将大有可为。

等待 99 秒的红绿灯

曾经晚上在一个空荡的路口开车，数着时间捱过 99 秒才通过那个路口。这种由于红绿灯机械死板定时切换导致的浪费，几乎在每一个路口，无论白天还是夜晚，或多或少都会发生，累积产生的路面闲置和时间浪费，如果统计一下会相当惊人。

交通红绿灯作为城市交通管理的重要工具，对于维护交通秩序、保障行车安全具有至关重要的作用。然而，在实际应用中，一些不合理的红绿灯设置导致了交通效率降低甚至造成安全隐患。除了上述红绿灯时间分配未能根据实际交通流量进行优化外，还有在一些宽阔的路口，行人绿灯时间过短，难以满足行人安全过街的需求。此外，部分红绿灯被树木、广告牌等遮挡，或者在夜间亮度不足，导致驾驶员难以及时识别信号。更有甚者，在紧急情况下，救护车、消防车等特殊车辆被挡在拥堵之中，未能得到优先通行的保障。

这时，我们就应该引入精益方法，对红绿灯进行改善，比如通过安装交通流量监测设备，实时收集各路口的车流量数据，以此为依据调整红绿灯的配时；根据交通流量和行人过街需求，合理分配绿灯时间，确保交通流畅和行人安全。其实在路口设备配置上已经可以实现上述设想，只要将治安监控与交通信号灯控制系统对接联通即可。在必要时，通过远程控制或自动感应装置，为紧急车辆提供优先通行权；同时对路口通行路线进行仔细分析，如同设置待驶区一样，以路面使用效率和车辆通行数量作为评判的依据，进一步细化优化，发挥每一平方米路面的价值；还要研究行人和非机动车的行进路线，增加立体人行通道，减少与机动车的冲突；通过媒体和公共教育，提高驾驶员和行人对交通规则的认识，减少因违规行为导致的交通延误，并加强现场可视化显示，在复杂路口增设清晰的交通引导标志，帮助驾驶员提前做出正确的行驶决策等。

总之，交通红绿灯的合理设置对于提升城市交通管理水平至关重要，通过实施上述改善方法，可以有效提高交通效率，减少拥堵，也为行人和车辆提供更加安全、有序的交通环境。在解决民生方面，我们倡导每天进步一点点，持续用心精益改善总会有所成效。即使同样是车水马龙的路口，尝试着加快红绿灯的变化频率，仅此动作或能提高路口通行效率，相关部门不妨做做深入研究与改善。

效率高出 25 倍的火车站

近年来，国内大车站异军突起，体量一个赛过一个，充分体现我国发展势头之热、综合实力之强和基建水平之高。但是，车站是不是越大越好呢？就拿号称某某之最的一座火车站来分析一下，这座巨大的车站如同一座迷宫，弄不清有多少个门通往多少条道路；每次都要把导航打开，好不容易进了车站，开车转来转去，搞不清有几个停车场，走错了也回不去，好不容易找到车位，还要拍照记路，不然找车会很麻烦。如果你是出发旅客，那么应该上二楼，二楼主入口和最近的售票处距离一百多步，如果你在主入口下车，要走一个来回两个百步，如果你是在售票处下车，也要走一个百步才能进站。进入浩大的候车厅，如同走进一个大仓库。在工厂，库存越多，仓库越大，效率也就越低。候车厅里面黑压压的旅客有的坐着，更多的是在走动，从安检到检票口要走一百步，打开水、上厕所要走一百步，去吃饭要走一百步，到处都是走路的人。到了一楼接站，你会发现，大概由于车站太大，为了省电，许多地方还黑黢黢的，从停车场到接站口的几百米路上要睁大眼睛走才行，同一列车的旅客下车后可以从对应的南北 2 个出口出来，而南出口和北出口门对门，中间隔了上百步距离，有些接站的人索性站在百步通道中间，左边看一眼，再转体 180 度右边看一眼，一般要转上几十甚至上百次。在这个车站还有两项考验，一个是去洗手间，似乎总是在排队，把人急得团团转；另一个是打车，在嘈杂、昏暗、闷热、人贴人的长龙里焦心等待，归途漫漫。身处这样一个大车站，车水马龙、熙熙攘攘，老老少少，大包小包，要么在问路，要么在赶路，要么在走冤枉路，浪费精力、体力、时间、能源。这样的大，对旅客而言有何价值。很怀念印象中的乡镇小站，去了直接进站，

车站人员积压

直接上车，几乎没有等待，是效率最高的。据说日本东京都火车站每天运客量很大，更可贵的是其平均误点时间只有 6.8 秒。更有甚者，柏林中央火车站是一幢中央站台加两幢 12 层塔楼的建筑，占地面积很小，但不仅接驳每天 1 100 列往来列车，还容纳了 80 个商店，解决了 900 人的就业，并提供了 1.5 万平米的酒店和办公场所。其单位面积发送的旅客数是低效车站的 25 倍，可以说是精益车站的典范。

就用户定义价值来说，同样一件事可以有多种做法，主要看是以规模为先还是以效率为先，老百姓真正关心的是方便快捷，并不会在意规模大小，一个车站，只有旅客坐上列车出发的那段时间才是价值所在，其他的都是浪费或必要的浪费。因此，车站的效率，可以用旅客抵达车站至登上列车的时间最优化、最短化来衡量，在这样的指导原则下，做法就会大不相同。如果按照春运高峰来设计车站，在平时的十个月就形成浪费。我们可以采用模块化思路，在平时只使用常规模块，节假高峰时启用附加模块。这样在平时大部分时间里，旅客减少了走动与寻找空间，车站也减少了人员与能源等运营费用，符合精益管理的产能分析与多线配合概念。另外，车站空间大也没关系，我们可以把大的分成若干小空间，其实旅客在车站的流程很简单，现在都是对号入座，如果划小候车单元，从进站就能精准定位到该列车厢门口，可以实现最小移动距离和最短行走时间，从进站到上车或许 3 分钟就够了。一个站台 20 分钟切换一次与 2 分钟切换一次，所需要的面积是完全不同的，这符合精益管理的单元式生产和小批量快速响应理念。同时，还需要建立内部快捷的交通系统，采用无人驾驶车辆将散布在各处的旅客纳入，沿轨道按站点行驶，也可以大大减少旅客行走和奔波时间。或许还可以借鉴机场的做法，以站台为中心，分为 T1、T2、T3，内部环通。此外，针对大空间如何减少走动、搬运、等待、库存等造成的浪费，可以运用成熟的精益管理工具，节约一步一秒一分钱，进行深入研究，再加上科学的设计方法和严密的仿真技术，避免上述问题的发生，建立一个一般人想走错也走不错的高效系统。

我国地大物博，经济实力日趋雄厚，在建设车站这种标志性门户建筑时，一般都会慷慨给地、给钱、给资源，但这种慷慨，有时反而不如资源受限时的精打细算。把车站造大并不难，但如何让老百姓少走几步路，少等几分钟，少受一点苦，才是难点和重点，才是人们真正关心的价值所在。

OEE 提升数倍的共享经济

一方面是车满为患，一方面是各地大力发展汽车产业，一个家庭一辆车已经不够，有的家庭为了应对限行，又买一辆错开尾号的车，可见，有些措施对缓解交通的效果如何还有待考证，但给人们出行造成的麻烦和负担已经显现。据统计，城市道路上行驶的 70% 都是私家车，占用了 50% 的交通资源，但只运送了不到 5% 的出行者，不仅是道路，还有地面资源，几乎每一个停车场都车满为患，甚至大量公共地面被停车占用。

在精益管理中我们用设备综合效率 OEE 来衡量设备的利用效率，OEE

由时间使用率、性能使用率和品质达成率三部分的乘积构成，一般管理水平企业设备的 OEE 在 40%~50% 左右，而在世界级管理水平的企业中 OEE 可以达到 80%~90%。我们来估算一下一辆私家车的 OEE：买来两年用于代步，行驶 3 万公里，平均时速算 60 公里，这样可以得出其使用时间为 500 小时，如果减去夜里时间不算，两年可用时间约 10 000 小时，两者相除为 5%，再考虑 5 座车基本上是一个人开，我们即使不算速率等性能损失和质量因素，其利用率一般在 1% 左右，关键是那 95% 不用的时间还要有一个几平方米的收费土地供它停放。试想，我们用了大量的自然资源与人力资源，造出了一辆汽车，在每年 1% 的利用率使用若干年后报废，是何其浪费。用同样方法计算出租车和公交车的利用率，会比私家车高数十倍，这有利于制定和解读我们的城市交通策略，比如为什么要发展公共交通、限制私人轿车、将特权车拍卖转为营运车等。在日本，几乎所有城市每家平均私家车保有量为 2 辆，唯有东京是 0.5 辆，取而代之的是地铁等公共交通的高速发展，以保证在大人口密度下的高效交通和低污染排放。从精益角度上来说，限行让车趴在地面不动，进一步降低了车辆的 OEE，并不是解决拥堵问题的根本之策。我们的重点方向应该是大力提高车辆的 OEE，用最少数量的车，完成最大数量的复杂运输。比如网约车和拼车出行，是提高现有车辆 OEE 的可行方法，应该大力提倡。

由此可见，治堵也是一个精益问题。从精益价值流上来说，养车、开车、停车都不会产生增值，而直达目的地才是价值所在。现在几乎很少有人再去买一辆自行车放在家里，因为共享单车的使用比自家买车还要方便，而且不需要占用家里宝贵的空间停放。相信有一天，其他出行方式也会像共享单车一样简单快捷，我们要感谢现代信息化技术与高效精益管理技术的发展和应用，让这一天来得越来越快。记得有一年我去过两座山，体验了两种截然不同的管理模式。第一座山允许私家车上山，山上如一个大的停车场，不熟悉山路的车主们边问边开，黑烟加喇叭，拥堵频发，欲速而不达。而游客在第二座山必须全部换乘景区大巴上山，整个景区道路井然有序，并没有感觉不方便。其实，景区交通管理和城市交通管理是相似的，如果城市公共交通系统足够发达，谁还会去那么麻烦地去养一辆车呢。大力发展公共交通，提升营运车辆效率与灵活性，使公共交通便捷到让大家少买车乃至不买车，应该是治理城市拥堵的一个有效思路。

大多符合精益科学原则的事物，都会在一定程度上蓬勃发展起来。当初媒体和专家在争论私家车能不能用于打车运营时，我们就指出，这能够提高私家车的设备综合效率 OEE，可以节约社会资源，提高应用效率，减少浪费，迟早是会发展起来的，后来的事实也证明了这一点。除此之外，共享单车也是一个很有说服力的例子。

共享单车在中国的兴起可以追溯到 2014 年，为了解决城市交通的"最后一公里"问题，且随着智能手机和移动支付的普及，大量资本投入共享单车市场，促进了行业的快速发展，多个品牌迅速崛起，共享单车成为城市街头的一道风景线。然而，早期的无序扩张导致单车过剩，造成资源浪费和城市管理难题，于是引入物联网与智能化技术，实现单车的智能解锁、定位和调度等精准管理，同时实现根据用户偏好提供个性化的骑行方案和增值服务，并通过回收和再利用废弃单车，推动循环经济的发展。共享单车作为精益理念的实践案例，经历了从兴起到快速发展，再到调整和优化的演变过程。展望未来，共享单车行业将继续利用技术创新，深化精益运营，同时在政策支持和行业规范下，实现更加绿色、高效、可持续的发展，通过不断优化服务和提高运营效率，有望成为城市交通体系中不可或缺的一部分，为人们的出行提供更多便利。

从共享单车的兴起我们可以看到，共享经济是符合精益原则的，精益管理的核心目标是最大化利用资源效率和流程效率。而 OEE 是衡量资源效率的关键指标，将 OEE 的概念应用于共享经济，我们从可用率（共享资源的利用频率和时间）、性能效率（共享资源的流转速度）和质量率（共享服务的满意度与成功率）三方面进行分析与改善：随着数字化和智能化技术的发展，如大数据、人工智能、物联网，将提高共享资源的匹配效率和流转速度，提升性能效率；随着消费观念的变化和环保意识的增强，共享经济的市场需求将持续增长，可以提高可用率；随着政府对共享经济的鼓励和规范，为行业健康发展提供更多保障，可以提高系统的质量和效率。

因此，共享经济在人们生活的多个方面将发挥越来越重要的作用，比如共享汽车能够有效解决城市交通拥堵和出行成本问题；住宅共享能够满足多样化住宿需求，提高房屋使用效率；共享资源，如云服务、共享办公空间等，能够降低企业和个人的运营成本；共享知识技能，如在线教育、咨询等平台，能够充分利用专家和教师的知识和技能；还有共享生活服务，如共享厨房、共享工具等，能够提高生活便利性和资源利用效率。由于能够更好地满足市场需求，实现资源的高效利用，具有精益特质的共享经济将在中国有着广阔的发展前景，发挥更大的作用，并推动社会经济的可持续发展。

五、购不费力的精益招数
一年 50 万亿元规模购物产业的精益创新路径

2023 年，中国网购用户规模超 9 亿元，网上零售额达到 15 万亿元，其中，实物商品网络零售额占社会消费品零售总额比重增至 27.6%，中国已经连续十余年成为全球第一大网络零售市场，一场在一年 50 万亿元规模的购物产业进行的精益创新正在开展。

近年来，人们逐渐熟识并习惯了在网上购物，网购作为电子商务的重要组成部分，已经深刻改变了中国消费者的购物习惯和零售业的格局，使中国在这方面毫无疑问地走在了世界的前列。这一天的到来，应该感谢一家起源于杭州的互联网公司，那就是阿里巴巴。1999 年，阿里巴巴成立，标志着中国电子商务的开端。随着互联网技术的成熟和物流体系的完善，网购开始进入快速成长阶段。2003 年，淘宝网的成立进一步推动了中国网购市场的发展，智能手机的普及和移动支付技术的发展，使得网购变得更加便捷。2010 年后，双 11 购物节的兴起，将网购推向了新的高度。如今，网购已经成为中国人日常生活的一部分。

网购是符合精益原则的活动，因为网购允许消费者随时随地浏览海量商品并进行购买，提高了购物的便利性，节省了购买者的往来时间，在线商家也省去了实体店面的租金等成本，从而能提供更具竞争力的价格，并通过基于用户行为的数据分析，使得网购平台能够提供个性化的商品推荐和服务。同时，网购的兴起还带动了物流、客服、网络营销等相关行业的就业，如今穿梭在大街小巷的大量快递小哥，就是网购带来的新景象。然而，网购过程中用户的个人信息和支付信息存在泄漏的风险，网购市场中存在假冒伪劣商品，损害消费者权益，网购高峰期物流压力巨大，可能导致配送延迟，网购的兴起对传统实体店造成冲击，影响了部分零售业态的生存，以及网购无法提供实物试用体验，有时会导致消费者对商品不满意等等，这些都是我们面临的问题和挑战，以待今后一步步解决。但无论如何，网购打开精益购物新蓝海，随着技术的进步和市场规则的完善，网购有望在未来实现更加健康、可持续的发展，为消费者提供更加安全、高质量的购物体验，也将继续推动中国乃至全球零售业的变革和创新。

支撑起蓬勃物流的 500 万 "水蜘蛛"

2023 年中国快递业务量已超过了 1 200 亿件，每年人均包裹量将近 100 件，应运而生出约 500 万名快递小哥，实现了从社会商品订单到制造、再到发运的无缝连接，这是精益物流领域的一次革命。

以前我们在邮寄和领取包裹时，要自己跑邮局，经常要排很长的队伍，一次寄取加上来回路上，就像现在去趟医院看病一样麻烦，往往要请假才行。这种物流形式很像以前的工厂作坊，车间里每个人都要去仓库领取物料，做好了再自己送回仓库，结果是车间混乱，人员的时间大量浪费在行走和排队等待上，效率很低。后来，工厂管理者让一个身强力壮、行动敏捷的员工专门负责送货取货，包括信息传递，他定时在车间循环补货与取货，工人们则专心工作，不必离开工位，车间里没有多人走动，也没有货物积压，效率与秩序明显提升，有时为了提高配送速度，还配备了电动车或滑轮鞋，让他们在车间里快速移动，这就是精益管理的 "水蜘蛛"。近几年快递小哥的出现，颠覆了邮局寄取件的传统模式，这正是"水蜘蛛"原理的运用，其结果不仅大大方便了顾客，更推进了行业的发展，使得物流的顺畅度与灵活性大大改善，让快捷物流变为可能。

如今，快递物流的高速发展给生活带来了翻天覆地的变化，从以前的半月达发展到现在的次日达、次晨达、当日达、限时达乃至小时达，不仅改变了人们的时空观，也改变了人们的消费方式与生活方式。比如，一箱荔枝在电商平台下单，从广东到北京跨越2 000多公里，次日就送到了客户手中，甚至里面的冰袋还没有完全融化。这样的速度，让全国的商品没有距离的限制，也促进了人们的购买意向和消费意愿。当然，速度的背后是严密科学的物流网络。比如在收到荔枝订单后，卖方就会跟种植户定好最快出货时间，果农采摘之后立刻把货从种植园拉到机场，发到全国各地去，从下单、分配快递小哥、上门取货到制定最优化运输路线和匹配相应的运输工具等，都是通过计算后给出的最优决策方案。货物到达后，分拣好的快递会送到离消费者最近距离的快递派送网点，并指派快递小哥直接派送上门。每一单物流的信息都是透明的，每一单都接受客户评价和晾晒，这样的反馈机制，能够帮助快递物流实现持续改进。当然，不仅是速度，在物流批量上也高度灵活。我曾经在网上购买了二个指甲大小的密封环，也如同大商品一样，经过细致的包装，快速送达。如此高效便捷的快递物流，让商品的流通速度更快，也让消费者的体验更好，并不断从生活服务领域向生产领域延伸，对人们生活与工作产生越来越重要的作用。

晚上9点下单，早上9点送达

在诸多的网购与物流平台中，京东是比较有代表性的一个，我常在晚上睡觉前登录购物网站，有时在第二天上午9点就能拿到货物，感慨其速度之快，视其为用速度驱动品质的精益典范。

京东用精益思想打造的高效物流和购物体验，值得大家研究与借鉴。在用户导购上，他们通过大数据分析用户行为，个性化推荐商品，减少用户筛选商品的时间，提供更加精准的购物体验；在产品内容上，他们提供从 3C 家电到日用品等全品类商品，满足用户多样化的购物需求，实现一站式购齐；在信息处理上，他们采用自动化的订单处理系统，实现快速响应订单，缩短处理时间，提高订单执行效率，订单信息和物流信息详细而透明，让人一目了然；在产品质量上，他们实施严格的供应商管理和商品检验流程，确保商品质量，减少退换货率，降低运营成本，特别是一些在实体店也无法辨别真伪的奢侈品，在京东自营店可以保证品质，放心购买。印象深刻的是京东的快速物流，他们利用先进的仓储管理系统和自动化设备，如智能分拣机器人，提高物流效率和准确性，通过在全国布局的分布式仓储网络，实现商品的快速配送，缩短配送时间；同时他们推行绿色物流，使用环保包装材料和优化运输路线，减少物流过程中的资源消耗和环境污染；并不断创新服务模式，提供更加灵活和个性化的物流服务。值得关注的是，他们自 2016 年就开始致力于自动驾驶的研发，提出全面向技术转型，加快了对配送机器人、无人车、无人机等产品的研发，成为国内首家将自动驾驶技术应用到物流实际场景中的企业。他们的无人车产品已经实现了对城市社区、商业园区、办公楼宇、公寓住宅、酒店、校园、商超、门店等场景的覆盖，无人机已在国内多个省市区进行了试飞运营，将成为更精益、更高效物流配送的一道靓丽的风景线。

受益于持续的技术研发投入，京东在"成本、效率、体验"上形成了具有特色的精益领先优势，使其能够提供更快速、更可靠的服务，增强了市场竞争力，高效、便捷的购物体验和物流服务提升了用户的满意度和忠诚度，有助于吸引和保留客户。精益的推进提高了运营效率，降低了成本，为京东的业务增长和扩张提供了坚实的基础，支持了京东在新零售、跨境电商等新业务领域的探索和发展。京东购物和京东物流的精益特色做法，不仅为用户提供了省时省力的购物体验，也提高了企业的运营效率和市场竞争力。随着技术的不断进步和市场需求的不断变化，相信有更多的企业像京东一样，通过精益管理和服务创新，推动企业的持续发展和行业的转型升级。

原材料配送从 15 天变成 2 小时

快递可以节省物流时间，减少物料积压，节省综合成本，是符合精益原则的运营方式。因此，快递进厂必然会成为万千工厂的物流选择，这也是将线上销售与配送从商业服务延伸至生产环节，实现制造业与客户端直接链接的创新模式。我的一位同学向我介绍，他们生产的家用小厨电产品已经实现 75% 在线上销售。要做到这一步，就要求打通消费、渠道、生产和采购等供应链环节，要求企业与社会物流资源充分融合，保证资源高效协同，以满足承诺客户的时效需求。产品下单之后要尽快送到消费者手上，除了生产能力要匹配之外，其供应链服务、物流、仓储、订单配送等任何一个环节都不能耽搁，同时还要在确保生产的前提下使库存量达到最少，这需要运用人工智能和运筹学算法，分析生产和销售情况，联动后端的物流服务，支撑前端消费者的诉求。由此可见，未来从单一物流运输向一体化供应链精益管理服务推进将成为一种趋势，可以在助力制造业企业降本增效的同时增强企业的竞争力。

此外，采购环节作为企业供应链管理的重要组成部分，其效率会直接影响到企业的成本控制和运营效率。精益采购可以帮助企业减少库存积压、缩短采购周期、提高采购流程的透明度和可预测性。比如，与供应商建立长期合作关系，通过与供应商和内部部门共享关键信息，协同进行生产计划和库存管理，实现供应链的透明化，提高响应速度，共同优化成本结构；对现有采购流程进行价值流程图改善，识别并消除非增值活动，并通过价值工程分析，优化产品设计，减少不必要的成本；采用电子采购系统，实现采购流程的自动化和标准化，利用历史数据和市场趋势进行需求预测，通过实时监控库存和销售数据，及时调整采购计划，减少库存积压；通过定期进行供应链风险评估，制定应对策略，降低单一供应商风险，实现对采购的成本控制，包括价格、质量、交货时间等。企业通过这些精益采购方法的探索和实践，在采购环节实现更高的价值创造。

快递物流的高度发达，还将会改变用户的采购习惯，从而促进生产交付方式朝着更精益的方向发展。以前，人们习惯要求产品一次批量交付，这时候会发现那些暂时不用的产品积压不仅需要占用资金、场地，还会造成损坏、变质、管理成本等浪费，由于物流速度和批量的灵活性，让准时化供应链方式成为可能，就如同生产线从原来要堆积 15 天的原材料发展到只需要配送 2 个小时的原材料一样。用户大可以让生产企业提前一天只发一天使用量的物料，既减少了堆积浪费，又保证了产品的新鲜度，还满足了现场作业的顺畅性，这种创新方式同样有利于工厂端，由于实现了小批量甚至一件流的均衡化精益生产，可以做到当天生产，当天发货，减少了在制品库存和成品库存。这种建立在便捷物流基础上的生产交付方式的转变，将一次性大资金流分解成多次小资金流，将需要大面积库存区变成只需要微小面积库存区，能够给多方带来效益。比如，有一家大型企业，从原来的一次性采购与一次性发货转变成按进度分批次采购和分批次发货，一年下来节省了数以百万计的资金。如果沿着这种精益思想延伸去想象，无论在家还是在单位，假设大家只存放第二天需要的物品，会减少多少场地空间和物料损耗，将会为生活与工作带来不一样的改变。

六、玩不堵心的精益招数

一年 60 亿人次规模文旅产业的精益创新路径

2019 年 5 月我去北京参加文旅大会，在会议演讲中提出了"精益文旅，大有可为"的理念，介绍了精益管理的核心思想，倡议将精益管理应用到文旅项目中去，创造最佳客户体验。

旅游是人们了解历史人文、与大自然亲密接触并得到休闲与成长的重要活动。然而，旅游中的种种不合理、不方便、不安全状况时有发生：比如交通延误导致的焦虑等待、标识不清导致的摸瞎迷途、现场杂乱导致的观感不佳、流程无序导致的混乱浪费、设备故障导致的伤亡事件、管理不善导致的安全事故等；还有各种排队等待、购物纠纷、就餐拥挤、如厕困难等现象，都会使游客体验大打折扣，这种现象随处可见，应该都是我们精益创新的机会所在。

在精益流程中，我们会提及"丝滑"二字，就是指流程没有卡壳，没有等待，没有事故，让顾客感觉自然亲切，安全顺畅，物有所值。这些虽然说起来很容易，但在具体实现方面还面临很大挑战。一个旅游景点的价值公式可以定义为体验与效率之和，精益文旅的一切思考都应该是以提升客户价值为导向：从项目设计、项目建设、项目运营的全生命周期引入精益价值观与方法论，在景点布局、现场、设备、标识、流程、品质、效率、安全、标准与体系等方面像工厂一样进行精细化管理，用精益工具提质增效，为客户创造不一样的安全、便捷、舒适、高效的增值体验，相信这是同时提升广大游客的满意度和文旅项目的经营绩效的有效路径。

第五空间的革命

记得我创办公司没多久，有幸迎来一位政府领导莅临指导，刚进门啥都没看，第一句先问"洗手间在哪里？"，然后去"考察"了一番。后来与经常参与接待工作的朋友聊天，他们说，一般领导来视察去哪里不一定，但一般都会去洗手间。从那以后，我就会对卫生间特别留意。我们去旅游或参加活动，往往去的是自己不熟悉的地方，寻找卫生间则是每个人都要经历的事情。记得在国外旅行中见过最精细的标识，不仅指出方位，还指出距离，厕所外面有多个标识，甚至男女厕所内部刷漆颜色都完全不同，男厕全是蓝色，女厕全是红色。而在国内少数欠发达地区，找厕所难以及厕所脏、乱、臭的现象与壮美河山形成巨大反差，观感顿时大打折扣。这就是为什么为了一个小小的厕所，地球人都在积极行动：联合国在世界范围提出"厕所革命"行动，比尔·盖茨基金会启动了"厕所重生计划"，我国北京也创造性地提出将厕所打造成继家庭、单位、社交和虚拟空间之外的"第五空间"，彰显了从小处着眼、从实处入手的务实作风。小小厕所，看似小事，但体现了一个机构的管理水平。一般我无论去哪里，都会有意无意去一下那里的洗手间，一是看看需要问几次、要多少距离、多少动作才能找得到；二是用鼻子闻一闻卫生间的气味，看看洗手间的卫生状况，这样也就基本了解了此地的基础管理水平。

看了不少卫生间，许多地方缺少明显的方位标识，一般要就近找人问，相信这个人一天要被问询多次，这本身就是时间的浪费。还有的卫生间，指示男女的标识牌贴在洗手间的门上，洗手间的门经常是敞开的，这样标识与人成 90 度角，正常行走是看不到标识牌的，导致要么走错，要么在门口探头张望，如果遇到异性正好出来，好生尴尬。我们说，一流的管理，应该做到"意承先预"，就是在你想上洗手间时一抬头或一出门就能看到明显的指示牌，指示牌是正对于行走的方向，不需要不断扭头去找，到了洗手间区域，能看到区分男女厕的明显标识，且标识是安置在固定的墙或门框上，而不是只装在移动的门上，因为随着门的开启与关闭，标识会有不同的位置，使人难以观察。当然，如果在固定位置有标识，我们也不反对在门上再设置一个，毕竟防错提醒应适当冗余。特别是那些好不容易找到一个卫生间，却是单男或单女的，或者是在装修维护的，希望也能在旁边标识一下怎么才能找到另一个或另一半卫生间，毕竟帮助人们解决问题才是价值所在。

如果说厕所的标识是经验问题，那厕所的卫生就是态度的问题了，厕所是家庭、单位和社会的名片，卫生和气味决定着工作的态度和管理的水平，再高的要求也不过分。记得有一次，一位美国审核官到一家制药工厂审核药品质量管理体系，工厂车间与文件都准备得不错，没检查出严重问题。在审核官要签字之前，上了一次洗手间，从洗手间中出来后脸色突变，说不审了，这么脏的厕所，人出来再进车间，难免会把污染物带到制程中去，于是延缓审核，扬长而去。一间小小的厕所，让全厂员工几个月的精心准备付诸东流。

在精益人眼里，厕所在便民的同时，还能开发出一些其他功能，甚至可以成为一座赚钱的金矿。这方面德国人汉斯·瓦尔开辟了成功的先例，他在 1990 年拍下全柏林的公厕经营权，为人们提供免费公厕，后发展成连锁企业，年赚上亿欧元，并获选德国最具创意企业。在德国，要求城市繁华地段每隔 500 米应有一座公厕，其他地区则每平方千米要有 3 座公厕，整座城市拥有公厕率应为每 1 000 人一座。以前公共厕所属于政府工程，建设和运营费用仅柏林一个城市每年就亏上百万欧元。瓦尔在承包了厕所之后，请来国际著名建筑师设计了公厕设施，还专门组建了一支由 20 辆公厕管理车组成的车队进行 24 小时巡视，保持厕所干净卫生，让厕所成为街头的方便亮点，深受众人的喜爱。来到柏林的旅游活动中，有一项就是"厕所游"，游客几乎都会使用一下瓦尔公司的厕所。后来瓦尔在公厕内加入更多经济元素，以厕养厕，他们不单在厕所外墙做广告，还将内部的摆设和墙体也作为广告载体，甚至把文学作品与创意广告印在手纸上，仅广告一项一年就能增加收入上亿元。此外，他们在厕所内安置了公用电话，跟周边的很多商场餐饮合作，分发一些赠餐券，并在厕所提供个人护理、婴儿服务、擦拭皮鞋、后背按摩、欣赏音乐、阅读文学作品等付费项目。这些精益举措，让他们提高了收益，实现了可持续发展。如此可见，哪怕是文旅之中的一个小点，加以精益化改造，就能焕发勃勃商机，创造出令人惊叹的价值。

60 亿人次的旅游如何更顺畅

2019 年，中国国内旅游客流量达到 60 亿人次，国内旅游收入约为 6 万亿元，旅游业对 GDP 的综合贡献占 GDP 总量的 11%。疫情过后，国民被压抑的出游愿望得以释放，这一点从人山人海的节假日景点就能得以反映，国内旅游业的发展已经全面恢复到疫情前的高点，并不断创出新高。

然而，随着游客数量的增加和市场需求的多样化，文旅领域也面临着一系列问题，如服务品质参差不齐，部分景区和旅游服务提供商无法满足游客的期望。由于缺乏有效的管理和规划，游客在旅行过程中可能遇到拥堵、排队时间长等问题，一些文旅项目在资源配置上存在浪费现象，如人力资源、设施设备等未能充分利用，部分文旅景点在安全管理方面存在漏洞与隐患，以及在旅游开发过程中对环境的保护和可持续发展考虑不足等等。一方面是需求与期望的提升，一方面是资源与管理的局限。这就需要引入精益方法进行优化改善，在行业中制定统一的服务标准，确保服务流程的一致性和

随处可见的旅游排队现象

可预测性。通过合理的布局和导流措施，减少游客拥堵和排队时间；运用价值流程图等精益管理工具进行流程优化，调整资源配置，提高资源利用率；建立完善的安全管理体系，定期进行安全检查和风险评估；以及推广绿色旅游理念，加强环境保护措施，实现可持续发展。具体措施包括通过识别游客流线中的瓶颈和拥堵点，重新规划游客路线，设置合理的导流设施，实现游客流线优化；通过看板、电子屏等工具，实时展示服务状态和等待时间，解决服务流程不透明，游客对等待时间缺乏了解等问题，实现服务流程可视化；通过开发智能导览 App，提供个性化推荐和实时信息，解决游客获取信息不便，影响游览体验等问题，实现导览系统智能化；通过部署监控系统，实时监测环境质量和安全状况，实现对环境与安全的全面监控；同时加强员工培训，提升员工服务意识和技能，鼓励员工参与改进活动等。

总之，我们期待文旅行业充分学习工业精益的流程效率与质量管控方法，通过流程优化和可视化改善，提升游客体验，实现资源的高效利用和环境的可持续发展。相信通过技术的进步和管理的完善，文旅领域将迎来更多的创新和变革，为游客提供更加丰富、更加丝滑的高质量文旅体验。

3 万亿美元的数字旅游空间

不久前，"盛世修典 —— 中国历代绘画大系"成果展在中国国家博物馆展出，引起全社会的关注。该项目由中宣部牵头实施，历经 17 年之功，共收录海内外 263 家文博机构的中国绘画藏品 12 405 件套，涵盖了大部分传世的国宝级绘画珍品，折叠了千年文明，为中国古代画作建立了精准的数字化档案，成为汇聚中国古代绘画的文献集成，记载着中国绘画史发展的文化脉络与精神传承，是一项国家级重大文化工程，也是中国美术发展历程的生动写照。业界给出了"精品佳作收录最全、图像记录最真、印制质量最精、出版规模最大"的高度评价，让人们通过数字化手段，不需一处处寻找游历，就能一睹许多国宝珍品的丰富细节，令人震撼。

"盛世修典 —— 中国历代绘画大系"充分展现了数字文旅的强大能力和绚烂魅力，为数字旅游展开了更加广阔的想象空间。通过数字化转型、大数据技术应用、线上线下融合发展等方式，数字旅游正在不断赋能旅游产业。据统计，2023 年全球数字旅游市场的规模已经超过了 3 万亿美元，这个数字是十年前的三倍，数字旅游已经成为全球旅游业最具活力和潜力的领域之一。如同线上会议能够缓解交通拥堵与奔波劳顿一样，数字文旅缩短了目的地的物理距离和呈现形式，大量不需现场、不需实物，具有相同或相近效果，又能节省人力物力的数字化观光项目将会陆续涌现。其中，虚拟现实 VR、增强现实 AR 等技术逐渐成熟，博物馆内的 VR 互动、虚拟讲解员，文化馆中的体感交互体验、电子屏游戏等形式纷纷涌现；在线下呈现形式多样化的同时，线上"云看展""云参观"等数字化应用，打破了时间与空间的限制，成为文博场所吸引力的新来源。由于符合精益价值原则，相信数字文旅定会蓬勃发展。

其中，虚拟观光作为一种新兴的旅游方式，为传统旅游业态带来革命性的变化，这是因为虚拟观光可以减少对自然环境和文化遗产的物理压力，有利于保护脆弱的生态系统和历史遗迹，对于因地理位置遥远、身体条件限制或经济原因无法亲临现场的游客，虚拟观光提供了一种新的旅游体验方式。同时，虚拟观光可以作为教育工具，让学生和游客在不受时间和空间限制的情况下，深入了解不同文化和历史。在一些危险或不稳定的地区，虚拟观光更是提供了一种安全的探索与学习方式。由于充分利用大数据和

AI技术，虚拟观光可以提供个性化的旅游路线和体验，满足不同用户的偏好，结合社交网络功能，虚拟观光可以让用户与朋友和家人共享体验，增加互动性和趣味性。随着技术的普及和成本的降低，虚拟观光将在全球范围内得到推广，成为旅游产业的重要组成部分。虚拟观光作为一种新兴的旅游方式，具有保护环境、提高可达性和安全性的功能，在技术进步和市场需求的推动下，展现出越来越大的发展潜力。相信随着技术的不断成熟和创新应用的不断涌现，虚拟观光这项科技化精益创造有望成为旅游产业的新蓝海，为人们提供更加丰富、经济和多元化的旅游体验。

七、医不膏肓的精益招数

一年 16 万亿元规模健康产业的精益创新路径

有一次陪家人去一家大医院看病，要上 14 楼送药，我一手拿着药，另一手拿着病历挤进电梯，身旁是一位 70 岁左右身穿病号服的老人，边上是他的老伴，刚到 7 楼，老人突然身体往边上倾斜，老伴也拽不住，眼看就要瘫软到地上，我和边上几人一起将老人扶住，在临近楼层电梯开门，把他抬到电梯间的椅子上，叫来医生紧急处理。还有一次发烧去医院，我特意记录了从进医院大门到出大门的经历：第一步，排队挂号；第二步，排队看医生；第三步，排队交化验费；第四步，排队验血；第五步，等待拿化验单；第六步，拿到化验单回去看医生；第七步，排队付款；第八步，排队取药，然后拎药离开。其间我拖着 39 度高烧的病体，排队 6 次，移动 6 次，移动总距离超过 200 米，总耗时超过 2 小时，其中看医生的时间不足 10 分钟，关键是在离开时还没有吃到药。

走路多，问询多，排队多，等候多，嘈杂多，拥挤多，某些传统的大医院已经成了患者的时间收割机和新的痛苦发生器，其实质是没有切实从客户体验角度着想，过度迁就自身资源，从而导致问题重重。糟糕的就医

大医院每天人满为患的场景

体验呼唤精益医院，我们从上述的现象中，可以看到当前医疗机构大量的改善空间：首先，做好现场标识等可视化工作，可模拟陌生病人的行走路径，在需要问询的地点设置醒目指示牌，不仅指示向左转，还要告诉左转之后要走多少米，并设置能及早发现走错的标识；其次，让病人进门后就在相关科室安坐下来，采用机器人等设备担当"水蜘蛛"，负责收款、送药、送设备、送化验单等移动工作，而不是让病人在陌生的环境中东奔西跑；然后，根据当前服务流程绘制价值流程图，对流程进行 ECRS 即取消、合并、重排、简化等优化，减少非增值活动占比，缩短服务流程。如果每个人在医院的时间从 2 小时减少到 20 分钟，则同一时间待在医院的总人数将减少80% 以上，环境自然会宽敞安静许多；此外，运用信息化手段减少人员排队，运用远程诊断减少现场病人数，运用分布式社区医疗站和家庭医生来进行分流，以及组织上门服务等方式，可大大减少医院的病人聚集度，改善病人就医体验。不仅如此，针对当前大量的治疗差错、医疗事故和问题纠纷，同样可以采用工业精益的标准化防错方法和问题解决方法等进行改善。可以说，面对一年 16 万亿元健康大产业，未来精益医疗和精益医院大有作为。

　　还记得大规模生产方式与精益生产方式的对比吗？在传统的大规模制造生产线上，由于强调流动性，出现质量问题的产品也会向后续工序流动，于是大量问题产品聚集在终检区，许多问题严重的产品需要有高超技能的员工才能识别与纠正，产生了瓶颈与大量的人力浪费。这像极了当前的大医院，由于人们不重视前期的医疗保健，等小病拖成大病之后才重视，造成了大医院的拥挤和高水平医疗专家资源的吃紧。丰田的精益化生产方式强调错误预防与质量前移，生产过程中一旦出现异常会立即停止生产，相关人员及时对问题进行根源分析并彻底解决，避免连续生产不合格的产品，再配合各工位的自主检查、线内检查、QC 工程管理表抽查等措施，使得丰田能够在制造环节就能高效率生产出高质量汽车，很少有不合格产品出现在终检区。就如同在年轻时就注重锻炼与保健，做好全面健身与疾病预防，在出现疾病症状时及早干预，将病患消灭在萌芽状态。这样就能减缓目前大医院的就医难状况，实现保健与医疗的均衡化。

精益医疗保健，完全符合中医里所讲求的"上医医未病，中医医欲病，下医医已病"的观点，意思是最好的医生重视预防疾病，较好的医生重视医治将要发生的病，一般的医生只重视医治已经发生的病，就如同几千年前神医扁鹊所说，自己虽然"治已病"有名，医术却比不过他善于"治欲病"和"治未病"的两个哥哥。治未病，就是重视预防，这也符合工业精益上所说的"预防为主""十倍代价法则"等原则，我们重视用中医的方法来治未病，就是将人体当作一个相互作用的系统，用气血的有序运行调动全身的免疫功能，增强身体对外来邪气的抵御，保持身体整体运行正常，实现不生病、少生病、不生大病的保健目标。这应该是成本最低、效率最高、最符合精益原则的保健方法，可以从根本上预防或解决多种医院问题的发生。

让 BMI 控制在 18~24 之间

精益 Lean 的英文原意就有瘦身的意思，当前，肥胖正成为中国人面临的普遍问题与健康杀手，推广精益管理可以有效改善这一问题。在此我们引入一个衡量身体状况的专业术语：身体质量指数（Body Mass Index，BMI），BMI 是用体重的公斤数除以身高米的平方数，中国人的 BMI 指数在 18.5~23.9 之间为正常，如果 BMI 在 24~27.9 之间，则为偏胖，如果 BMI 大于 28，则为肥胖。

前不久见到老同学，他高兴地告诉我说，最近一个月参加了减肥训练，方法是不能吃饭，只能吃菜，体重已经减掉了 5 公斤。还有一位老同学，通过一年多的高强度运动，从原来的体重 79 公斤，减到现在的 69 公斤，效果也很明显。我在表示祝贺的同时会思考，为什么会让自己的体重上升到不能容忍时，再花大力气大价钱减肥，减肥之后多长时间体重又会升上去呢？在工业质量管理中，这种放任偏差的行为是不允许的。在控制体重上，我一直采用的是工业过程管理的方法：在浴室放置一台精准到 0.1 公斤的人体数码秤，每天洗澡后称量，设置的标准是下限 70 公斤，上限 72.5 公斤，只要在上下限范围内就不去管它，当超过 72.5 公斤时，就要求在第二天马上降下来，当轻于 69.9 公斤时，第二天也马上升上去，如同工业质量管理中的统计过程控制 SPC，出现偏差在第一时间报警纠正，不允许拖延。由于 0.1 公斤只要少吃几口饭就减下来了，没有痛苦感觉，而如果让体重到了超过 5 公斤或 10 公斤时，估计要历经一番伤筋动骨之痛才能恢复，我就是用这种方法保持体重 20 多年。长期控制加上长期运动，可保持身体、肌肉皮肤紧致，外在自然结实、富有活力。相反，如果组织松垮、肌肉皮肤松垮，外在自然缺少张力。由此可见，紧致的身体来源于紧致的管理，松垮的身体来源于松垮的管理，紧致的管理是有张力的管理，是讲究过程的管理，是预防大于治疗的管理，也是需要持之以恒的管理，这也是我们将精益称为功夫的原因所在。

精益健康管理的 4 个阶段

早期工厂管理者一直认为质量是检验出来的，直到 1939 年美国现代质量管理的奠基者休哈特博士提出品质是制造出来的，而不是检查出来的，到 1954 年戴明博士倡导品质是管理出来的，再到 1960 年费根堡姆提出全面品质管理，人们逐渐认识到质量在生产之前，首先是设计出来的。观念认识的不同，解决方案和品质结果就不相同，企业效益也会完全不同。经过一代代质量大师和质量人员的长期努力，使得质量管理体系得以广泛推广，产品质量大幅提升。20 世纪 80 年代推行的 6 个西格玛，又将产品的缺陷率目标从百分级提升到百万分级，通过度量单位的提升放大缺陷率并加以控制，成果斐然。精益功夫致力于将高端工业管理技术应用于人们生活的方方面面，自然也会将产品质量的管理映射到人们的健康方面。这里，我们把健康管理分为如下四个阶段。

（1）滞后的健康治疗阶段：许多人对于健康的态度还处于听之任之阶段，既不去体检，又没有管理，小毛小病忍着拖着，只有实在撑不住时才去看医生。要知道医院可不是好玩的地方，悔不当初也已经迟了，处在这个阶段的人们不知道也不重视十倍代价法则，往往造成小洞不补大洞吃苦的被动局面。这个阶段如同工厂没有质检，等产品卖到市场出现了问题，才召回来维修，是刀耕火种的原始社会的质量管理行为，代价也会更大。

（2）被动的健康检测阶段：大部分人的体检是由单位和亲人安排的，当然也有一部分有条件的人开始重视健康体检，并根据体检出的不合格项进行治疗。我所在的高校每年体检中都有人收到通知发现早期病患，这对疾病的治疗和预后非常重要。这个阶段，就如同产品只有在出厂前进行成品检验，检出问题进行返修，还停留在一个世纪前的工业社会，认为质量问题是检验出来的。殊不知当你检验出来时，产生病症的温床已经形成，病象已经生长，甚至病症已经发生，此时只能是亡羊补牢。

（3）主动的健康管理阶段：健康是管理出来的意识许多人有，但是管理行为却不是那么普遍。管理是指主动的预防、检测、康复与维护，其关键在于有计划的行动，比如注重作息、饮食、锻炼、调整心态、注重体检、及时治疗等等。身体如同工业设备，在工业设备上，我们早就有一套完整的自主维护方案，就是全面生产性维护 TPM，科学系统地规定了设备的分类、使用、检测、配件、维护、保养等不同阶段、不同状态的工作要求与维护标准。通过这种维护体系，可以使设备始终处于最佳的工作状态，延迟磨损老化，实现最高的效率和价值。而人体是更加精密的仪器，更应该有一整套维护保养发挥最大能量价值的科学体系，这方面相当于 1960 年全面质量管理提出之前的工业社会。相信全面健康维护 THM 理论与指导体系建立并全民推广时，将是健康管理技术成熟之时，这也是需要精益医疗保健重点去努力的方向。

（4）先行的健康设计阶段：很少有人认为健康是设计出来的，但是在工业品品质策划中，源头设计对问题预防所占的比例甚至占到80%，这给了我们未来健康设计以巨大空间。400年前那个说过"知识就是力量"的英国哲学家培根还说过一句话："子女是父母肉体的复制品"，虽不能一概而论，但也不是完全没有道理。一个人的基因来自父母，从其父母的身体状况来预测子女未来的健康状况有其合理性。基因学让听上去很玄的设计健康变得可能，讲究优生优育，把住健康的源头关，并通过对父母双方病史的遗传学分析，深度认知和充分重视个体的健康隐患，然后通过行为规划来大幅减少发病的概率，将会成为越来越多重视生命品质人士的主动选择。

由此可见，品质管理与健康管理何其相像，只是大部分老百姓的健康理念还停留在检测与治疗层面，比工业品全面的品质策划与预防管理技术落后数十年，这样的落差为推进一场影响广泛而又意义深远的健康革命提供了空间。我们可以预测，在未来健康管理之路上，以健康零缺陷为目标，引入健康十倍代价理论，倡导一次把事情做对、健康免费以及健康维护成本最低的理念，提炼并大力普及健康方法工具，发展健康管理与评价体系，定量衡量健康状况与改善情况，精准度量各项健康指标，大力发展精益医疗、健康管理咨询与健康4S店，将是健康产业蓬勃发展的必由之路。此外，根据精益原则，防病比治病重要许多倍，相对于西医的仪器检测和局部治疗，中医将人体作为一个整体系统，其预防性、系统性、辨证施治的科学方法，更加符合以防为主、品质前溯以及全面质量管理的品质路径。因此可以预见，基于中医理论的养生方法将会脱颖而出，这也是中国这个古老国度厚积薄发、发扬国粹的重要机遇。

保健不要等到 50 岁才开始

以前认为年老体衰才会出现的林林总总问题，许多却发生在上有老、下有小、全家指靠的中年时期，这对于个人与家庭都是难以承受的变故与冲击。人们为了幸福生活而拼命竞争，却因为健康而失去幸福生活。当他们看清楚了这一点，开始花精力投身于健康行动时，许多已年过半百。于是，我们看到大清早外面跑步锻炼的多是中老年人，这时的身体已经淤积不少病患，50 岁开始运动锻炼虽然尚不为晚，但总还是遗憾为什么不能更早行动呢。

精益管理中的质量前置是一种管理理念，强调在问题发生之前进行预防和控制，以提高效率和质量。在健康领域中，保健作为疾病预防的前端环节，可以提前发现并干预健康风险，避免疾病的发生，减少了医疗资源的消耗，具有更高的成本效益比。因此，保健的重要性日益凸显，符合前置性精益原则的保健产业将迎来前所未有的发展机遇。

随着科技的发展，保健产业将更加注重个性化服务，利用基因检测、可穿戴设备等技术，为个人提供定制化的健康管理方案；人工智能和大数据技术的应用，将使保健服务更加智能化，如通过分析健康数据预测疾病风险，提供及时的健康建议；保健产业还将更加融入社区生活，通过建立社区健康中心和开展健康教育活动等方式，提高居民的健康意识和生活质量；同时，保健产业将与其他产业如旅游、文化、体育等进行跨界融合，健康旅游、健康文化等创新服务模式，满足人们多元化的健康需求。

中国健康产业的规模预计将持续扩大。据估计，到 2030 年，中国健康产业规模将达到 16 万亿元，非疾病治疗类市场将扩大到 40%。这些趋势表明，中国保健产业正在经历快速的发展与变革。可以预见，保健产业将以个性化、智能化、社区化为发展方向，通过跨界融合和创新，为人们提供全面、高效、便捷的健康管理服务，展现出广阔的发展前景，保健站有望逐步替代大医院，这是一个值得关注的发展趋势。

菩提有三，一从闻得，二从思得，三从修得。

第六篇·笃　修

. . .

一技傍身，达济天下

俗话说，光说不练假把式。每一门功夫都要靠长期实操才能修成，认真修炼是成就精益功夫的不二法门。此外，酒香也怕巷子深，积极推广才能让精益功夫发扬光大。

功夫具有东方特色，其强健身心的作用有口皆碑。这方面我们可以借鉴印度的做法，源自印度的瑜伽作为一种古老而深奥的健身和冥想运动，可使人们减轻压力、增强体质、提高灵活性、促进内心平静。记得印度总理曾在联合国大草坪上带领全球 135 个国家的人一起练习瑜伽，想象一下，如果中国功夫与精益功夫如果也能这样推广，将产生多么壮观的景象。

我国经济已由高速增长阶段转向高质量发展阶段，各级政府积极推动开展质量、效率和动力三大变革。而精益的零缺陷、零浪费和持续改善这三大基石，正是严丝合缝地对应着质量、效率和动力三大变革。精益功夫对于个人，可以加速精益素质养成，促进身心事业发展；对于组织，可以显著提质增效，持续卓越运营；对于社会，可以提升社会效能，增强综合国力。精益或可成为三大变革的重要抓手，为推进社会与经济进步的历史责任作出贡献。

正慧和兼备，知行达合一，我们期待着有识之士重视精益功夫，投身精益功夫，倡导精益功夫，让中西合璧之珍普惠广大民众，让精益功夫之光洒向华夏大地。

一、精益个人的价值金刚钻

让生命价值倍增

金刚钻在以前锔碗中使用，是一颗米粒大小的金刚石钻头，用一根细绳缠着来回拉动，在又滑又脆的瓷器上钻孔，就像锥子扎在豆腐上一样易如反掌。所以有了那句话，"没有金刚钻，不揽瓷器活"，说的是人生在世，要有一点真功夫才行。我认为，精益功夫就是人间的一颗金刚钻，在提升人生价值的旅途中发挥着重要的作用，而持续打磨这颗金刚钻则应成为一个人毕生的基本修炼。

总以为公众达到精益素质很难实现，直到有一天在寺庙中吃斋饭，也就是俗称的"过堂"，我看到了提升个人精益素质的可行路径。那是在参观星云法师出家地宜兴大觉寺时，我和同伴们受邀参加斋饭活动，被一位师姑耐心培训了十分钟之后，我们排队入场，队伍要求走直线直角，走到座位左侧先行礼拜，然后双手移出椅子，从左侧入座，注意只坐三分之一椅面，坐好后拿起桌上的诵偈书集体诵读"供养偈"，诵完后主持僧人一声令下，开始吃饭。一碗饭、一碗汤、一碟菜整齐排放在桌前，一双筷子横放在近端，吃饭时先将筷子一边压下，另一边拿起，左边用手、右边用筷子辅助将远端菜盘移到面前，再把饭碗、汤碗交叉移放到菜盘两侧，菜要夹入碗里才能食，吃饭时碗托胸前，不得四处张望，咀嚼必须轻声。如需加饭或加汤可将碗放远端，用筷子的平竖位置示意加满汤或只加料。其间，500人的现场只有"2张半嘴"，一个是主持一个是督察，还有半个是巡回服务员。菜盘最后要留一片叶子，用筷子移动菜叶清理细渣入碗，这样没有划盘子的声音。吃完后双碗叠放，与盘子一同放在远端，筷子竖摆在中间。这时服务员一路小跑，一个先收盘子、一个收碗，一个收筷子，主持引领大家齐诵"结斋偈"后立身礼拜。离开前不忘将椅子用双手搬起，膝盖辅助用力推回原位，大家排队依次退场。

不禁惊叹"过堂"的严秩序与高效率，而且连我这个初次参加的门外汉也能一次做对，让我充分领略了管理的魅力。其实，"过堂"中运用了许多精益功夫方法，比如碗筷盘的定置定位，人走直线直角的标准动作，诵偈书的可视化，物料搬运服务的"水蜘蛛"，空碗放远端成为容器看板实现及时化物料供应，以及事前培训、标准化作业及过程督察等细节管理。由此可见，要实现高效管理，一是激发被管理者的敬畏与热爱之心，二是要建立精细高效的作业标准，三是要实行公正严明的监督，而高效管理的最终目的是要培养人们的精益习惯，提升精益素质。

从人们在"过堂"中的表现，引申出了提升全民精益话题。在日本，音乐会后的会场干干净净，没有垃圾，人们上扶梯都是自觉站在左边，乍一看是素养问题，其实根据精益原则，把东西扔地上再花时间打扫干净是二次浪费，设计产线时要分出快速线和混装线，这样可以兼顾量大面广和特殊插单的产品生产都能保证进度与交期，由此看来，看似素养的问题实际大部分是精益问题，是资源与效率问题。

时隔 30 年的两个质量故事

给大家讲两个质量故事，这两个故事发生的时间跨度为 30 年。一个是前不久发生在一家制药工厂，这个厂的来料检验标准要求每 10 袋原料各抽取少量样本，混合在一起进行材料成分检测，以判定这批原料有没有杂质，如果混合抽样合格，则这 10 袋整批放行。具体方法是将每袋原料都插管抽样，然后用封口胶带纸将插孔封闭。这次负责检查的是一名国外审核官，他看到现场记录都已做了抽检，且堆场上的每个包装袋都贴着封口胶带纸，但他出人意料地要求把 10 个不干胶标贴全部揭开，揭开之后，发现只有第一个袋子有一个抽取样品的破口痕迹，其余 9 个袋子表面都完好无损。可见员工只把第一袋原料进行了抽样，其他 9 袋都忽略而过，但为了掩人耳目，都在表面贴上了胶带。这件事情产生了非常恶劣的影响，不仅审核没有通过，相关员工也受到了严厉的处罚。

这让我想起另外一件发生在 30 年之前的事情，有一家生产大型保温设备的工厂，其保温设备外部有一根长长的保温管，要求工人在保温管上等间距打 8 个孔，再往每个孔里注入相应数量的保温材料，然后把这 8 个孔用抽芯铆钉封上，外面涂上黑色密封胶，所以一个完整的产品外部应该是有 8 颗凸起的黑色胶块。一批产品运到了欧洲之后，欧洲的检验员也是出人意料地要求把外面 8 个黑胶块全部敲掉，敲掉后发现 8 个位置上只有四个有抽芯铆钉，另外四个是原封不动的，既没有铆钉，也没有打孔，注入保温材料更无从谈起，原来是工人在施工时擅作主张，本来要操作 8 个打孔、注射与封口动作，他减少了一半，同样为了掩人耳目，在另外 4 个该打孔的地方涂上了胶，结果这批货物被退回，制造商付出高额的赔偿，损失惨重。

时隔 30 年如此相似的两件事情，虽是个别事件，却让我们感慨良多。在过去的 30 年里，社会经济发生了举世瞩目的进步，个人财富也随之稳步增长，但一些人行为中偷懒的小聪明却没有从根本上改变，他们明知应该怎么做，但就是为了一己之利或少一点付出，没有原则地做出偏离标准的事情，这是明显的损人利己行为。当然，比这两个事件更露骨、更令人发指的现象也屡见不鲜。比如用地沟油加工食品，用泡碎的纸板做肉馅包子，用过期的原料制成疫苗等等。少数人为了自己的一点点小利益，对生命安全带来很大危害，甚至造成了社会的恐慌。"差不多文化"以及缺乏严谨诚信的态度，让大量偏差累积成为严重的品质问题和系统问题，进而造成诸多社会问题，成为我们组织与产品走向高端的拦路虎。

100 多年前有位美国传教士，名叫阿瑟·史密斯，在中国生活了 22 年后编写了《中国人的性格》一书，在书中他总结了中国人最典型的性格特征：第一是保全面子，第二是勤俭持家，第三是刻苦勤劳，第四是讲究礼貌，第五是漠视时间，第六是漠视精确，第七是容易误解，第八是拐弯抹角，第九是顺而不从，第十是不紧不慢。这里面，除了勤俭持家和刻苦勤劳这两条外，其他比如保全面子、讲究礼貌与精益管理中的直击价值的要求还是有所差异的，特别是漠视时间、漠视精确、容易误解、拐弯抹角、顺而不从、不紧不慢等特点，和精益理念几乎完全相左。

虽然，作为一个外国人，阿瑟·史密斯个人的观点有其局限性和偏颇之处，但其描写的"差不多"的态度的确有迹可循。1920 年，时任北大教授的胡适先生在《新生活》杂志中刊登了一篇文章，题为"差不多先生传"，用来嘲讽那些处事不认真的人，针砭国人敷衍苟且的态度，节录如下。

你知道中国最有名的人是谁？提起此人，人人皆晓，处处闻名。他姓差，名不多，是各省各县各村人氏。你一定见过他，一定听过别人谈起他。差不多先生的名字天天挂在大家的口头，因为他是中国全国人的代表。

差不多先生的相貌和你和我都差不多。他有一双眼睛，但看得不很清楚；有两只耳朵，但听得不很分明；有鼻子和嘴，但他对于气味和口味都不很讲究。他的脑子也不小，但他的记性却不很精明，他的思想也不很细密。

他常说："凡事只要差不多，就好了。何必太精明呢？"他小的时候，他妈叫他去买红糖，他买了白糖回来。他妈骂他，他摇摇头说："红糖白糖不是差不多吗？"他在学堂的时候，先生问他："直隶省的西边是哪一省？"他说是陕西。先生说："错了，是山西，不是陕西。"他说："陕西同山西，不是差不多吗？"后来他在一个钱铺里做伙计；他也会写，也会算，只是总不会精细。十字常常写成千字，千字常常写成十字。掌柜的生气了，常常骂他。他只是笑嘻嘻地赔礼道："千字比十字只多一小撇，不是差不多吗？"

有一天，他为了一件要紧的事，要搭火车到上海去。他从从容容地走到火车站，迟了两分钟，火车已开走了。他白瞪着眼，望着远远的火车上的煤烟，摇摇头道："只好明天再走了，今天走同明天走，也还差不多。可是火车公司未免太认真了。八点三十分开，同八点三十二分开，不是差不多吗？"他一面说，一面慢慢地走回家，心里总不明白为什么火车不肯等他两分钟。

有一天，他忽然得了急病，赶快叫家人去请东街的汪医生。那家人急急忙忙地跑去，一时寻不着东街的汪大夫，却把西街牛医王大夫请来了。差不多先生病在床上，知道寻错了人；但病急了，身上痛苦，心里焦急，等不得了，心里想道："好在王大夫同汪大夫也差不多，让他试试看罢。"于是这位牛医王大夫走近床前，用医牛的法子给差不多先生治病。不上一点钟，差不多先生就一命呜呼了。差不多先生差不多要死的时候，一口气断断续续地说道："活人同死人也差不多，凡事只要差不多就好了，何必太认真呢？"他说完了这句话，方才断气了。

他死后，大家都称赞差不多先生样样事情看得破，想得通；大家都说他一生不肯认真，不肯算账，不肯计较，真是一位有德行的人。于是大家给他取个死后的法号，叫他做圆通大师。他的名誉越传越远，越久越大。无数无数的人都学他的榜样。于是人人都成了一个差不多先生——然而中国从此就成为一个懒人国了。

这篇文章形象生动地描述了很多人做事态度中不精益的一面，也就不奇怪时隔 30 年为什么还会出现类似的质量问题。鲁迅曾经说过："中国四万万的民众害着一种毛病。病源就是那个马马虎虎，就是那随它怎么都行的不认真态度。"要改变这种毛病，不是一朝一夕的事情，需要数十年甚至上百年的深抓苦练。正因如此，通过建立机制做好外部管理，加强约束以防微杜渐就变成了当务之急。我们知道，无论是个人、组织还是社会，从灵魂深处将差不多文化转变为知行达合一的精益功夫理念是持续发展的必经之路，也深知其艰巨性和长期性，但只要有识之士不断积聚，携手前行，路上的人会越来越多，我们走得也会越来越快。

提升精益素质的 13 项基本功

所谓精益素质，就是将制造流程的精益管理基因移植到个人和团队之中，让每个人都树立优质、高效、节约、精进、和合的精益理念，掌握品质改善与效率提升的精益方法，形成零缺陷、零浪费与持续改善的精益思想与习惯，让每个个体都能爆发强劲的正能量与惊人的高效率，进而全面提升国民素质、资源效率与综合实力。

有了高度精益素质的人，由他们组成精益的团队，去创造精益的产品和精益的社会。我曾与多位日本与德国专家共事，他们每个人虽都有自己的缺点，但无一例外都拥有健康的身材、旺盛的精力，做事极其认真细致，甚至趋于偏执，而且掌握了很多管理技术方法，这些与他们从小所接受的精益素质教育有关。当前我国进入高质量发展阶段，中国制造要走向高端，必须促使品质从低劣向精细发展，管理从粗放向精益变革，当然，这需要经历相当长时间的精益素质变革期。精益功夫希望能秉承全面精益的历史使命，通过修成精益素质为个人和团队注入正能量与高效率，为组织与社会的强劲发展贡献自己的力量。

精益功夫通过不断修炼如下各项基本功来提升精益素质。

1. 潜心聚焦的静心功夫

我们说，内心的宁静是最有力量的修为。静生定，定生慧，宁静让你成熟稳重，更让你智慧迸发，因为只有当你保持内心平静时，才能识别出环境的基底噪声，观察到事物的细微差别，搜寻出适用的辩证逻辑，制定出最佳的解决方案。因此，潜心聚焦的静心功夫是精益素质其他功夫的基底，只有静心专注，才能静观其妙，发挥其他精益功夫的功效。

宁静致远，宁静也是一种素养和品质，精益功夫修行之人，应当具有在喧哗动荡中保持独立专注的禅定，在纷繁事务中保持清醒思考的能力，在熙攘人群中保持端庄宁静的修为，并通过自己的行动带动一大批人，努力让环境变得更加清宁，更加高效。

2. 客户优先的利他功夫

精益是一门关于价值的学问，价值大家能够理解，但在实际工作中，"谁来定义价值"这件事情往往还不明确。在精益功夫中，是客户定义价值，我们常说要以客户为中心，就是说客户诉求的价值优先于我们自身的诉求。

明确了客户定义价值之后，下一步就是利用各种精益功法，让客户价值最大化。因为客户是利润的唯一来源，只有让客户价值最大化，客户才能回馈我们，我们自身才能增值，才能发展。因此，我赢的前提是利他，精益素质中客户优先的利他功夫，是其他功夫的前提与导向。

3. 采用更高标准的极致功夫

前面已经说过，我们的员工被派到一家世界航空制造公司去培训制作碳纤维复合材料零件，产品总共要铺三层，要求是铺一层在工单上盖一个章。结果有的员工为了省事，铺三层后，盖三个章，监察发现后，立刻发给他一个警告，如果再次出现类似行为，将终身禁止生产他们的产品。在这样的公司，哪怕一个微小偷懒或不到位的动作，都会认为是严重的观念与行为问题，都要求员工在意识上和习惯上立即加以改变。正是有过惨痛的教训，使得越是高端的企业对动作到位的要求就越高，要求员工形成敬畏规则的行为习惯，这也是为什么精益素质要求练就比别人更高标准的极致功夫。因此，对一般员工在标准与规则上不提倡创新，制定了之后就要严格按照它执行，等待统一改善完了之后，将改善变成新的标准，再严格按照新的标准执行。

我们认为，高级就是标准比别人高一级，比如在时间上别人用小时衡量时，我们用分钟，别人用分钟衡量，我们用秒来衡量，就会有不一样的行动和结果。因此，我们要把标准提高，并严格按照标准操作，这样我们做出来的工作就会精度更高、效果更好，效率与效益都会不同。

4. 处处发现改善的精进功夫

精益功夫认为，作业中的许多动作并不能给客户产生增值，甚至具有多达95%的改善空间，需要用提质增效的管理来大幅挤出效益。因此，要静心观察、潜心研究，去发现和实施身边的精益改善，练就处处发现与改善的精进功夫。

原始创新很难，但通过优化流程减少浪费并提高速度则人人可为。精益功夫倡导用管理提升流动和速度，并提供了多种方法，比如先期策划、价值流图、及时物流、动作分析、ECRS、均衡节拍、快速换模、拉动式生产等，帮助大家在质量保证的情况下提速。掌握了这些技能，就如同拥有了随身的金刚钻，只要坚持实践，不断改善，不知不觉间，你就走在了别人的前面。

5. 彻底解决问题的溯源功夫

我从参加工作开始，就不断在解决问题中成长，随着解决的问题增多，年轻时就成了安防与智能化行业崭露头角的专家。现在作为管理咨询导师，更是经常要解决别人解决不了的难题，我把它称为捉妖，妖怪藏得越深，越能提高水平，只要方法得当，人定胜妖。这得益于自己掌握了层层识别、寻找根因从而彻底解决问题的精益思路与方法，成就了从根源上彻底解决问题的溯源功夫。

要捉住真妖，就要找到根源，遇到问题连续追问几个为什么，一直问到不可控力为止，那可能就是根源所在。这种进行根源分析的工具还有头脑风暴、鱼骨图、名义群体技术、事件树图等。这些方法，如同捉妖神器，可以使你表现出专业性和聪明才智，体现自身的价值。

彻底解决问题还体现在源头预防上，精益功夫强调品质前移，在源头上做好防错，设计出做不错的系统，是长治久安的精益之策。有的人虽然看上去很忙，每天在加班，但是他在做那些拉杂重复的事情，不重视预防问题，也没有彻底解决问题，事倍功半；有些人则重视预防，很少出现问题，遇到问题时能够彻底解决，事半功倍。因此我们认为，制造问题是麻烦，发现问题是水平，光解决问题还不够，预防和彻底解决问题才有价值。

6. 意承先预的敏锐功夫

大家是不是有过这样的体验，在饭店吃饭，刚想加饮料，服务员就送过来了，吃完饭刚抬起头，就有牙签送到手边，这时候，你会对这个服务员另眼相看。这就是意承先预，在别人的需求提出之前，他就能够觉察到并让你满意，这是生活事业中至关重要的素质和能力。

我们把意承先预分为三级：第一级是抢先一步，就是知道对方要做什么，抢先一步就去做了，比如两个人一起进入电梯厅，你会抢先几步先按下电梯的按钮；第二级是"心灵感应"，就是对方刚要开口你就感觉到了他的需求，把答案递给了他，比如在对方刚站起来张望时，就告诉他洗手间的具体位置；再高一级是"神机妙算"，就如同谙熟"读心术"一样，是在对方提出之前，你将对方心里想要的答案给了他，好比锦囊妙计，在行动过程中能够预测出现什么状况，对方会在什么时候什么地点需要什么，就在那个点上出现。可以这么说，意承先预是一种十分默契的表达，是生命中难得相互理解的温暖和共鸣，于无声处给人以触动和感动，这种默契往往需要长期的了解和磨合才能达到，如同回家的路上想吃什么，到家发现家人锅里烧的正是什么一样。当然，有些人的做法可能正好相反，甚至是无动于衷，讲了几遍他还没有动；还有一种叫行而不达，就是始终做不到位，做不到客户满意的程度；更有甚者是要反复催促，这些被动的习惯，如果不能改变，就会影响他的发展。其实，能够意承先预的人，必定是以客户的价值为导向，把对方的需求放在第一重要的位置，将心比心，而不自以为是。其次是做好功课，有详细的了解、周密的准备和细致的观察，用心琢磨才能运筹帷幄，然后是有恰到好处的及时行动，春风化雨方可沁人心脾。这种不早也不迟、不多也不少的恰到好处，在生活中是一种艺术，在工作中是一种畅快，这其实也就是精益管理的精髓（Just In Time, JIT），在准时化生产的工厂，每个人、每一件物料，每一台设备都在恰到好处地运转，整个工厂在意承先预的氛围中优质、高效、快速地流动，高度和谐，可见意承先预的理念在哪里都能发挥作用。

精益素质可以促人发展，助人成就，当你发自内心地重视别人，别人也会更加重视你；当你越具有对别人意承先预的敏锐功夫时，就会有越多的机会和成功向你走来。

7. 问难愈多则精微愈显的捉妖功夫

有一次去北方，看到路边一排排的树干上密布着刀砍的伤疤，觉得很奇怪，好好的树为什么要如此残忍地去砍它呢？当地人告诉我，这是核桃树，砍伤树皮是为了阻断养分下流管道，让营养保留在树冠，这样可以多结果，结硕果。不知道这是不是科学的做法，但由此让我联想到我们遇到各种问题和难关时，如何处理它们，考验人们的智慧和意志。一些人害怕困难，一旦遇到问题就如临大敌，悲观情绪弥漫。而在精益功夫中，我们把问题当作金子，每发现一个问题，会有及早发现及时阻止从而减少损失的庆幸，也有通过解决困难扫平障碍从而提高水平的欣喜。

记得在攻关航空产品时，常有久攻不克而陷入困境的时候。这时，我会召集大家开会并告诉大家：问题就是妖怪，总是藏着不会自己出来，但根据我这些年的捉妖经验：第一，有妖必须捉，你不捉，它就会兴风作浪，现在不捉，今后等它长大了祸害更大也更难捉；第二，有妖必能捉，如果人没有问题，只要足够仔细，妖怪都能捉出来。于是大家兵分多路，车轮大战，难关最后都被攻克。王阳明有一句名言："问难愈多，则精微愈显。"其实，精微都是从磨难中来的，问难如同一把雕刻刀，把精微一刀刀刻出来。在我的成长过程中，对此也深有体会，当年创业时，没人管你也没人帮你，所有问题都要自己扛，再苦再伤也要强作笑脸继续前行，练就了问难愈多则精微愈显的捉妖功夫。如今虽然也常遇到刀刀见血的磨难，内心已强大到认为这些都不算什么，都能承受，可谓曾经沧海难为水，委屈撑出肚量来，当年那些带给我们痛苦的磨难成了我们成就未来的能力与财富。

8. 零点一丝不苟的精准功夫

当那个小伙子把贴好膜的手机递给我，我说偏了 50 丝，他惊呆了——这可能是他遇见的第一个用丝来衡量尺度的顾客，相信这件事会让他终生难忘。我们知道，一丝是 0.01 毫米，以毫米为标准，相差 1 毫米他会觉得差不多，而我是以百分之一毫米也就是丝为标准，那么相差 50 丝是绝对不能容忍的，这就是标准的作用，高端的标准，才能做出高端的产品。

航空制造有着工业界最高的质量标准，比如一批航空标准件，要检测很多参数，只要其中有一件的一个参数不合格，则整批就要报废，一开始我们并不在意，但经过几次心疼的报废后，从此不抱任何侥幸与幻想，必须自己做到 100% 把握才能放行。这时候，往往做到一丝不苟还嫌不够，比如一件航空零件只允许有 3 丝误差，而我们有 8 道加工工序，如果每道工序都差一丝的话，累计公差就会超差，导致产品最终不能通过严苛的测试。因此，我们在航空板块提出了"零点一丝不苟"的理念，即要做到零点一丝不苟，0.1 丝就是 1 微米，这样做出的产品才可能是件件合格的。随着社会的发展，管理的颗粒度要求不断细化，因此，在精益功夫中，我们提出要练就零点一丝不苟的精准功夫，看似苛刻，但却是走向高端的必由之路。

9. 唯快不破的旋风功夫

天下众多的武功中，只有极致的速度能够战无不胜，速度越快，动能越大，力量越足，与快相反的拖延与等待，就是浪费、是风险、是损耗。人和人之间的差距，往往就是有的人快一点，有的人慢一点，结果却大不相同，台湾的经营之神王永庆年轻时会细心计算客户的用米速度并做好功课，在第一时间将大米送到客户家中，用精准与速度赢得了客户，也赢得了人生。美国 FACEBOOK 创始人在竞争对手迟疑的时候，采用"疯子"一样的速度，将网站推出，印证他所说的：真正决定人生高度的，是你做事的速度。制造马车，每天行走几公里，代表着农村化；制造拖拉机，每天行走几十公里，代表着乡镇化；制造汽车，每天行走几百公里，代表着城市化；制造飞机，每天飞行几千公里，代表着国际化，随着速度的递增，制造业也向着高端迈进。电子器件的摩尔定律，以及网络速度、运算速度的快速迭代，为我们的生活和工作带来了当惊天下殊的显著变化，不禁感慨文学巨匠莎士比亚在 400 多年前的断言之伟大："是速度造就了成功，没有速度就没有成功。"因此，努力实现精益加速，练就唯快不破的旋风功夫，当你做到响应更快、完成更快、到达更快时，人生的发展也会同步加速。

10. 用精准数字说话的严谨功夫

以前有一个老夫子，他老婆叫他下班带三四个苹果回来，他在市场上兜了一圈空手而归，问老婆到底是买三个还是四个，成了笑话。在日常生活中太较真会闹出笑话，因为生活语言并不需要特别严谨。然而，工作语言却完全不同，讲究的是精炼准确，不能含蓄模糊和拖泥带水，一定要练就用精准数字说话的严谨功夫。比如"尽快"在工作中是个很离谱的词语，如果没有附加要求，时间可以是无穷远，与此相类似的还有"马上""尽量""一点""基本""随便"等。工作中要多做算术题，少做语文题，要用精准的数字说话，比如"还有 5 分钟""距离 3 公里""下午 1 点前""再低 2 厘米"等。

我们平时经常讲"马上"二字，但是马上是多久？每个人的答案是不同的。我有次请两位同事吃饭，一位是做技术的，还有一位是从事市场工作的，他们都说马上就到，结果做技术的五分钟就到了，做市场的过了半小时还没到。我给他打电话，他说"我已经到电梯了，马上就到。"又过了二十分钟，我说为什么还没有到？他说："刚才上的是家里的电梯，现在马上要到了。"所以说，马上是多久？你的马上和他的马上是不是一样的时间？如果大家都以马上这样的一个标准来对接的话，你会因此耽误多长时间？其实，马上的典故来源于古代的一个大将，他骑在马上听到皇帝病危，于是没下马就直奔京城，后人就用马上代表立即的意思。生活中的马上似乎没有确定的时间定义，可长可短，给人有无限模糊与弹性的发挥空间，所以广泛流传至今，无处不在。我认为之所以大家喜欢用"马上"，是因为有这样一个模糊的概念，我们就有了更多的余地，这样我们可以不为具体的限制性时间负责。

能用精准的数字表达需要有精准的管理为基础，记得有一年冬天，我在德国工厂参观，十几个人一圈儿小时来到会议室入座，发现桌上一排沏好的茶都是滚烫的，你想啊，如果提早沏茶会变冷，人到了再沏会来不及，相信他们不是用"马上"甚至不是用"分钟"来控制时间，而是用"秒"，这种环环相扣精准无误的工作细节值得我们借鉴。同样，如果一篇管理文章中通篇没有数字，我就会认为笼统宽泛，没有细看的兴趣。所以，无论是平时的讲话，还是如本书的编写，我都会尽量用精准的数字说话，让精准数字成为一种精益语言习惯。

11. 用单页纸报告的简捷功夫

工作就是要直击价值，这是效率，是趋势，与传统换模相比，单分钟换模就是将原来几小时的更换模具时间通过改善缩短到几分钟，创造的效果超乎想象。精益功夫主张工作中的语言与行动越简洁越好，要彻底去除官话套话口头禅，以及过度寒暄、拐弯抹角、意思重复、空话连篇的内容，只留有价值的信息，篇幅往往一下子就节约了大半。职场上有一个 30 秒电梯法则，如果在电梯里偶遇领导，要求在 30 秒钟内说清事情，以免在尴尬中错失良机。第一步先讲结论，确保第一句话就让对方竖起耳朵；第二步讲简单论据，不超过三条；最后总结复述，加深印象。这样，即使时间再紧，你的观点也能清晰传达。同样,精益功夫倡导练就用单页纸报告的简捷功夫,与厚厚一叠纸的一篇报告相比,单页报告就是用简洁的文字和图形把复杂的问题、分析、改正措施以及执行计划概括在一张纸上,其他内容可作为附件备查。这种被称为"一纸禅"的简捷报告方法,直击要害,在节约纸张和PPT的同时,也缩短了汇报占用时间,值得推广。

12. 不隐瞒错误的磊落功夫

曾经与一家海外航空制造公司董事长讨论企业管理,我问他在什么时候使用最高处罚,他说是发现员工掩盖错误时,我深有感触。在我们航空制造车间里,张贴着一张醒目的红色警示牌,上面用中英文写着"在航空企业犯错不可耻,而隐瞒错误就是犯罪,当你做错或发现别人做错时,立即报告主管是你的责任。"隐瞒错误就是犯罪,这不仅是口号,更是实实在在的高压线。当年有一名员工在钻铆时,不小心将钻头打偏,损伤了钻孔周围的材料组织,本来这只是个小错误,但是他自己打了点胶,用漆涂上,认为别人看不出来,结果此事被驻厂代表发现,于是该员工被处以辞退的"极刑",可惜的是这名员工还是在国外工作多年的老技工。

在航空企业犯错不可耻,而隐瞒错误则是犯罪

我们每个人都会犯错误，但是不能掩盖错误，特别是在质量要求很高的环境下，有可能是灾难性的，如果在飞机上，就可能成为机毁人亡的隐患。日本丰田公司的创始人丰田佐吉一开始做的是织布机，当时的织布女工在出现断线时，自己私自将线头接上，结果织出的布总有线头疙瘩，长期质量不佳。针对这个问题，丰田佐吉针发明了一个能自动停机的织布机，一旦出现断线，整体停机，这时候车间主管就会赶来，仔细研判并找出根本原因，采取措施预防错误再次发生。虽然一开始会忙乱一些，但是一段时间后，由于断线的根源被找出并得到预防，织出的布就又快又好。这说明了直面问题甚至放大问题的重要性，在航空工业中，被隐藏的小错误并不是简单的品质成本问题，而是可能把你送进监狱的灾难，懂得了这个道理，不掩盖错误就成了每个航空人最基本的行为准则。

在现实社会中，掩盖错误似乎成了某些危机公关的标准套路，生怕人们知道真相，能掩盖一会儿是一会儿。其实，如果我们知道事件的详细情况，人们就能判断企业与产品的可信度，有利于防止事态恶化，同类或相关企业也能从错误行为中引以为戒，举一反三，防止类似的问题发生在自己企业，监管机构也能从该事件中吸取监管教训，给全社会一个警醒，使其成为提升全民质量意识的教育课程，有百利而无一害。而一旦为了某些人的利益掩盖错误，所有的这些正当目标都无从谈起，企业照旧我行我素，机构继续忙于救火，百姓仍然茫然困惑。希望大家对隐瞒错误就是犯罪这个精益理念有深刻理解，镌刻在每个人的脑子里，练就不隐瞒错误的磊落功夫。

13. 留声留痕的记录功夫

俗话说，好记性不如烂笔头。质量管理体系要求做过的事务都应该有记录，甚至认为没有记录说明你没有做。雁过留声，水过留痕，用可追溯性保证质量，是几乎所有质量管理体系的黄金标准，而练就留声留痕的记录功夫，是精益素质的必修课，要求大家养成边做边记录的习惯，并努力做到文文相符，文实相符。

我们在许多秦朝文物上面发现记录着制造工匠的人名，目的是严格考核产品质量，防止出现质量问题。这种匠人精神的推崇，与现今一些豆腐渣工程形成鲜明对比，也是秦朝强盛的秘密武器之一。反之，如果没有记录或记录造假，说明其没有按照管理体系要求去执行，生产数据失真，过程监控失控，产品质量就无法保证。在航空制造中，产品仅凭检测合格证是不能用在飞机上的，因为航空非常注重过程和可追溯性，要求每一步都是按照客户审核通过的程序去做，产品的每一步检测都是合格的，而且要有客户代表在场监督进行，才能算是合格。产品从原料进货检验、入厂检验、谁领用的、哪台机器上生产的、过程检验的全部数据、产品去向等所有记录，都需要存档保存规定年限。因此，如果说在海里打捞了一扇舱门，要确定是从哪架飞机上掉下来的，这在航空制造工厂可以说是非常简单的事情，这就是记录功夫的作用。

精益功夫靠习惯养成

平时为了随身携带的东西少一些，会在购买时就进行策划。比如，选择鞋子，要求既能够从事商务又适合走路锻炼的那种；为了随身不带鼠标，养成了即使是画图也不用鼠标的习惯；为了免除既要带电脑，又要带适配器的麻烦，会在办公室和家里桌上同时放一个适配器，这样直接插上就可以供电；早上提早半小时出来，既躲过了早高峰的拥堵，还能在办公室跑步机上跑2公里。精益的习惯对我做事有非常大的帮助，比如说以前下班的时候会忘了关空调，做了5S之后，原来很乱的桌面现在只剩下一个茶杯。上班的时候进来把空调遥控器从抽屉里拿出，打开空调后放在桌面上，每次下班之前，自然会拿上遥控器，关上空调，然后再放入抽屉中，这样就再也没有出现忘关空调的情况。如此方方面面，每一件事都用精益的思维，你会发现生活中出现很多与众不同的亮点。或许一开始没有效果，只要坚持不懈，持续努力，每天进步一点点，就会使你脱颖而出。

面对工作和生活的压力，有的人被压得喘不过气，甚至一蹶不振，而有的人会越战越勇，成为生命的强者。生活无疑是智力、意志力和体力的比拼，而运动是这些力量的最佳来源，是精益功夫让我养成了运动的习惯，只要三天不运动，浑身上下就不自在，工作效率大打折扣，抗压能力也明显下降。回顾我的人生历程，有创业艰辛也有委曲求全，有竞争压力也有拼搏疲惫，每次心灰意冷或心力交瘁，可以说都是运动救了我，如果没有运动习惯的支撑，我可能坚持不到今天。

精益功夫靠习惯养成。精益就是塑身，重在行动，难在坚持，成在养成习惯。我坚持数十年的运动健身，将运动理解为运和动两个部分，运是指内功修炼，锻炼五脏六腑，至今已坚持了近40年；动是指跑步、爬山等肌体锻炼。一到周末，只要有几个小时时间，我就会去爬山，一年有50多个周末，我会上山40多次，每次都是大汗淋漓，有时爬一次山体重减轻1.5公斤。我发现，长期运动能够给人们的身形、气色、机能、毅力诸方面带来意想不到的成效。可以说，比起松弛懒散的生活，坚持运动的人自律性、行动性和意志力更强大，身体矫健，精神旺盛，散发由内而外的光彩。这样的人更受欢迎，在竞争中更容易成功，自然幸福感会更强。

二、精益企业的效率撒手锏

让组织绩效翻番

在外界环境变幻莫测的情况下，只有加强自身抵抗环境干扰的能力，充分提升自身的确定性，才能应对不确定。无论外部宏观形势如何，企业最重要的任务之一就是苦练基本功，提升员工与组织的精益技能，打造锋利的效率撒手锏，这样才能在激烈的竞争中立于不败之地。

精益就是练内功。曾听一位知名企业家说过："公司做得最不好的时候是我关心世界最多的时候，今后管它形势好和坏，只做好自己，该收身的收身，该调整的调整，认真从眼睛往外到眼睛往内，这样我们的企业才会渡过难关。"我非常赞同，自始至终，我们都首先应该眼睛向内，练好精益内功，修好个人素质，企业就会有更光明的未来。

在精益功夫中，精益是内容和结果，功夫是形式和过程，精益加功夫就是把内容和形式相结合，形成双轮驱动，会大大加速变革的进程。管理史上的两次著名的变革案例证明了这种结合的效果。首先是精益管理的原形——丰田生产模式（Toyota Production System, TPS）与督导式训练（Training Within Industry, TWI）的结合。TPS 是日本丰田公司在大野耐一领导下创立的一整套的生产运营管理方法，包括一件流、均衡化生产、及时化物料、快速换模、看板拉动、自动化等，制定了严格的技术作业标准。在推进机制上，丰田大力推进 TWI，大野耐一曾说过，丰田生产模式中最重要的还是 TWI，没有 TWI 就没有丰田生产模式。值得注意的是作为生产基层主管培训与推广方法的 TWI 最初是诞生于美国，战后引入日本，至少有上千万的企业人士受到了 TWI 的培训，在日本得到成功之后，这时候美国又回过头来重新重视 TWI。另一个成功案例是美国 GE 公司六西格玛管理技术的推进，六西格玛是一种改善企业质量与流程管理的技术，通过消除变异，将产品和服务的差错率降低到百万分之三点四，从而带动质量成本的大幅降低和企业竞争力的突破性提升。在推进六西格玛的同时，GE 公司适时大力推广其创造的群策群力法（Work out），这是一种鼓励跨部门、跨层级员工组合，通过"认领点子""城镇会议"等形式，形成自下而上自发解决工作问题的议事与改善机制，也是现在行动学习的原形。群策群力让六西格玛方法迅速渗透到全体员工，在六西格玛推进中，GE 公司培养黑带超万名，推进改善项目数万个，创造节约金额数十亿美金的奇迹。GE 公司顾问、人力资源之父尤里奇曾说过"没有群策群力，就没有后来六西格玛的成功推行，也没有 GE 举世瞩目的成功"，哈佛商学院教授称群策群力为"当代西方企业管理领域最伟大革命"。

在上述案例中，TPS 和六西格玛是管理技术标准方法，是变革的内容和目标，而 TWI 与 Work out 是全员参与的机制和文化，是加速变革的推进方法，两者双璧合一，缺一不可，共同创造了神奇的佳绩。于是，精益加功夫就成为我们在组织精益变革中的实战模式，并在实践中得到了成功的应用。

三维驱动的管理风火轮

许多企业虽然做了精益方法培训工作，但推进精益持续改善仍然感觉力不从心，更何况企业运营的目标并不只有精益。如何有效持久地推进精益，推动企业高质量发展，是一直以来困扰精益发展的难题，也是我长期思考并探索的问题。

我们曾在十几年前就尝试提出并推广制造管理模式 X5 和以育人为核心的教导式咨询体系 TUK，在制造管理模式 X5 中包含了精益质量三大系统方法，即持续提升价值的精益生产 LEAN，有效产出最大化的约束理论 TOC，和追求卓越品质的质量竞争优势 QCE，还涵盖了获取竞争优势的战略以及包含合作力、执行力和创造力的文化。我们认为任何组织的最终产品都是人，如果没有人的养成，改善就会反弹。教导式咨询体系 TUK 是以育人为核心的精益推进机制，其中 T 为训练 Training 的首字母，T 的上面一横代表着组织关键绩效指标 KPI 的提升，包括质量、成本与速度，是可以量化的绩效改善，也是组织效益的直观体现，T 的下面一竖代表着人才的养成，是上面一横绩效的支撑，也是组织可持续发展的关键和 X5 体系的核心。在 T 计划中，人才培养是本与因，KPI 的提升是表与果，通过实施 T 计划，激发组织由内而外的动力，实现组织的可持续发展。U 是提升 Upward 的首字母，字形是两头拉动向上提升，U 提升是实现 T 计划的重要途径和方法，是通过对标诊断、行动计划、组织实施、检查总结四个阶段，对组织业务进行优化提升，以实现 T 计划中的业绩改善与人才培养。U 提升的特点是顾问专家在前端诊断与后续检查两头拉动，具体计划和行动由项目组成员实施，培养员工发现问题与解决问题的能力和习惯，确保在顾问撤出后仍能持续高效工作。K 是改善 Kaizen 的首字母，K 字形上由目标线和指向目标线的箭头构成，每一个 U 提升是由多个 K 项目构成，顾问与改善组在诊断分析之后，会确定若干个 K 项目，明确各项目改善目标，然后由项目组成员讨论行动计划并实施落实，过程中可自行请教专家，顾问定期检查项目实施情况。K 项目的主体是改善组成员而不是顾问，员工参与数量与其量化改善成效将作为带级晋升的硬性要求，K 项目的提炼与确定采用约束理论 TOC 的瓶颈分析与聚焦方法，并应用精益与六西格玛工具开展改善工作。

在 X5 理论框架下，TUK 提出在员工中推进绿带、黑带与黑带大师评定的带级体系，同时建立以黑带为教导员的教导型组织，作为企业员工技能帮带、生活关心与持续改善的基层组织，并将这种基层活力组织建设与活动作为企业发展的推进动力。我们将 X5 通过 TUK 的形式向业界宣传，并在多个咨询项目中推广，取得了较好的成绩，获得了企业的认可。

2020 年，西子联合大学在 X5 和 TUK 基础上进行进一步拓展与优化，形成了西子管理系统 XOS 和质量带级推进机制，并在西子航空、锅炉与商业板块进行推广，取得了切实的成效，下面简要介绍其方法与做法，感兴趣的读者可具体阅读《质量是金矿——中国民营企业高质量发展的西子密钥》一书。

西子管理系统（XIZI Operating System, XOS），又称"XOS 风火轮系统"，是西子通过自身 40 余年制造实践探索和行业标杆学习而形成的，是一套既吸取国际先进理论方法又具有中国企业特色的精益与变革管理系统。XOS 风火轮系统的中心是企业的战略目标，围绕战略目标的是由核心价值观驱动的战略运营环、变革激励核与精益质量链三大模块，外圈是 16 个核心工具。西子的核心理念是"以客户为中心，以奋斗者为本，品质领先，持续改善"。在 XOS 中，"以客户为中心"推进战略运营环模块，保证方向与内容大致正确；"以奋斗者为本"推进变革激励核模块，让组织充满活力；以"品质领先，持续改善"推进精益质量链模块，提升质量与效益，方向与内容，组织与活力，质量与效益，三轮齐转，协同 16 个工具的应用，达成高效运营、品质极致、资源节约、客户愉悦、员工满意的卓越运营绩效，实现高质量基础上的高增长战略目标。

在 XOS 系统中，我们从丰田管理中吸收了现场管理、质量管理、流程优化等内容，从美国 UTC 公司获取竞争优势 ACE 工具集中吸收了产品研发、错误预防、系统评估与推进方法等内容，从标杆企业变革中吸收了营销管理与组织激励等内容，从航空、核电等高端制造管理要求中吸取了员工职业精益素养与质量文化等内容，这些内容结合西子多年的战略探索、高效运营与精益实践，将原有工具提升优化，归纳成战略运营环、变革激励核与精益质量链三个模块，每个模块由相应的核心理念推动，构成三维驱动的风火轮架构。XOS将管理从精益延伸到战略与组织，是管理技术上的创新，但万变不离其宗，我们的焦点还是主要放在质量上，当然这个质量指的是大质量。因此，我们说XOS是以质量为核心的精益管理系统，正因为如此，我们推进的带级体系也以质量命名。

XOS 风火轮系统示意图

在西子管理系统 XOS 中，战略运营环是组织链接战略、业务、资源和责任的运营工作环，战略运营环从初始业务绩效开始到业务绩效提升结束，形成一个螺旋上升的闭环。整个环分为战略制定、战略解码、战略执行和战略改进四个阶段，一般以一个日历年为周期，持续不断循环运作，使组织绩效得以持续提升。结合战略运营环特点，我们开发了 6 个实用工具，分别为战略制定工具：战略精准 ESP 法；战略解码工具：指标到人 BPKP 法；战略执行工具：运行有序 12M 法、竞标达成 6Y 法和协作打赢 3R 法；战略改进工具：问题根治 DRIVE 法。企业结合实际制定机制推动战略运营环的实施，从而保证战略运营能够落地。

（1）战略精准法 ESP：战略精准法 ESP 是组织制定中长期战略规划的流程化共创工作方法，ESP 为卓越战略规划（Excellent Strategy Plan）的英文缩写，方法分为"二看三定"即看机会、定目标、看差距、定策略、定节点等五个步骤。

（2）指标到人法 BPKP：指标到人法 BPKP 是组织从中长期战略规划 SP 到年度经营计划 BP，再到部门关键绩效指标 KPI 和个人业务承诺 PBC，层层分解，确保指标到人、战略落地的工作方法，BPKP 为商业计划 Business Plan、关键绩效指标 KPI、个人商业承诺 PBC 的英文首字母缩写。

（3）运行有序法 12M：运行有序法 12M 是组织在一年内从 1 月到 12 月重要活动节点运营计划与循环工作方法，从而保证组织有序推进全年度各项重点工作，达成绩效目标，12M 为 12 Months 英文首字母缩写。

（4）竞标达成法 6Y：竞标达成法 6Y 是组织开展各种项目申报、项目投标等竞争性事务并夺取胜利的系统化运作方法，6Y 为欲、预、育、御、玉、驭 6 个步骤字谐音首字母缩写。

（5）协作打赢法 3R：协作打赢法 3R 是将市场、技术与交付人员组成三位一体的小组，共同协作达成项目全过程各阶段目标的工作方法，3R 为客户负责人（Account Responsible）、方案负责人（Solution Responsible）、交付负责人（Fulfill Responsible）的三个 Responsible 的英文首字母缩写。

（6）问题根治法 DRIVE：问题根治法 DRIVE 是对问题或议题进行系统化分析并将其彻底解决的共创式工作方法，DRIVE 为定义（Define）、根因（Root cause）、研究（Investigate）、验证（Verified）、确保（Ensure）五个解决问题步骤的英文首字母缩写。

变革激励核是关于员工成长与激励的系统方法集，是 XOS 不竭动力的源泉。变革激励核通过推动组织变革，打造流程型组织，破除职能和部门边界，打破员工成长壁垒，构建以奋斗者为本的激励体系和奋斗文化，通过 PDCA 持续进行评价和改进，从而达成卓越的组织和个人。变革激励核包括 4 个核心方法工具：变革激活 DITAR 法、奋斗激励 PRIC 法、黑带赋能 GBM 法和金牌立标 GPA 法。

（7）变革激活法 DITAR：变革激活法 DITAR 是推进变革与激活组织的系统性方法，可以应用于组织各种主题的变革推进过程，DITAR 为定义（Define）、发动（Initiate）、培训（Training）、行动（Action）、成果（Result）五个变革激活步骤的英文首字母缩写。

（8）奋斗激励法 PRIC：奋斗激励法 PRIC 是采用岗位职级制与获取分享等激励方式，激发鼓励员工积极努力工作的系统化方法，PRIC 为纲领（Principles）、职级（Ranks）、激励（Inspire）、文化（Culture）四个奋斗激励步骤的英文首字母缩写。

（9）黑带赋能法 GBM：黑带赋能法 GBM 是通过训战让全体员工掌握 XOS 理论方法并投身改善运动、提高改善成效的全员赋能、培养、识别与激励方法，GBM 为绿带（Green Belt）、黑带（Black Belt）、黑带大师（Master Black Belt）三个带级的英文首字母缩写。

（10）金牌立标法 GPA：金牌立标法 GPA 是对组织 XOS 三大模块运营绩效的系统评价方法，通过评价识别组织优势和改进机会，推动绩效改进，缩小差距，从而达成战略目标，是组织绩效模式自我评价的一种有效方式，GPA 为金牌工厂评估（Golden Plant Assessment）的英文首字母缩写。

精益质量链是从设计开发开始，到市场营销，再到制造现场和工程，最后到售后服务，在产品全寿命周期过程中，通过应用科学高效的精益品质管理技术，持续消除过程变异，并消除浪费的精益方法工具集，包括 6 个核心方法工具，分别是：研发高效 6P 法、营销制胜 MTC 法、现场闪亮 CMESS 法、流程精益 AIRES 法、产品优质 6Q 法、服务满意 REC 法。

（11）研发高效法 6P：研发高效法 6P 是对研发项目过程进行规范化管理，对其中 6 个关键节点组织多部门进行通行证评估，保证研发项目顺利可靠与市场成功的管理方法，6P 为 PP0、PP1、PP2、PP3、PP4、PP5 这 6

个通行证（Passport）的英文首字母缩写。

（12）营销制胜法 MTC：营销制胜法 MTC 是对组织从市场营销到履约回款诸环节进行细化管理，用规范化流程保证营销成功的管理方法。MTC 为从市场到现金（Market To Cash）的英文首字母缩写。

（13）现场闪亮法 CMESS：现场闪亮法 CMESS 是对作业现场进行彻底清理，对工作设备进行主动维护，打造闪亮现场与透明工厂的实用方法，CMESS 为清理（Clean）、维护（Maintenance）、可见（Eyeable）、闪亮（Shining）、标准化（Standard）5 个步骤的英文首字母缩写。

（14）流程精益法 AIRES：流程精益法 AIRES 是进行流程优化，加快生产节拍，提高品质效率的 5 步精益改善方法，AIRES 为分析（Analysis）、改善（Improvement）、资源（Resource）、实施（Execute）、标准化（Standard）5 个步骤的英文首字母缩写。

（15）产品优质法 5Q：产品优质法 5Q 是产品与服务系统化质量控制与质量保证方法，5Q 为质量战略（Quality Strategy）、质量策划（Quality Planning）、质量控制（Quality Control）、质量保证（Quality Assurance）、质量改善（Quality Improvement）5 个步骤的英文首字母缩写。

（16）服务满意法 REC：服务满意法 REC 是流程化处理售后服务，提升顾客全周期满意度的规范化工作方法，REC 为接收（Receive）、处理（Execute）、关闭（Close）3 个步骤的英文首字母缩写。

在 16 个工具中，用精益质量链保证产品质量，用变革激励核保证组织质量，用战略运营环保证工作质量，产品质量加组织质量再加工作质量，形成系统质量，也就是我们说的大质量。运用 XOS 方法工具，可以有效推进各项变革，包括战略运营变革、组织活力变革、技术研发变革、市场营销变革、精益品质变革等，每项变革都能从战略、激励、方法三方面协同驱动推进，改变了以往单一注重方法的做法。这样可以充分发挥模式化系统的作用，一方面确保变革处于战略方向的指引之下，另一方面始终应用科学方法推进变革，同时匹配适合的激励政策，可以大幅提高变革的成功率。

如今，全国各省市区的政府质量奖大多采用卓越绩效模式，西子管理系统 XOS 的大质量框架可以很好切合卓越绩效评价准则的七大类目内容要求，其中战略运营环包括了《卓越绩效评价准则》战略和顾客与市场内容，变革激励核包括了领导和资源特别是人力资源部分内容，精益质量链包括了过程管理和测量、分析与改进内容，高质量基础上的高增长战略目标包括了绩效结果的内容。同时，西子管理系统对组织的金牌评价，也与卓越绩效评价的要求基本相通，通过应用 GPA 对 XOS 各模块进行量化打分，可以对组织管理成熟度进行衡量，帮助组织从铜牌走向金牌，从优秀迈向卓越。得益于长期精益与 XOS 理论方法实践，西子在争创政府质量奖工作上取得了长足的进步，西子旗下 3 家企业获取浙江省政府质量奖，王水福董事长个人和西子洁能公司分别荣获中国质量奖提名奖。实践证明，我们打造的 XOS 风火轮系统是实现卓越绩效模式切实可行的路径与方法。

推进管理系统的三级带级体系

我们说过，工具方法要与推进机制相结合，才能发挥其作用。风火轮当然要自带推进器，这就是带级推进机制，是一种通过训战让全体员工掌握 XOS 理论方法并投身改善运动、提高改善成效的全员赋能、培养、识别与激励方法。在黑带赋能 GBM 方法中，我们将质量带级分为质量绿带、质量黑带、质量大黑带三个阶段。

（1）质量绿带：质量绿带覆盖全体员工，要求全体员工完成质量绿带培训学习并通过考核，掌握质量精益知识与改善方法，具有质量意识与现场改善能力。质量绿带认定管理过程包括：绿带培训、绿带考核、绿带认证、绿带复审。绿带培训采取线上方式进行，共 11 门课程，34 学分，包括 XOS 体系文化、XOS 品质精益工具、管理与素养等内容，学员修满规定学分后，可参加绿带考核，考核包括线上考试和合理化建议考核，学员通过考核后，由西子联合大学进行绿带认证，符合认证要求的学员，颁发质量绿带资格证书。

（2）质量黑带：质量黑带比质量绿带更高一级，取得绿带资格的人员修满规定学分后可以申请认定，黑带采用"线上理论学习"+"线下项目实战"

的模式，通过掌握高阶精益品质核心方法工具、领导力相关理论及实际应用，实现学习实践落地。质量黑带认定管理过程包括：黑带线上培训、黑带线下项目、黑带认证、黑带复审。黑带线上培训采取线上方式进行，共6门课程，24学分，学员修满学分后，可参加质量黑带线上测试，通过后即视为完成线上理论学习阶段考核。黑带线下项目阶段以质量黑带小组的形式，通过精益、质量管理方法工具的运用，完成改善项目，从而提高企业收益。质量黑带线下项目实战阶段学分为32分，项目按收益大小和实施难度分为1~7个星级，学员修满学分后即为完成，线下项目实战阶段分为项目立项、项目实施、项目总结评价，为保障质量黑带线下项目的有效开展，各分子公司设立评审委员会、黑带导师团等组织，并建立了线上数字化黑带流程系统，以实现所有黑带项目可查阅、进度可跟踪、结果可评估。

（3）质量大黑带：质量大黑带是质量带级的最高层级，优秀的黑带通过学习培训和课程考核后取得对应学分，修满规定学分，可参加大黑带考核。大黑带考核采取线下考试和项目考核方式进行，学员通过联合大学组织的考试后应在一年内完成至少3个黑带改善项目或成功实施1个变革项目，同时完成至少1篇论文和至少3节方法案例微课录制。通过考核后，向西子联合大学申请大黑带认证，西子联合大学组织专家评委对学员采取现场答辩形式进行认证，符合认证要求的，颁发大黑带资质证书。

学员取得带级资格证书后，还应按照规定参加西子联合大学线上或线下课程继续学习，修满规定学分或达到其他相关要求后，可参加带级资格复评，复评合格的，证书有效，复评不合格，重新参加资格认定。

黑带赋能 GBM 方法是一种融合多种 XOS 工具的集成方法，也是一种系统性推广 XOS 的工作机制，我们建立了由企业大学、各分子公司和内外部专家团组成的团队负责推进质量带级认证工作。其中，企业大学负责建机制、搭平台、定内容、明目标，组织人员编制了《质量带级认定管理办法》《质量黑带培训认证操作细则》《合理化建议线上操作指南》《质量黑带项目线上操作指南》等制度文件，引入 Sass 平台，搭建质量带级线上学习认证平台，将质量带级学习、培训、项目管理、考试认证等常规学习全部通过线上平台实现，同时组织内外部专家和骨干按照课程体系具体开发学习课程，内容涵盖组织战略、文化、XOS 流程方法、精益品质工具、改进案例、安全知识和健康知识等，目前平台累计上线各类课程数百门，成为全体员工终身学习的重要载体。集团下属各分子公司是质量带级的推动者和落实者，一方面需要根据集团的相关制度和要求建立适合自己的实施细则，另一方面需要组织员工达成自身在质量带级工作方面的 KPI，还要负责制定分子公司的激励政策，并对带级认证过程进行管理，确保本组织的绩效指标达成，同时负责发动、实施合理化建议和黑带改善项目并组织进行评审。各分子公司在本组织内动员全员立足本岗位开展合理化建议和改善项目，根据组织特点组建评审机制，对合理化建议和改善项目进行评审，确保改进建议与改进项目的实效。专家团队包括讲师团和项目导师团，讲师团的职责是根据质量带级课程体系要求，负责具体带级课程开发和设计，按照要求实施线上或线下培训赋能并解答学员学习过程中的疑问；项目导师团的职责是从黑带立项、实施到总结评价全过程提供指导支持，包括立项阶段指导员工选择黑带改进项目和设定目标，在项目实施过程协助指导分析原因和制定改进措施，以及在项目总结阶段帮助评价项目成果等。

2020 年 6 月，西子质量绿带 33 学分课程正式上线，员工们积极响应，通过手机、电脑登录学习平台学习质量绿带线上课程，并提出合理化建议，联合大学每月组织一次线上认证考试。2020 年 9 月，质量黑带 23 门课程正式上线，学员取得质量黑带学分并通过考试后，还需要完成质量黑带改进项目，个人创造至少 25 万元以上收益才能取得质量黑带资格。每个月联合大学都会统计发布质量黑带学习考试以及质量黑带项目进展数据，并推送给分子公司管理层，通过数据晾晒激发组织和员工的竞争动力，同时还会利用每周三晚上的"空中课堂"邀请先进单位分享质量黑带推进方法，为其他组织提供学习借鉴，通过多种方式，形成上下协同互动、积极参与持续改善的良好氛围。2022 年 1 月，西子举行了"风火轮"杯精益品质改进案例大赛，并在大赛上发布了《质量带级体系 QBS》一书，汇编了一年来66 个优秀改进案例，而且对质量带级机制建设、激励政策和推进流程进行了详细介绍，对推进质量带级认证的全面展开进行总结和展示，也是一部推进持续改进的指导书和工具书。随着质量带级认证的开展，视频课程、学分排行榜、学分兑换等活动内容成为组织与员工的热门话题，品质领先，持续改善的文化渗透至组织的方方面面，人人都是质量人，个个参与带级认证蔚然成风，精益品质改善活动从组织践行战略的行为变成员工的一项自觉行动。

我们深刻感受到，要形成三轮协同，建立有效的激励政策激发员工的创造性和热情尤其重要。我们要求精益质量理论知识和应用工具成为员工的必备素质，取得质量绿带和质量黑带资格的优秀员工，可获得更多人才培养项目学习机会，同等条件下优先晋升、晋级。我们在学习平台根据学分进行排序，以吸引更多员工通过学习和参与改进项目获取学分，考试优秀者和完成黑带项目案例视频录制者给予物质奖励。黑带项目年化收益按比例奖励项目团队，最高可以达到年化收益的 10%；员工取得黑带资格给予一次性给予 5 000 元奖励，完成黑带项目按照收益多少可折算成项目学分，按照学分给予实物兑换奖励。通过多维度的激励机制，让大家收获满满，更好地激发了员工参与改进的积极性。

质量带级认证自启动以来，可谓收获颇丰。在战略层面，我们将带级机制提升到传承 XOS 管理基因、提质增效、打造核心竞争力的高度，将带级指标体现在部门 KPI 与领导 PBC 上；在方法层面，我们将多种 XOS 工具方法，特别是精益质量链改善方法，通过线上与线下的培训，传授给全体员工，并在具体实战项目中提供指导，让员工们知道怎么找问题并主动解决问题。通过 XOS 质量带级机制的推进，以质量为核心的企业文化深入人心，员工的质量素质得到提升，产品质量和工作效率有了明显改进，生产和管理流程也更趋精益高效，由此产生的经济效益日益显著。截至 2023 年 12 月 31 日，实施板块超过 94% 的员工取得质量绿带资格，累计提出涉及精益生产、质量管理、流程制度、安全生产、行政后勤以及人力资源管理等多维度合理化建议 7 300 条，超过 30% 的员工通过了黑带理论考试，实施黑带项目 180 个，年化收益 16 600 余万元，150 人取得质量黑带资格，并认证了 55 名带级讲师和 105 位项目导师。这项工作将持续开展下去，成为企业提升精益质量水平、提高员工精益素质并获取竞争优势的特色路径。

精益改善九九矩阵

我们说身边的流程都有精益改善空间，那么，一般员工怎样开展精益改善呢？这里给大家介绍一个有效的方法，即精益改善九九矩阵。这是我们根据多年精益改善案例的总结，列出了企业营销、技术、采购、生产、工程、服务、行政、财经、管理等 9 个职能岗位员工，分别在时间、空间、人力、物料、设备、资金、能源、质量、情绪等 9 个维度进行精益改善的一些方向与措施，可供企业与员工开展精益改善时借鉴。

精益改善九九矩阵

类目	营销	技术	采购	生产	工程	服务	行政	财经	管理
时间	缩短回款周期 缩短订货周期	并行设计 缩短设计周期 通行证机制	缩短采购周期	加快生产节拍 快速换模 现场5S	缩短安装工期 并行作业	提高作业节拍 极速响应	缩短流程周期	提高现金周转 提早报表时间 缩短报账时间	提高决策速度 优化管理流程
空间	网上宣传 线上销售 第三方库存	产品简捷化 产品微型化	减少材料积压 拼箱发运 供应商管理库存	VSM精简流程 做好生产准备 减少储运	现场5S 安全防护	影子板管理 精准标识 远程服务	开放式办公 现场管理	提高空间效率	闪亮环境 透明作业 减少库存
人力	渠道道制 CRM与数字化	跨部门团队 无人值守 利用人工智能	进场免检 专业外包	减少动作/工序 一人多机/多能工 自动化/快速换模	预制化装配 少人化 持证上岗	并行作业 机器换人	精简编制 培训赋能	提高人均效益 财务数字化	分级管理 激励增效 废料处理
物料	减少指定品牌 减少成品库存	减原料品种 采用廉价原料	准时化物料 减少余量 工科分离	减少在制品 价值替代 一件流	减少损耗 重复利用 就近制作	水蜘蛛配送 定额耗材	用品节约	加快库存周转 材料套期保值	定位定置定容 物料分级 废料处理
设备	均衡作业需求	机械化 专机化 无人化	租赁外包 品牌策略	专机化 减少故障 提高OEE	自主保养	闪亮设备 耗材齐备	分级维护 责任到人	处置闲置 投资回报	社会化转包 数字化/智能化
资金	销售提价 减少应收款	投资回报分析 价值工程 适于批产设计	竞价锁价 外包转自制 交付与付款方式	计件制 降低不良	减少人工 减少临时采购	工时定价 阶梯收费	内部核算降本 争取政府支持	降低产品成本 降低财经成本 供应链金融	精益创新增收 带级改善降本
能源	碳足迹 无纸化	节能设计 环境友好	资源议价	水电监控 精细处理	工地节能管理 灵活工时	峰谷节电 节能增效	能耗分片包干	跟踪能源节约	采用清洁能源 企业ESG
质量	减少报价差错 减少合同差错	防错设计 模拟仿真	供应商评价 供应链管理	减少误工 流程认证	隐蔽工程 飞行检查	持证上岗 标准化作业	彻底解决问题 减少工作失误	质量损失追踪 质量改善核算	质量工具复盘 质量事故复盘
情绪	客户关系	降低差错 节点管理	提高齐套率	科学排产 降低不良	减少事故 减少投诉	服务满意度	员工满意度	股东满意度	降低沟通成本 精益企业文化

精益改善九九矩阵

在精益改善九九矩阵中，横向表示在时间、空间等某一维度进行改善可以展开的工作方向，共有 9 个维度。

（1）节省时间的措施：包括缩短回款周期，缩短订货周期，缩短设计周期，采用通行证机制进行设计，采用并行设计方法，缩短采购周期，加快生产节拍，实现快速换模，缩短安装工期，采用工程并行作业，提高作业节拍，快速响应服务请求，提高现金周转速度，提早报表提报时间，缩短报账时间，提高决策速度，优化管理流程等。

（2）节省空间的措施：包括普及网上宣传与线上销售，产品设计简洁化与微型化，减少材料积压，尽量拼箱发运，做好供应商管理库存，做好生产准备，实施一件流减少在制品库存，做好拉动式生产减少成品堆积，减少储运工作，现场做好 5S，做好安全防护，实行影子版管理，做好精准标识，实施远程服务，开放式办公空间，提高空间效率，敞亮环境，透明作业，加快库存周转等。

（3）节省人力的措施：包括实施渠道代理制，导入信息化与数字化，组织流程型跨部门项目团队，设计无人值守产品，利用人工智能做设计，产品进场免检，扩大专业外包，减少作业动作或工序，一人多机，实行多能工，采用自动化，实施快速换模，引入预制化装配，员工持证上岗，实施并行作业，推广机器换人、精简组织编制，实施最多跑一次，提高人均效益，加强财务数字化，实施分级管理，推进激励增效等。

（4）节省物料的措施：包括减少成品库存，减少原料品种，优化原料性价比，减少客户指定品牌，准时化采购，减少采购余量，实施工料分离，采用一件流生产，减少在制品库存，实施价值工程实现材料替代，减少损耗，材料重复利用，工件就近制作，采用水蜘蛛配送，定额耗材管理，用品节约使用，加快库存周转，材料套期保值，加强物料定位、定制、定容管理、实行物料分级管理、注重废料回收与处理等。

（5）节省设备投资、提高设备效率的措施：包括做好市场规划与均衡需求，优化设备投资规划，实施机械化、专机化、无人化，选择租赁外包，制定品牌选型策略，推广设备自主保养，减少设备故障，提高设备 OEE，保持设备闪亮，耗材齐备，实施分级维护，落实责任到人，处置闲置设备，延长设备使用期，提高投资回报，瓶颈设备社会化转包，实施数字化与智能化等。

（6）节省资金的措施：包括提高销售价格，减少应收款，做好投资回报分析，实施价值工程，做好产品批产工艺设计，锁定进价，外包转自制，优化交付与付款方式，实施计件制，降低不良品，精简机构，减少人工，减少临时采购，优化工时定价，实施阶梯收费，内部核算降本，争取政府资助，降低产品成本，降低财经成本，引入供应链金融，推广精益创新增收，推广带级机制，改善降本等。

（7）节省能源的措施：包括推进信息化，实行无纸化，实行碳足迹管理，设计节能与环境友好产品，实行水电监控，耗能工序拼件处理，做好工地节能管理，灵活工时制度，实行峰谷节电节能，电器能耗分片包干，采用清洁能源，推进环境、社会和公司治理（Environmental, Social and Governance, ESG）等。

（8）减少质量损失的措施：包括减少报价差错，减少合同差错，进行防错设计，进行模拟仿真，做好供应链管理与供应商评价，完善质量管理体系，减少误工，做好流程认证，做好隐蔽工程，实行飞行检查，持证上岗，标准化作业，彻底解决问题，减少工作失误，做好质量损失追踪，推进质量改善，普及质量工具等。

（9）减少情绪浪费的措施：包括搞好客户关系，降低差错率，推行研发节点管理，提高齐套率，科学排产，降低不良率，减少事故，减少投诉，提高服务满意度，提高员工满意度，提升股东满意度，降低沟通成本，提升企业精益文化等。

在精益改善九九矩阵中，纵向内容表示技术、生产等特定职能员工在9个维度精益改善上的具体应对措施与改善方向，对具体职能员工更加有指导意义。

（1）营销人员精益改善路径：包括缩短回款周期，缩短订货周期，进行网上宣传与线上销售，实施第三方管理库存，采用渠道代理制，实施信息化与数字化营销，减少甲方指定品牌，减少成品库存，均衡设备需求，销售提价，减少应收款，实行无纸化，减少报价差错，减少合同差错，优化客户关系等。

（2）技术人员精益改善路径：包括实行并行设计，缩短设计周期，采用通行证研发管理机制，设计简洁化、微型化产品，组建跨部门项目团队，运用无人值守技术，利用人工智能，减少原料品种，采用高性价比原料，采用机械化、专机化、无人化技术，做好投资回报分析，实施价值工程，设计适用于批产的工艺，设计节能与环境友好的产品，做好设计防错与模拟仿真，降低差错率等。

（3）采购人员精益改善路径：包括缩短采购周期，减少材料积压，尽量拼箱发运，做好供应商管理库存，材料进厂免检，推进专业外包，做好准时化物料供应，减少材料余量，实施工料分离、设备租赁外包，制定机物料品牌策略，锁定进价，外包转自制，优化交付与付款方式，做好供应链管理与供应商评价，提高材料齐套率等。

（4）生产人员精益改善路径：包括做好价值流程图分析，做好现场5S，做好安全防护，加快生产节拍，实行快速换模，精简制造流程，做好生产准备，减少储运距离，减少动作和工序，实行一人多机与多能工，实行自动化，实行一件流，减少在制品库存，进行价值替代，设备专机化，减少设备故障，提升设备OEE，实行计件制，降低不良率，实行水电监控，做好耗能工序拼件处理，减少误工，做好流程认证，实行科学排产，降低不良率等。

（5）工程人员精益改善路径：包括缩短安装工期，实行并行作业，做好现场5S，做好安全防护，做好工厂预制化，做好装配少人化，持证上岗，减少物料损耗，物料重复利用，工件就近制作，做好设备自主保养，减少人工，减少临时采购，做好节能管理，灵活工时制度，做好隐蔽工程，实施飞行检查，减少事故，减少投诉等。

（6）服务人员精益改善路径：包括提高响应速度，加快作业节拍，做好现场5S，实行影子版管理，设置精准标识，推广远程服务，实行并行作业，实施机器换人，采用水蜘蛛配料，实施定额耗材，保持闪亮设备，保证耗材齐备，实施工时定价，实施阶梯收费，推行峰谷节电，使用节能电器，实行持证上岗，推广标准化作业，提升服务满意度等。

（7）行政人员精益改善路径：包括缩短作业流程周期，实行开放式办公，精简组织与人员编制，推行最多跑一次，做好用品节约，推行设备分级维护，分区责任到人，实施内部核算降本，争取政府支持，能耗分片包干，彻底解决问题，减少工作失误，提升员工满意度等。

（8）财经人员精益改善路径：包括提高现金周转率，提早报表提交时间，缩短报账周期，提高空间效率，提高人均效率，实行财务数字化，加快库存周转，做好材料套期保值，处置闲置资产，提升投资回报率，降低产品成本，降低财经成本，做好供应链金融，跟踪能源节约与质量损失，做好精益改善核算，提高股东满意度等。

（9）管理人员精益改善路径：包括提高决策速度，优化管理流程，推行闪亮环境与透明作业，减少库存，实行各类分级管理，做好激励增效，加强培训赋能，做好现场5S与定位、定置、定容管理，做好废料回收与处理，实施社会化转包，做好数字化、智能化工作，推进精益创新增收，推广精益带级机制，积极改善降本，采用清洁能源，推进碳足迹管理，做好 ESG 工作，普及质量工具，降低沟通成本，提升精益企业文化等。

精益是全员的行动，每个岗位都可以成为精益改善的主体，只要坚持"一步、一秒、一分钱、一根筋"地开展持续精益改善活动，相信都会有所收获。

三、精益社会的品质乾坤圈

低成本再造一个中国工业

一切伟大，都源于一个勇敢变革的开始，持续变革，就会有奇迹发生。中国改革开放 40 多年的成就就是快速变革成果的见证，每一次重大变革都给社会发展注入新的活力、给事业前进增添强大动力。如今，我国经济已由高速增长阶段转向高质量发展阶段，全社会要推动质量、效率和动力这三大变革，而零缺陷、零浪费与持续改善与三大变革交相呼应，可以说推进精益功夫完全契合时代发展的需要。

我们知道，精益功夫溯源于经典的精益生产方式，是精益生产到精益管理进而延伸到个人、企业与社会发展的创新理论与实践，精益的三大基石是零缺陷，零浪费，持续改善。而这三大基石正好体现了国家的三大变革：质量变革即为零缺陷，效率变革即为零浪费，动力变革即为持续改善。无论是社会、企业还是个人，都需要不断变革。虽然自然进化也导致社会进步，但在当今知识爆炸与竞争加剧的时代，变革的成败由推进的力度与速度决定。精益功夫应加速变革之运而生：精是讲求用高品质标准要求一切，一次性把事情做对，提升工作品质和生活品质；益是讲求直击价值，加速流程，赢得时间，赢得金钱，延长生命；功夫是讲求持续修炼，像脉搏一样将变革之血打入全身，周而复始，形成不断加速的机制和文化，让精益变革成为生命的一部分。

三大变革的历史时代，正是呼唤精益素质普及与精益改善提升的黄金时代，这是精益功夫的机遇和舞台。当每个人都能拥有精益功夫这颗价值"金刚钻"，每个企业都能拥有精益功夫这把效率"撒手锏"，社会的方方面面都能通过推广精益功夫形成品质"乾坤圈"时，我们的国家就会在这个变革时代发展得更快，国人也能更早实现梦寐以求的高品质生活。

历史上的三次质效运动

任何事物的发展都是因果相连的，美国、日本、德国这些发达国家之所以在经济上走在前列，在其历史上都出现过普及与推进质量效益的全民运动。这无形中形成了全民的精益文化与素质，意义可谓深远。下面介绍发生在这几个国家的相关历史运动，希望对我们精益社会建设有明鉴之意。

1. 1887—1897 年的"德国制造革命"

经过工业革命，19 世纪的英国工业高度发展，已经成为世界科技的标杆。相比之下，那时的德国还是一个发展中的农业国，其科学技术与英国几乎相差了半个世纪的发展距离。1871 年普法战争后，德国实现了统一，为了刺激经济发展，开始大力发展工业，但由于缺乏技术和人才，又急于求成，德国人开始仿造英、法、美等国的产品，并依靠廉价销售冲击市场。更有甚者，当时还出现了大面积的违背工业道德和商业道德的剽窃事件，一些德国人到英国工厂打探工艺技术，或者索性将自己的产品贴上英国的商标，政府似乎也出台鼓励低价倾销政策，一时使得德国制造成为劣质廉价的代名词。

1876 年，在美国费城举行的世界商品博览会上，德国商品被专家评价为"便宜而拙劣"。这个评价在世界各国报刊上以通栏标题的醒目版面出现，对德国产品的声誉而言可谓是雪上加霜。再加上当时出现了一系列质量事件，比如英国生产的刀具是用铸钢打造的，被称为最锋利而又经久耐用的刀具，但德国用铸铁制造的刀具却假冒英国的品牌，无论是锋利还是坚硬程度都不能与英国品牌相比。于是，英国的刀具生产商在伦敦发起抵制德国产品的运动，他们要求所有来自德国的产品，必须贴上"德国制造"的标签。在 1887 年 4 月，英国国会通过了《商品法》，要求所有进入英国本土或其殖民地市场的德国产品，都必须打上"德国制造"的印章。

英国人对德国产品的抵制和羞辱，引起了德国人的彻底反省。于是，他们开展了一场声势浩大的德国制造革命。在后来的 10 年间，大多数德国公司都铭记"用质量去竞争"的信念，对自己的产品进行严格的质量把关，设计上敢于创新，加上德国工人的吃苦耐劳，成就了德国经济史上的伟大转变，德国产品质量大幅提升，且物有所值，价廉物美。到了 1897 年，就在"德国制造"这个耻辱印记被英国人强行打在德国商品上的 10 年后，英国官员终于将德国产品评价为"价格更便宜，质量更好"。德国品质使英国生产的类似产品相形见绌，"德国制造"这个曾经的劣质标记摇身一变，成了人见人爱的金字招牌。德国的高质量产品使英国货物不仅在海外市场受到威胁，连国内市场也被德国货物大肆占领。

从 1887 年到 1897 年，这十年可谓是德国的制造质量革命期，德国人奋发图强，变耻辱为动力，创造了后来一百多年的质量口碑和工业奇迹。这里面全民族的意识和素养起到了决定性的作用，当时德国发起了大学改革运动，逐步统一了大学科研与教学原则，成功的教学改革带动了科学文化的迅速发展，德国成为当时的世界科学中心，涌现出一大批集科学家、工程师与企业家于一身的人才。教育界的改革成功激发了商界，下定决心摆脱劣质标签的德国企业，开始了大规模生产改革，包括流程化的生产模式、精确的测试测量、进一步的自动化生产、为适应生产需要发明大量工具等，制度上的改革结合科学技术上的进步，短短十年，就让德国制造改头换面，开始正面与英、法、美等国家展开竞争。一场全民族的品质效率提升运动，让一丝不苟、严守规则、任劳任怨、诚实可信成为全体人民尊崇的美德，"造世界上最好的产品"成了每个企业的座右铭。在这样的文化熏陶下，德国社会的生产质量、生产效率得以快速发展，发展成为当今举世瞩目的制造强国和世界第三大经济体。

2. 1910—1920 年美国的"效率提升运动"

20 世纪初的美国，工业化发展已经达到相当高的程度，一方面是生产规模和科学技术的迅速发展，另一方面人们缺乏管理现代化大工业的方法和技术，劳动生产率增长缓慢，同时劳资关系日益紧张，工人缺乏生产积极性，磨洋工现象普遍存在。在这种情况下，人们提出了许多不同的解决方法，有人主张改进机器设备，也有人主张改变工资报酬制度，而弗雷德里克·泰勒则在长期调查研究的基础上主张实施新的科学化的管理方法和制度提高劳动生产率。他认为，科学管理的根本目的是谋求最高劳动生产率，最高的工作效率是雇主和雇员达到共同诉求的基础，而达到最高的工作效率的重要手段是用科学化的、标准化的管理方法代替经验管理，于是，一场美国效率提升运动在西半球兴起。

1911 年，55 岁的泰勒向美国机械工程师协会提交了一份报告书。报告书中针对当时美国发展中出现的严重效率低下问题指出："我们能够看到物资资源的浪费，可是人们对业务不熟、工作效率低下或指挥不当却视而不见。每天，来自人力资源上的损失要比在物质资源上的浪费大很多。"这份报告列举了多个案例，比如搬铁块试验、砌砖块试验与金属切割试验等，意在告诉大家："我们在几乎所有日常行为的效率低下正使全国遭受巨大损失，根治效率低下的良药在于系统化的管理，而最先进的管理是真正的科学，无论何时，只要正确运用这些原理，就能立竿见影，并令人震惊"。报告提出："我们可以把科学管理原理应用于几乎所有人类的活动中去，包括家庭管理、农场管理、商业活动、教堂管理、慈善机构、学校管理以及政府机构等。"这份报告就是著名的《科学管理原理》，倡导人们通过对工作任务进行分析研究，形成科学的作业标准，并将过程标准化，然后根据作业特点挑选并培训工人，在工作过程中给工人以帮助和及时的奖励，并要求管理者和工人相互协作，共同完成任务。科学方法有效提高了包括劳动力资源在内的各种资源利用效率，大大减少了浪费，同时用增加企业利润和员工收入方式化解了劳资矛盾，可谓一举多得，成为工业工程和精益管理的理论基础。

在此期间，另一位著名人士的努力也功不可没，这就是被称为"科学管理"理论的奠基人之一的哈林顿·埃默森（Harrington Emerson），他针对当时整个美国工业体系中普遍存在的浪费和效率低这两大弊病，提出一个国家的生产率主要并不取决于它的自然资源的状况，而是取决于"雄心壮志、争取成功和获得财富的愿望"，他认为由于效率低下和资源浪费，美国正失去它的优势。1910 年，埃默森在州际商务委员会为反对美国东北部铁路公司提高运费做证时，声称铁路公司只要采用泰勒的科学管理方法，每天就可以节省 100 万美元，这番话震动了美国的工商业界，对科学管理的推广起到了积极的作用。埃默森在 1912 年发表的《十二个效率原则》一书，是其效率思想的集中阐述，这十二个原则的主要内容如下：

（1）要有明确的理想。

（2）要求专业常识。

（3）选择有能力的顾问。

（4）要有纪律。

（5）待人公平。

（6）要有可靠及时准确持久的原始记录。

（7）实行有效调度。

（8）制定标准和进度表。

（9）创造标准化的条件。

（10）确定标准化操作方法。

（11）制定标准书面说明书。

（12）对高效率工作实行效率报酬。

这十二个原则，前五个是关于人员关系，后七个是关于方法和体系，这些原则不是孤立的，是相辅相成的，它们之间的相互配合形成效率管理体系的基础。

这里值得一提的还有美国企业家在效率革命中的探索和实践。1910年至1920年，通过技术的发展，在泰勒的效率研究的基础上形成了生产力的大爆发，引领了一个追崇提升生产效率，增加产量，降低成本，大量生产与大规模销售时代的到来。1913年福特流水线诞生，创造了93分钟内从无到有装配成一辆汽车的世界纪录，又成功地建立了"运动中的组装线"，也就是我们后来说的"脉动线"与"流动线"，进一步缩短汽车组装时间，这种"流水装配法"被人称之为"福特制"，成了美国工业百年发展的巅峰之作，并在其他各行业工厂推广。

可以说，正是得益于起源于20世纪初的美国这场全国性效率提升运动，让美国的生产质量和效率大幅提升。后来二战期间，美国全面运用了泰勒"更科学化、标准化的工作方法"，并全面推广工业工程提升生产效率，使得美国生产力爆炸式提高，远超其他国家，美国一国产出的战争物资比所有参战国的总和还要多，为二战胜利打下了坚实的基础。

3. 1950—1960年日本的"质量救国运动"

第二次世界大战后，美国帮助日本将产品质量升级放在与产业结构调整、贸易振兴同等重要的地位，并通过设立国家级质量奖——"戴明质量奖"等激励措施，大力推动企业全面增强质量意识，提高产品质量，形成了一大批具有强大竞争力的品牌和企业，大大提升了"日本制造"的声誉与形象。

1946年，美国的戴明博士路过日本，作了关于品质管理的演讲，当时日本的企业经营者并没有接受，因为那时日本刚刚结束战争，国内经济、政治均处于严重混乱的状态，企业只要把东西做出来就行了，市场上充斥着粗制滥造的产品。当时"Made in Japan"的标记是劣质产品的代名词。为了摘掉这顶帽子，日本政府提出了"质量救国"的口号，一场全国性的日本质量救国运动在企业界蔓延开来。1950年，戴明受邀再次到访日本时，着重强调了品质管理的重要性，并给日本的经营者展示了一幅美好的愿景。他说，只需要5年时间，全世界的人们都会愿意购买日本的产品。当时日本正积极从事重建工作，不乏爱国精神的组织者和奉献精神的企业家，急切希望找到切实可行的办法来洗刷日本产品在国际上的耻辱。戴明的质量管理理论与此时日本的需求正好不谋而合，当时日本的21个财团企业家从戴明博士那里认真学习了美国的先进管理技术，日本政府则起到了倡导激励作用。通过开展产业合理化运动，面向广大企业积极倡导全面质量意识，将产品质量升级放在重要的地位，充分调动了企业参与质量创新的积极性，有效增强了企业通过产品质量升级进一步提高市场竞争力的主动性。依托"质量救国"战略，日本政府和广大企业积极推行全面质量管理的方法和理念，加大对企业尤其是中小企业的质量培训力度，促进日本企业更加注重产品从策划、设计、制造到售后服务全过程的质量管理，关注质量管理方法、质量创新手段的有效应用。经过全员的持续努力，日本产品质量有了根本性改观。到了1955年，日本产品开始打入美国等国际市场，一些企业为了占领国际市场，采取许多奇招展示自己产品不同一般的质量。1956年，日本西铁城钟表商策划了一场在广场空投手表的活动，谁能捡到就归谁，那天他们雇用了一架直升机，将千余只手表从空中投下，当幸运者发现自己捡到的手表居然完好无损时，都高兴地奔走相告。自此以后，西铁城坚固耐用的口碑被传开，一时名声大噪，凭借过硬的产品质量，得以在国际市场上打开了知名度、美誉度。日本的许多产品就是这样，在国际竞争中连连取胜，到了20世纪60年代，日本产品的优势已经非常明显，许多产品质量超过了美国，在全球获得了产品质量好的评价。经过"质量救国运动"，日本的产品品质和国民素质迅速提升，其后几十年日本作为一个资源与领土小国创造了举世瞩目的经济奇迹，也与那十年打下的基础密不可分，我们把这段时间称为日本的全民"精益素质"教育期，对日本的重新崛起与快速发展起到了重要的推动作用。

精益社会的 15 个场景

日本的初中生一般每年 4 次到工厂参观，有一次正好遇见他们参观后集中在工厂教室开总结会，等到会议结束他们出来，我进教室拍了一张照片，里面不仅桌椅摆放整齐，甚至每顶帽子、每个耳麦的摆放都整齐划一。还有一次去新干线坐火车，我们提前了 20 分钟到，急匆匆地要进站，当地地陪说你们不要进去那么早，先在车站边上的星巴克喝杯咖啡，提早两分钟进站，肯定可以赶上的。在喝咖啡的时候，我们心里面很着急，因为在中国这是不可想象的，后来真的提前两分钟进站，站台很小，几步就上了列车。所以日本车站里人都不多，但效率应该是世界上最高的，除了因为整个系统管理精益以外，还跟整个社会都养成了准点准时的习惯高度相关。

日本初中生工厂参观总结会离开后的教室

这种效率还体现在乘扶手梯的时候，他们是左侧乘坐的习惯，大家不约而同都站在扶梯的左侧，留出右侧的通道。其实，这是一个精益效率的问题，我们知道在设计产线的时候会同时设计一条快速线和一条混装线，左边这条就是量大面广的快速线，保持了一定的节奏往前走，而右面这条则是紧急与插单的混装线，两条线互不干扰，效率更高。日本社会显示出来的全民精益文化对我触动很大，他们从小学就开始学习精益，所以整个社会都充满着精益的细节。

打造精益社会，创造美好生活，是我们未来的憧憬和方向，也是精益功夫的使命所在。期待有一天，人们都学会了精益方法，具备了精益素质，用勤勉恭敬的态度工作生活，用精益求精的方法创造价值，或许整个社会充满阳光、贴心、精准、丝滑，变成高效率、高品质生活的理想家园。下面我们尝试着列举一些可能实现的未来精益场景。

（1）工厂：园区的产业布局配套合理，原材料的采购运输距离一般为1小时车程，由供应商管理库存，以小时或分钟为单位配送货物，原材料不需要入厂检验，自动化设备与数字化技术普及，按照订单拉动，实现多品种小批量和绿色化制造，产品生产周期用分钟或秒钟计量，没有多余的在制品库存和成品库存，工厂关键设备 OEE 在 80% 以上，产品质量达到六西格玛水平，准时交货率达 100%，员工精神风貌和人均制造产值达到世界先进水平。

（2）建设工地：工地环境井然有序，围护与安全防护措施到位，没有脏乱差，各种设备运行与维护正常，关键设备 OEE 达到世界水平，作业调度科学，物料按进度准时到位与清运，没有大量积压建筑物资，大量采用工厂化预制产品，建设周期大幅缩短，作业人员严格按照作业标准操作，采取措施减少或消除噪声、扬尘等扰民影响，工程质量检验与监理工作到位，工程质量达到世界先进水平。

（3）农场：未来的农场就像工厂一样，而农民就像工人一样，从种子、土壤、水等原材料开始进行品质保证，对每道工序进行科学研究与优化，自动化设备与数字化技术大面积推广，产能大幅提高，劳动强度大幅降低，推进绿色有机认证，保证农产品生产的品质、成本与交期达到客户要求，同时建立严格的过程质量管理与质量回溯机制，建立保鲜仓储和快速响应物流，发展就近深加工，让农产品可以放心运储与安全使用。

（4）服务：树立"以客户为中心"的服务理念，建立"为客户创造价值"的服务体系，大力发展远程服务，变"最多跑一次"为"一次不用跑"，能够远程办理的尽量不来现场，服务现场闪亮，作业透明，设有"水蜘蛛"运送物料，实行首问负责制，服务人员做到意承先预，节省客户的"一步一秒一分钱"，客户满意率达到世界领先水平。

（5）政府：以创建精益社会为目标，为推广精益理论与方法制定政策，引入工业精益方法进行政务创新，采用一件流处理事务以提升速度，采用价值流程图缩短流程时间，普及自动化与数字化，提高公务人员办事效率，让每位公务员都成为精益使者，大幅度提升科学决策与管理，用最少的行政编制与开支，创造最大的公民满意度与社会价值。

（6）学校：国民素质从娃娃抓起，这里面也包含精益素质教育，一方面学校的教育目标和教学内容要与国家发展与社会要求相适应，另一方面要像重视高等教育一样重视前期基础教育，让更多的具有实战经验的老师充实到中小学校中。

（7）医院：今后的医院会更加专业，但是规模减小，分级就诊会成为常态，减少了大医院的负担，通过精益化与信息化管理大幅减少排队、误诊、差错等现象，医院的可视化、质量改善和流程优化得到显著改变，病人就医的体验感和舒适度不断提高，远程医疗的模式将得到普及，病人在家里就可以享受到专家级人工智能的诊断与治疗，并能快速拿到药物，省时省力。随着精益质量前置原则的普及，民众的预防保健工作得到大大重视与强化，从根本上减少医院的负荷。

（8）商店：随着精益制造和精益物流的发展，商店很大程度成为样品展示与体验交易区，现场只需要少量销售的货品，批量的商品可以直接下单从工厂运送到客户手中。随着信息化和数字化的快速发展，实体商店充当了线上线下协同的角色，购、吃、玩一条龙的综合商场将成为主流，通过精益技术提升客户体验与价值成为差异化服务获取竞争优势的重要内容。

（9）饭店：随着快速配送和保温保鲜技术的发展，餐食配送到单元是大概率事件，为员工节省了时间，员工食堂将逐步转变为招待型或社交型的饭店，这里会大量采用工厂化程序保证食材质量，标准化工艺，减少作业时间，厨师职业将如同奢侈品一样变得稀缺。这里所有的食材可以追溯，所有的加工过程透明化，按量取餐将成为常态，食物浪费大幅减少。

（10）市场：农贸市场的大部分将被净菜、成品菜替代，而且会出现以一道菜的所有原料为输出的特色菜品区，比如鱼头的边上放置着豆腐与葱蒜，羊肉切片边上摆放的是虾滑及其他火锅食料佐料。市场配有大面积的加工烹饪区和就餐区，人们到市场可以用最新鲜的食材和最经济的成本就地解决就餐问题。超市的结账排队问题得以有效解决，便捷的物流将人们负重的双手解放出来。

（11）机场车站：今后在机场一走几百米，在车站一坐几十分钟将成为历史，利用精益原理，借助信息化、数字化手段，可以做到每个班次的精准管理，采用分布式检票口位置以减少移动距离，及时化安检以缩短放行时间，精准化管理以减少等候顾客数量，可视化管理以减少寻找与问询时间，多元化服务以增加旅客价值，大幅提升枢纽效率，提升旅客的体验感和满意度。

（12）交通：通过加强车辆保养与驾驶员培训管理工作以减少车辆事故，加强道路可视化建设减少寻找时间，增加立体交通、推行单向行驶减少道路交会，提高红绿灯智能化程度和运用大数据加强绿波带建设提高道路通行效率，减少无谓的等待时间，加强临时停车管理，以疏为主减少限行设卡等措施，优化城市布局，鼓励就近移动，通过实施远程作业减少人员移动，以及加强公共交通建设，缓解交通拥堵。可以说，未来道路交通的管理水平和通畅状况，很大程度决定着相关部门精益功夫的应用水平。

（13）旅游：旅游是对社会精益水平的考验，包括行、住、吃、玩、购等诸多方面。人们到了一个陌生的地方，一个清洁卫生的环境和透明可视的流程就显得尤为重要，包括行程、车站、宾馆、景点、饭店、厕所、商店、药店、医院等信息的告知，以及游玩须知及安全注意事项，当然还有风土人情与历史人文知识的输出与展示。大量运用精益手法，消除过程中的旅途艰难、排队等待，吃住劣质，购物挨宰，如厕困难、安全事故等现象，给客户以轻松丝滑的游玩体验。

（14）物流：符合精益原则的水蜘蛛物流配送方式还会持续，随着小批量、多频次、快速度物流业的发展，今后的订货与交货方式也将改变，企业或家庭的存货明显减少，促使生产方式和空间需求的进一步改变，社会物流内容越来越丰富，配送速度越来越快，导致社会整体效率的提升。交通运输业、包装业、冷藏保鲜业、无人化配送等行业将持续发展，"睡前网上下单，早起货物到达"将越来越多地成为现实。

（15）活动：各种活动将成为人们娱乐和社交的重要渠道，运用精益工具准备的活动流程去除了人们的等待浪费，会务人员细微的服务和活动内容质量的提高，增强了人们的观感体验。井然有序成为社会由内而外的共同追求，人们在活动中会更加重视自己的行为，比如不会乱扔垃圾，一场万人大型活动后，场馆都不需要清洁工打扫垃圾，体现了全民的精益素质。

精益功夫助力综合国力提升

中国人的聪明和勤奋，在全球学习领域创造的出色成绩，有目共睹，说明我们的教育，在知的层面已经与时俱进，然而，在行和达的层面与发达国家还有较大差距。在此，我们从精益功夫的角度谈谈对打造精益型社会具有决定性意义的精益素质教育问题，希望也能向着零缺陷、零浪费与持续改善的精益目标迈进。

首先在教育观念上，我们提倡用教育资源的前后均衡替代高端人才集中在后段的传统观念。十倍代价法则在教育上同样存在，要求注重前期教育资源的配备，但现在我国的状况正好相反，大学老师的选拔高不可攀，而小学幼儿园老师素质良莠不齐，而且越是前面的资源越单薄。其实，孩子越小，教师水平越重要，早期基础打牢，不至于后来事倍功半地纠正错误习惯。希望将从小到大分布的教育资源三角形转变为资源前移，教育资源要从高等院校向中小学甚至学龄前教育倾斜，除了加强教师培训，小孩看护人员比如父母、家人甚至是保姆在孩子教育中也至关重要，对他们的培训和提升也应纳入教育发展规划，形成人人是老师，处处是课堂的氛围。此外，根据提升源头设计质量原则，在择偶与优生环节上给年轻人以更多指导，也显得非常重要。

其次在教学内容上，我们提倡以脑身心均衡并重代替以练脑为主的传统教育内容，强调加强精益素质教育的重要性。曾经看过小孩中学时的奥数题，难度之高，令人惊讶。可以说在做题上，我们练就了世界第一的超强大脑。从幼儿园开始，到大学毕业，我们的教育涵盖了人们青少年的整个成长期，如同一个大模具，制造出整齐划一的学生。然而，社会是多元的，这中间的缝隙和差距，就形成学校与社会之间的脱节，当年我们死记硬背的复杂公式和方程式，现在还记得多少？根据精益原则，过量的知识也是浪费，知识体系设置得不合理，浪费了我们宝贵的青春时光，我们学了太多一辈子只在考试中有用的东西。因此，要从重脑轻身心的三角形关系转变为脑身心同步发展的均衡关系，缩小这方面与国外教育的差距。着力提高质量，减少浪费，让学习与考核的内容与工作所需最重要的身心健康良好匹配，让每个人从小就养成精益素质和精益习惯，至关重要。

在教育方法与教育评价上，我们倡导以知、行、达并重代替知识灌输的传统方法。我认识的一位大学老师，长期专注科研技术项目，最近开始给学生上课，结果他发现现在的课本与40年前学习时的相差不多。40年科学技术与社会实践发生了翻天覆地的变化，却没有在他的课本上很好体现，这该是一座多么坚固的象牙塔啊。现在的中小学教师，大多是师范类学生毕业后就一直任教，他们并没有丰富的社会实践经验，一块黑板、一支粉笔、一本教材数十年，如何能教出知行达合一的好学生。我们的课程体系应该在知识基础上多加入以价值拉动的行与达实践教育内容，改变以前以书本为中心，以考试为目的、与社会需要脱离的教育方法，转变成以学生为本，以发现学生的兴趣、擅长与潜力为重，大量嵌入知、行、达实践教学内容，帮助他们与社会需求无缝对接并实现价值。

改革开放 40 多年，让我们的经济有了突飞猛进的发展，我们的经济总量在节节攀升，但我们在高精尖领域与世界先进水平的差距依然较大。以集成电路为例，我们在电脑系统的 MPU、可编程设备的 FPGA、数字信号设备的 DSP、移动通信终端的嵌入式 MPU 以及半导体内存的 DRAM、高清电视的显示驱动等核心集成电路的国产化率都还不高，这种现象在高档汽车、民用航空、医疗设备、尖端制造等领域也多少存在。长期以来我们对技术全球化与供应方便性的信任，使得许多人仍沉浸在表面的繁荣之中，对人民币的追求与崇拜导致的社会浮躁，使得很少有人真正愿意投身到那种难度大又见效慢的领域。然而真正支撑国民经济发展的参天大树，哪一棵不需要多年的潜心成长，"差不多"的文化习惯成为攻克高精尖课题的拦路虎。高端产品需要非常高的一致性和可靠性，在人、机、料、法、环、测诸方面非一般要求可以胜任，过程非常漫长，投入也非常大。许多问题表面上看是材料、技术、工艺与管理等问题，实质的关键是精益问题。

我曾经主持过航空零件的研制，深刻体会到高端品质和精益素质是攻克难关的最重要支撑。首先是原材料，需要从合格供应商名录中采购，要求进行入场复验，每个特殊工艺都需要通过 NADCAP 认证。模具的寿命对于产品的一致性和经济性非常重要，这是产品质量的源头和关键保证。我们找到国内最好的模具厂，请来了国际模具专家指导，反复试制，从一开始的一副模具只能打出几百个产品，提高到能够打出数万个。锻压精度尚不能满足零件小于"丝"一级的精度要求，关键尺寸就需要在数控车床上通过精车实现。在热处理工序中，我们采办了高质量的热处理炉，聘请专家研发设计了独特的大功率感应加热与淬火装置，潜心研究时效与固熔的温度与时间参数的设计，经过不断试验确定工艺参数，实现了批量生产的稳定性。由于配合精度要求很高，装配质量也显得至关重要，我们自行改装了自动送料装配机，实现了连续快速装配。在产品检验中精益求精，每一批产品都要经历成百上千万次的拉伸疲劳试验，在疲劳试验台上一做就是好几天。我们以前并不会注意到环境的变化对产品制造的影响，以为空调是为人开的，经过多次纠错分析后，我们意识到空调还是为设备和物料开的，哪怕没有人，也要保持 24 小时恒温恒湿环境，才能保证精密产品的一致性。我们将灰尘当作外来物，现场要求天地闪亮，设备不允许有一颗锈蚀的螺丝，地上不允许有一颗散落的垫片。我们还建立了质量问题归零的制度，一旦发生故障、事故、缺陷和不合格等质量问题，就要按照管理归零和技术归零的"双归零"要求，对照标准逐项落实，并形成归零报告和相关文件，其中管理归零要求"过程清楚、责任明确、措施落实、严肃处理、完善规章"，技术归零要求"定位准确、机理清楚、问题复现、措施有效、举一反三"。这里面关键的一条要求是"问题再现"，也就是说你理论上找到了原因还不算，还要在原因复原条件下再做一批，出现同样问题了才可以确定原因。我们对于出现的质量问题，原因找不出不放过、责任查不清不放过、解决措施不落实不放过。每一个人，每一个问题，都按照这个原则去办，时间长了也就形成了习惯。

通过航空零件的攻关，让我认识到设备和方法都能找到，但员工的精益素质很难养成，而这一点恰恰是制造出高科技高质量精密产品的关键因素。明明有规定，他就是不遵守，什么都"差不多"，只解决表面问题，这样是做不出高质量航空产品的。要让人人都有精益素质相当困难，就如同在满是灰尘的大气环境下，要建立一个高度无尘的超净空间，进入这个空间的每个人都要求通透无瑕，这样才能突破那些尖端难题。因此，如能培养一大批具有精益素养的员工，再加上赋能一些国际先进的工艺方法，我们就会在各种攻坚克难中大有作为。

还记得本书最初介绍的美国赢得世界大战的秘密武器吗？在今日中国，希望精益功夫与当年大显身手的美国工业工程一样，成为提高全民精益素质与区域质量效率，进而提升综合国力的重要手段与路径。中国人的勤劳智慧有口皆碑，国家意志的推进势如破竹，取得的历史成就举世瞩目。我国当前的工业增加值已经超过美国、日本、德国三国的总和，但人均值还只是美国、日本的二分之一，是德国的三分之一。这说明我们在质效方面还有很大的提升空间，如果全员都能充分运用精益功夫，将人均制造效率提高一倍，我们就能够低成本地再造一个中国工业。如果再将制造精益方法更广地延伸到服务等其他行业，我们有可能再次进入一轮新的更高水平的增长周期，使我国持续发展，早日真正进入世界先进强国的行列。

定集梳畅序，大成在精一。

第七篇·含 光

· · ·

大功夫，精一修

古时最常用、最贴身的兵器莫过于剑了，乃至于剑已经成为身份与品位的象征和图腾，公孙黄帝的轩辕剑、越王勾践的湛泸剑和汉王刘邦的赤霄剑，切金断玉，削铁如泥，无一不是精美无比，堪称天下至宝。在古人对商天子三剑的描述中，下品霄练剑只见剑影，不见刀光，锋利无比，兵不血刃；中品承影剑，"蛟分承影，雁落忘归"，剑影只在黄昏刹那间出现，非常优雅精美；最为传奇的是上品含光剑，"一日含光，视不可见，运之不知其所触，泯然无际，经物而物不觉"，是一把无形而又威力无比的剑，人们看不见，使用它的时候也丝毫感觉不到它的存在，被其划过也没有知觉，寓力于无痕。因此，一直希望能够打造一把无影无形、无处不在、无时不用的含光宝剑。这个想法来源于对纷繁复杂人生际遇的思考：为什么有的人身体健康，阳光灿烂，做事游刃有余？有的人却是体弱多病，消极萎靡，做事拖泥带水，少慢差费？身心健康与事业成就，有没有共同规律可循？如果我们能够提炼出一套简单易行、信手拈来又得心应手的做人做事法则，让芸芸大众都能掌握，使用后功力大增，就如同佩戴了一把含光宝剑一般，该是多么赏心悦目的事情啊！经过多年的持续思考与探索，我越来越清晰地意识到，以提升价值为宗旨的精益功夫似乎就是这把人生含光宝剑，如果每个人都能通过修炼掌握，成为自带剑气的娴熟之士，在无影之中安身立命，那将是功莫大焉的幸事。

大道至简，中国功夫的剑法往往只有简单几页，要诀常常只需几个字就能概括。洋洋洒洒的精益理论与方法较为复杂，需要将精益功夫进一步浓缩萃取，并加以修润整合，形成一套含光剑法和要诀，是谓精一。集大成者需要聚焦，越是简单，越是困难，但提升的空间也越大。至简的要诀与长期的修炼，形成了精益功夫不同于传统精益而更具中国功夫的特质，通过仔细体悟，不断实操，定能熟能生巧，游刃有余，练就价值含光剑，成就精一大功夫。

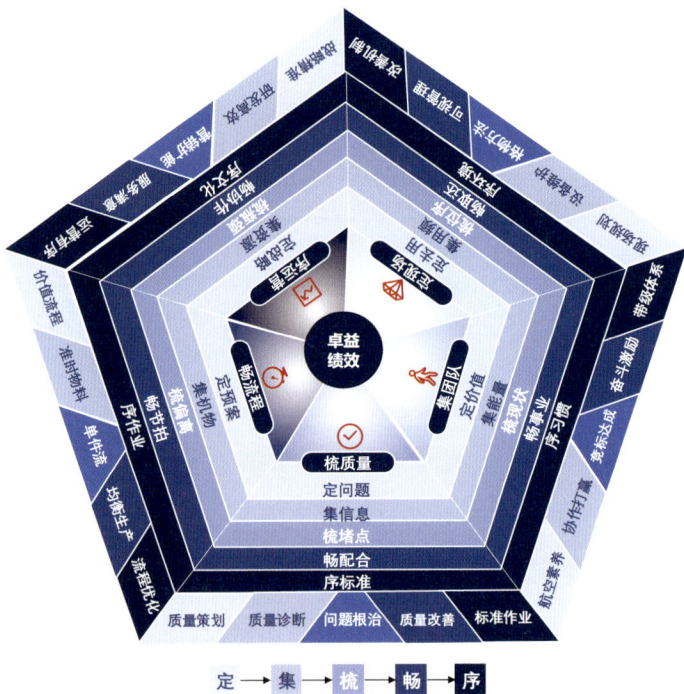

由定集梳畅序五模块组成的精一卓越运营系统图

一、精益功夫的五字秘诀

厚厚一本书，核心五个字

当初拿到的健身功法教材，连同功法问答，是厚厚的一本书，由于练功心切，于是囫囵看了看就开始练习，边练边学。直到有一天，我用气息引领身体能量打通全身各个经络狭关，通润全身，达到和谐有序的状态时，才体悟到在内功功法中，最重要且贯穿始终的是气息，以静养息，以息聚气，集气通关，循经养体，而原来看似复杂的功法，其核心要诀也就如下5个字。

（1）定（Calm）：放松身心，凝神静气，使身体宁静下来，能够听到内心的声音。

（2）集（Collect）：意守丹田，聚集元气，用意念将身体真气汇集，感受到凝聚的力量。

（3）梳（Carding）：循节分解，逐个通关，将这股力量循脊椎上行，打通督脉关卡。

（4）畅（Clear）：打通经络，畅快运行，扩大战果，打通任督二脉，让气血畅行。

（5）序（Concordant）：全身通透，井然有序，并通过持续修炼，保持全身机能风调雨顺。

这5个字的英文首字母正好是5C，于是我称之为五息方法。虽然只有5个字，却是整个功法的中心和灵魂，让我摸索修持了40年，现在还在继续，且日练日新，充分感受到功夫要诀的点睛之神与博大之深。这种从修炼内功中悟出的内功通达方法，或许就是我一直踏破铁鞋无觅处的含光剑法吧。

厚厚一本书，核心5个字，定、集、梳、畅、序可谓是精益功夫的五字秘诀，深刻领会这5个字的丰富内涵并灵活应用，则能提纲挈领，挥洒自如。下述许多内容都是围绕这五字诀展开，包括精益功夫的5个观念5A（Awareness）、面临的 5 类问题 5B（Bother）和解决问题的 5 步方法 5C。

精益功夫的 5 个观念

定、集、梳、畅、序五字诀是解决问题的方法，这 5 个动词加上其行为描述，就形成定意、集预、梳通、畅快、序息的目标效果，其中的意、预、通、快、息就是精益功夫的 5 个观念 5A，A 为观念 Awareness 的首字母，称为"五彻"，五彻是精益功夫的五项基础原则。

（1）意：意的意思为意念，是所有思维与行动的最早源头，所谓一念之差，千里而迁，意念对行动与结果具有重要的决定作用。所有内功修炼之人都知道，意念是功夫的核心之源，以意领气，意念调好了，气才能汇聚，血才能顺畅。反之，意念中如有杂念或执妄之想，则难以成功。同样，在精益功夫中，意念就是要为客户创造最大价值，体现在企业中是真正以客户为中心，体现在个人中是形成利他思维，这是一个革命性的思想转变，也是取得成功的关键基础。毛泽东主席在《为人民服务》中说，"我们这个队伍完全是为着解放人民的，是彻底地为人民的利益工作的。""只要我们为人民的利益坚持好的，为人民的利益改正错的，我们这个队伍就一定会兴旺起来"，正是因为以人民为中心，一切为了人民，中国革命才能成功并创造了奇迹。利他是精益功夫之核心，是修炼成功的基础。客户是一切利润的唯一来源，因此在精益功夫中，将自身利益放在后面，让客户定义价值，为客户创造最大价值，重视与客户的直接交流，才会换来丰富的客户回报，组织和个人才会成功。反之，以自我为中心，乃至见利忘义，假冒伪劣，强取豪夺，且不说难以持续，即使暂时取得成功，也不会受人尊敬。身体也是一样，意念清正，则气血流畅、脉管通畅，组织营养自然充盈，就不会导致淤积与器质性病变，据说 90% 的疾病由情绪导致，从某种意义上讲，意念决定身体健康也不为过。

（2）预：预的意思为预备和预防，凡事预则立，不预则废。在精益功夫中，预防能力为核心能力，能够防患于未然，不战而屈人之兵，才是精益功夫的高手。其实，修炼内功的真正意义是实实在在的健身防病，内功就是通过打通身体经脉，让全身气血畅行，充分滋养细胞，让身体垃圾不淤积，就不会产生阻滞、凝结、斑块、堆积乃至肿瘤等病象。同样，在涉及健康、安全、质量等方面时，如果问题已经发生了，痛苦、损失就不可避免，且发现的时间越晚，损失就越大，甚至难以承受或挽回。因此，我们认为，一定要找到源头，并针对源头采取预防措施，这里的一份努力，将避免未来的大面积损失。对于教育，要更加注重和优化早期教育的师资和资源，及早培养孩子的智力、态度和素质，特别是正确的人生观和好习惯，以免未来走偏，那时的纠偏成本将会很大。在组织教育干部方面，要建立防止犯错的机制，建立隐瞒错误就是犯罪的理念，将错误消灭在萌芽状态，这是对干部的最大保护；对于健康，要形成保健先于医疗，养生重于治疗的机制和氛围，健康从娃娃抓起，形成全民运动健身的态势，可大幅减少人们的病患痛苦和治疗花费；对于产品与服务，要特别注重产品的设计、材料、模具等源头环节，应用规范化产品设计程序，全面实施产品先期质量规划与失效模式分析等手法，并在设计与制造过程中采用错误预防措施，打造一般员工想做错都做不错的产品与服务系统。可见，预之理念，将区分你的人生是运筹帷幄制胜，还是整天救火追亡，应该足够重视。

（3）通：通的意思是凡事直面价值，直通要害，精准打击，避免淤塞浪费。一方面，直通效率最高，但是我们长期形成的文化性格中，要做到直击价值往往需要较大的勇气和努力。我们出于礼貌，往往不能直接表达看法和观点，碍于面子，不愿或不屑去做直击价值的事，还有漠视时间，漠视精准，拐弯抹角，顺而不从等等，人为产生了许多浪费；通的另一个含义是贯通，俗话说"通则不痛，痛则不通"，修炼内功的关键一环就是用意念引领气血直击各个关卡，打通任督二脉和全身经络，在工作和生活中也是一样，要简化组织层级，去除多余堆积，打穿部门墙，建立流程化项目团队，简化优化作业流程，形成标准化操作；通还意味着减少交叉，精准指示，精准行动，实质上就是心无旁骛的工匠精神，能够聚焦资源去直达目的，而减少由于信息模糊导致的多问、多寻、多投、多做等时间与资源浪费，提高行动的质量与效率。因此，练就直击价值的功夫，成为直率、诚恳、严谨、高效的员工与组织，是精益功夫的重要修炼目标与任务。

（4）快：快的意思是在速度上比别人更胜一筹。在时间上，老天对每个人都是公平的，王公将相与平民百姓基本同寿。然而，如果做同一件事情你的速度比别人快一点，就相当于生命有效利用时间的延长，比如以前从杭州到北京，坐马车需要走2个月，现在乘飞机2个小时就能到达，可以节省出数十天时间，说明通过技术与管理可以实现生命时间利用效率的差异化。此外，快速果断地响应，行云流水的速度和势如破竹的动能，不仅提高了个人与组织成功的概率，还显示出行为的韵律与美感。在内功修炼中，我们将平时缓慢流动的气血加速，达到一呼一吸之间完成一个周天循环，起到流水不腐、户枢不蠹的流动效果，当内力有了积累后，由丹田之气引领，快速肢体发力，实现内力外发的闪电攻击，达到内外结合的较高修为境界。当然，要实现快字，需要有扎实的功底，比如在产品与服务流程上，要求员工的熟练技能与规范操作，要求设备的精良维护和高效运行，要求物料准时齐套，还要求原材料质量和作业工艺质量的保证等，才能实现又快、又好、又美、又强的精益功夫要求，顺利达成绩效目标。

（5）息：息的意思就是呼吸，是生命最基本和最重要的活动，内功修炼的实质就是在练呼吸，一呼一吸之间，将气脉打通，让周身气血流动。所以说，筋骨皮靠运动锻炼，而五脏六腑靠呼吸锻炼，世间几乎所有的内修形式，无论是瑜伽、冥想，还是站桩、打坐、太极、八段锦等，无一不是将呼吸作为重要的修炼内容，可以说内功外功不练息，花拳绣腿一张皮。在精益功夫中，呼吸代表着持续改善的机制，在组织或个人的日常之中，必须将每天进步一点点的持续改善变成习惯，成为身体血液中的一部分，朝着零缺陷、零浪费的目标不断前行。这里的呼吸，有时候可以慢一点，有时候可以快一点，但绝对不能够停止。当个人或组织把持续改善作为日常运营的呼吸一样来推进时，日积月累，就会形成差异化竞争优势，想不成功都难。因此，修炼精益功夫，不能急于求成，重在慢工细活，形成机制，养成习惯，塑造文化，方能功成。

以上5个字，是精益功夫的五彻观念，每个字的含义都丰富而通透，希望大家能认真领会并运用，变成自己身体力行的行动指南。

精益功夫的 5 类问题

定、集、梳、畅、序五字诀之所以能够起作用，因为其能够对抗并消除我们遇到的堵点和痛点，即以定克浊、以集克散、以梳克滞、以畅克淤、以序克紊，其中的浊、散、滞、淤、紊这 5 项，就是精益功夫的 5 类问题 5B，B 为 Bother（扰动）的首字母，5B 用中文表达就是"五扰"，分述如下：

（1）浊：浊的本意为不纯净，不清晰，进而指嘈杂纷呈，不能静心宁志的状态。在内功修炼中，如果思绪繁杂混乱，就不可能静心定身，修炼的基础没有了，功夫更无从谈起。浊是意的混乱，是许多未曾修炼之人的常态，其对应于人体，表现为意识浮躁，外表不整，对应于事物，表现为目标不明确，条理不清晰，对于物质，表现为成分有杂质，观感不清纯。于是，由浊变清，由躁变宁，是谓天地清宁，就成为精益首先要达成的功夫。

（2）散：散的意思为分布各地不集中，各自为政不协同，资源力量不聚焦。在未曾修炼的人体中，人的元气分散在身体各处，仅能维持机体功能，但不能形成合力通关活络，这种情况表现在为人处世上，就是选择太多不聚焦，精力涣散不集中，资源分散不配合，不仅不能形成合力，而且还会被外敌化整为零，各个击破，导致阵地沦陷，问题发生。这就是一支筷子易断，一把筷子难折的道理所在。于是，由散变聚，资源整合，就成为精益功夫厚积薄发的重要任务。

（3）滞：滞的意思是流动不畅或速度缓慢，表现在内功修炼中，则为气血不畅，不能将营养精华输送到需要的身体部位，也一样不能把新陈代谢产生的毒素及时清运出去，给身体带来不利影响。在工作事务上，滞表现为行动迟缓，执行不力，工作不顺畅，这样的工作状态自然不可能有战斗力。导致这种现象的原因很多，可能是动力不足，也可能是脉络不通，抑或流质不纯，需要根据不同原因，制定相应对策，打通管道，加快流速，提升势能，避免症状的进一步恶化。

（4）淤：淤的意思是产生淤积，甚至导致流动停止，是上述滞的问题长期不能解决积累而成的器质性病变，出现了这种问题，在内功修炼中就需要花费非常大的力气去修复，往往效果也不尽如人意，需要动用西医手术进行清淤或切除。在塑身管理中，淤则表现为明显的脂肪堆积和身体肥胖，这时候要减重就会比较困难，淤在工作中则表现为流程严重不畅，库存严重积压，组织效能严重低下，是比较危险的境况，迫切需要大力推进精益功夫，进行一场全面的质效变革。

（5）紊：紊的意思是机能紊乱，精神错乱，行动混乱，这时候，病象显现，痛苦不堪，甚至病入膏肓，积重难返。我们说一个健全的身体，肌体各部分协调一致，机能上风调雨顺，散发着由内而外的光彩，然而，当身体逐渐被各种顽疾侵害时，各种脏器都会出状况，多方面机能都会不协调，在工作方面也表现出质效不达标，问题层出不穷，乃至四面楚歌，积重难返。因此，精益功夫的底线是不能让这种情况发生，并在需要时积极承担临危受命，扭转局面的重要使命。

上述五扰呈递进关系，前一问题往往是导致后一问题的前提，或者说后面问题是前面问题的积累和传递。因此，要清晰识别当前主要的扰动项，并将重点放在前期预防和矫正上，避免拖延导致后期大的问题发生。

精益功夫的 5 步方法

定、集、梳、畅、序五字诀贯穿了精益功夫的 5 个观念和 5 类问题，同时也是我们解决问题的方法，我们称之为精益功夫的 5 步方法，即 5C，5C 是 5 个首字母为 C 的英文步骤缩写，中文用"五息"表示，5 个步骤分述如下。

（1）定即理念清，是聚焦于意念、理念、问题、目标等方面，并形成清晰的思路与环境。

（2）集即资源聚，是计划与准备阶段，将相关信息、可能性等分析透彻，储备各种资源并形成行动计划。

（3）梳即重点攻，是集中力量各个击破的行动阶段，通过行动积累经验，以形成更大的势能。

（4）畅即全面达，是进一步推广与扩大实施面的阶段，全面提质增效，达到预期行动与绩效目标。

（5）序即习惯成，是工作评价与标准化阶段，将改善后的内容融入日常工作与生活之中，并持续养成习惯。

其实，以上 5C 是针对 5B 而设的。浊为无定，以定去浊；散为无聚，以集化散；滞为无梳，以梳消滞；淤为无畅，以畅清淤；紊为无序，以序治紊。一旦我们了解了问题所在，就能运用 5C 逻辑与方法有针对性地进行解决与改善。

我们发现，5C 一定程度上代表着自然法则的规律性，是其他方法的底层逻辑，也是一个在整体与细节中都能适用的全息方法。比如面对问题，首先是要定下心来，定义问题并明确原则，然后要组织力量收集各种现场和背景数据，再详细梳理细节制定应对措施，落实改善行动实现流程流畅，最后通过标准化让整体更加有序运行，相信这个步骤已经或可以成为专业人士解决问题的通用法则。同时，5C 还可以迭代并优化当今流行的工作方法。比如著名的戴明环 PDCA，即计划、执行、检查、处理。比照 5C 法，计划对应于集，执行对应于梳，检查对应于畅，处理对应于序，而 5C 中更强化了定义问题、明确目标的步骤。六西格玛中最经典的管理模型 DMAIC，即定义 D、测量 M、分析 A、改进 I、控制 C。其中定义对应于定，测量对应于集，分析对应于梳，改进对应于畅，控制对应于序。再看丰田工作方法（Toyota Business Practice, TBP）的 8 个步骤，其中明确问题对应于定，分解问题、设定目标对应于集，把握真因、制定对策对应于梳，实施对策、检查结果对应于畅，巩固成果对应于序。由上可见，5C 具有广泛适用性。现实中人们一般知道去做梳与畅的工作，往往会疏忽定与序的工作，集的工作做得也不够，效果自然会打折扣。因此，当你遇到问题时，首先想到应用 5C 思维与方法，系统性和逻辑性就会随之显现，处理效果也会明显不同。下面介绍几个应用 5C 的具体场景。

（1）应用于战略规划：第一步定，就是设定目标；第二步集，就是收集数据；第三步梳，就是梳理路径；第四步畅，就是形成战略；第五步序，就是部署运营。

（2）应用于组织运营：第一步定，就是确定目标；第二步集，就是汇集资源；第三步梳，就是分任务作战；第四步畅，就是整体达成目标；第五步序，就是评价、激励与提升。

（3）应用于员工激励：第一步定，即激励员工计划性的素质与行为；第二步集，即激励整合性的素质与行为；第三步梳，即激励开拓性的素质与行为；第四步畅，即激励达成性的素质与行为；第五步序，即激励标准化的素质与行为。

（4）应用于现场改善：第一步定，就是定义目标责任；第二步集，就是 1S 整理；第三步梳，就是 2S 整顿；第四步畅，就是 3S 清扫；第五步序，就是将上述作业标准化。

（5）应用于质量诊断：第一步定，就是分析现状，制定目标；第二步集，就是统计信息；第三步梳，就是分工序误工计算分析并改善；第四步畅，就是全线误工率改善与优化；第五步序，就是实施标准化并持续改善。

（6）应用于解决问题：第一步定，就是定义问题；第二步集，就是分析原因；第三步梳，就是研究对策；第四步畅，就是验证方案；第五步序，就是将成果纳入标准化。

（7）应用于价值流程图：第一步定，就是制定改善目标；第二步集，就是组织改善小组收集信息；第三步梳，就是绘制流程图并制定改善方案；第四步畅，就是实施改善行动并达成结果；第五步序，就是实施标准化并持续改善。

（8）应用于流程优化：第一步定，就是制定改善目标；第二步集，就是收集数据；第三步梳，就是梳理流程；第四步畅，就是实施优化；第五步序，就是实施标准化并持续改善。

（9）应用于流程认证：第一步定，就是定义问题；第二步集，就是着手测量；第三步梳，就是分析研判；第四步畅，就是实施改善；第五步序，就是过程控制。

（10）应用于精益素质：第一步定，就是要培养禅定的素质，包括善于宁静致远、价值为王、运筹帷幄以及意承先预等；第二步集，要培养开放的素养，包括善于收集信息、发现机会、寻求资源以及薪火相传等；第三步梳，要培养精细的素养，包括言行精准、一丝不苟、寻根溯源以及精微克难等；第四步畅，要培养效率的素养，包括善于一次成功、唯快不破、熟能生巧以及系统畅达等；第五步序，要培养有序的素养，包括善于提高标准、一致可靠、详细记录以及持续改善等，将定、集、梳、畅、序五项精益素养，变成员工的基本功。

（11）应用于塑身健体：第一步定，就是将意识或注意力从外部收回来，内敛内观；第二步集，就是测量反馈身体及组织数据并比对分析；第三步梳，就是根据身体及组织需要改善的部位拟定行动计划并开始改善；第四步畅，就是达成改善目标，全身指标提升；第五步序，就是持续改善，井然有序。

还有许多其他应用，在此不一一赘述。总之，息为呼吸之意，无声无形却是生命之本，虽简单却深奥。精益功夫通过修息，试图探索并把握生命能量的规律，提升生命健康品质，通过修炼与实践，感知并提炼人间事物的真因，改善行为方式习惯。希望大家如同修炼内功一样熟练修习掌握5C方法，并在持续改善中运用自如，成为同呼吸一样基本和自然的本能，练就随身解决现实问题的看家本领。

二、精益功夫的五维画像

定量的评估 改善的阶梯

没有评价就没有进步，特别对于讲求持续改善的精益功夫，评价体系必不可少。我在企业曾参与过供应商健康评估 SHA 的推进工作，深切体会到运用评估体系推进企业全面高质量发展是企业修炼精益内功的有效路径。

供应商健康评估（Supplier Health Assessment, SHA）是美国 UTC 公司提出的一套公司绩效的评估和识别系统，它的建立和实施是为了不断改进流程和经营绩效，获取市场竞争优势，不断增强股东、客户、员工和社会满意度，使公司在质量、交付、精益和客户满意度等方面达到行业标杆水平。SHA 供应商健康评估标准分为质量、精益、流程管理、资源管理四大部分，每部分 100 分，共 84 个条款，总分 400 分，每个条款根据评估对象成熟度和绩效的不同，从 0 到 5 共分 6 个水平予以评价。

当年西子电梯板块引入并展开了 SHA 评估体系的应用与实施工作，成立以研究院国际专家为组长的 SHA 事务局，制定 SHA 实施方案，确立了年度 SHA 的推进目标，定义分配各部门对应负责的 SHA 条款，从月度计划、自评报告、实施会议、事务局月度评价、专家组季度评估、供应商 SHA 实施与外地工厂 SHA 实施等多方面开展。集团各职能线负责人和各工厂总经理分别签署了 SHA 目标责任书，每个工厂都根据自身评估情况制定了各阶段提高目标，SHA 事务局对 84 个条款详细解读，组织编制了 SHA 评估指南，每月定期对各个工厂进行打分评估，同期举办了多场 SHA 内审员培训会，培养了多批 SHA 内审员。参与单位通过指标的对比驱动了主动改善氛围的形成；通过作业分解进一步推进了标准作业，实施专业岗位专业技能认定，引导和鼓励员工实施专业技能自我训练；通过全面改善和系统性推进，整个评估过程对企业具有非常明显的推动作用。

精益功夫中也自然少不了评价系统，通过评价，可以了解现状，找出差距，明确目标，制定改善计划并加以实施，以此循环上升，朝着零缺陷、零浪费的方向趋近。我们针对 5A（五彻）与 5B（五扰），初步形成了精益功夫的 5 维评价体系 5D，5D 指的是 5 个维度进行评价，D 为维度 Dimension 的首字母，这五个维度既考虑了 5B 浊、散、滞、淤、紊的问题状态，又评价了 5C 定、集、梳、畅、序的改善行动与结果。评价系统分为个人、组织和社会三个层面。针对个人，5D 分别为形象、资源、素质、行为与作为；针对企业，5D 分别为现场、团队、质量、精益与绩效；针对社区，5D 分别为环境、民众、质量、效率与实力。以上每个维度又分为若干个细项，逐项进行打分评价，可以得出个人、组织和社会的精益功夫现状值，供分析研究与改善提升参考。

个人精益功夫评估

在精益功夫系统中，我们形成了一套个人精益评估（Personal Lean Assessment, PLA）体系，也遵循定、集、梳、畅、序五项内容，分为形象、资源、素质、行为、作为 5 个维度共 35 小项，力求为个人的精益功夫技能状况进行画像，然后找出差距，制定策略，实施改善。如此循环上升，打造高效的精益群体。具体条目如下所示。

第一维度：定 - 形象（共 5 项）

（1）身形体态，评价内容：身体 BMI 水平与趋势。

（2）服饰整洁，评价内容：身体外观与服饰整洁情况。

（3）形象评价，评价内容：自我与他人眼中的形象评价。

（4）身体能量，评价内容：身体精力与阳光积极状况。

（5）健康状况，评价内容：病痛、亚健康等身体健康状况。

第二维度：集 - 资源（共 5 项）

（1）精益能力，评价内容：精益功夫等方法掌握与实践状况。

（2）预防能力，评价内容：预防工作在计划与行动中的落实情况。

（3）解决问题能力，评价内容：自己或帮助别人解决问题的能力状况。

（4）合作能力，评价内容：与他人合作共事的情况以及合作伙伴的评价。

（5）资源整合能力，评价内容：为人处事中善于积累资源和配置资源的状况。

第三维度：梳 - 素质（共 10 项）

（1）利他思维，评价内容：利他思想在工作与生活中的落实状况。

（2）直击价值，评价内容：行动与言语是直接了当还是拐弯抹角。

（3）精确表达，评价内容：养成用精准数字说话的习惯情况。

（4）精准配合，评价内容：注重行动的精准度情况。

（5）更优质量，评价内容：对质量与质量标准的要求情况。

（6）更高效率，评价内容：分析身边流程并着手进行改善的情况。

（7）意乘先预，评价内容：观察他人需求并主动配合他人行动的情况。

（8）记录追溯，评价内容：养成记录与存档习惯的情况。

（9）直面错误，评价内容：对待错误的态度。

（10）自我约束，评价内容：运动、饮食、学习、工作中的自律习惯情况。

第四维度：畅－行为（共 10 项）

（1）战略规划，评价内容：制定中长期战略规划和年度发展计划的状况。

（2）行为聚焦，评价内容：涉及领域及深度挖掘程度。

（3）响应速度，评价内容：对需求响应的速度与行动的果断性。

（4）重视源头，评价内容：注重在源头防范错误的实践情况。

（5）挖掘根源，评价内容：遇到问题进行严格根源分析并彻底解决的实践情况。

（6）现场改善，评价内容：参与生活与工作现场改善的状况。

（7）设备维护，评价内容：身边设备主动性维护状况。

（8）质量优化，评价内容：参与产品质量、工作质量的改善情况。

（9）效率提升，评价内容：参与身边流程改善以提高效率的情况。

（10）持续改善，评价内容：持续改善习惯的养成与改善成果。

第五维度：序－作为（共 5 项）

（1）绩效状况，评价内容：横向与纵向比较学习与工作的绩效状况。

（2）价值体现，评价内容：在自我发展中为他人和社会提供价值的状况。

（3）自我感受，评价内容：自我价值感、幸福感与成就感评价。

（4）他人口碑，评价内容：在他人眼中的价值与口碑。

（5）社会评价，评价内容：取得的组织认可与社会荣誉状况。

此外，在博大精深的中国功夫体系中，段位制起到推动个人进步与行业发展的重要作用。段位制根据个人从事武功锻炼与活动的年限、掌握武功技术和理论的水平、研究成果、武德修养以及对武功发展所做出的贡献，将武功定为九段，即初段位（含一段、二段、三段）、中段位（含四段、五段、六段）和高段位（含七段、八段、九段）。

在精益功夫中，我们尝试沿袭中国武功的段位制，引入了精益功夫带级段位制概念，即初段位为绿带（含一段、二段、三段），中段位为黑带（含四段、五段、六段）和高段位为黑带大师（含七段、八段、九段）。具体各段位在年限、知识、实践、传承等方面的要求如下所示。

（1）精益功夫绿带，分为一段、二段、三段三档，要求完成绿带规定学业，通过个人精益功夫初级评估，并在精益素质、发现问题、参与解决问题等实践表现中有相应成绩，在宣传、发展与辅助教学等传承义务中作出相应贡献。

（2）精益功夫黑带，分为四段、五段、六段三档，资历要求前段最低年限间隔为1年，要求完成黑带规定学业，通过个人精益功夫中级评估，并在解决问题、创造价值、领导团队等实践表现中有相应成绩，在发表作品、参与教学与区域领导等传承义务中作出相应贡献。

（3）精益功夫黑带大师，分为七段、八段、九段三档，资历要求前段最低年限间隔为2年，要求完成黑带大师规定学业，通过个人精益功夫高级评估，并在完成大项目、形成大理论、引领行业发展等实践表现中有相应突出成绩，在成为实战导师、教学名师与业界领袖等传承义务中作出突出贡献。

组织精益功夫评估

在精益功夫系统中，我们形成了一套组织精益评估（Organizational Lean Assessment, OLA）体系，也遵循定、集、梳、畅、序五项内容，分为现场、团队、质量、精益、绩效5个维度共45小项，力求为企事业单位的精益状况进行画像，然后找出差距，制定策略，实施改善。如此循环上升，使更多组织成为高效的精益组织。具体条目如下所示。

第一维度：定 - 现场（共5项）

（1）作业布局，评价内容：作业现场及单元布局、设施整体外观及作业环境状况。

（2）现场改善，评价内容：5S区域责任、定置定位、标识标语、常态化 5S 评估及持续改善状况。

（3）设备维护，评价内容：设备评估和全面 TPM 维护状况。

（4）流程可视化，评价内容：作业与改善活动看板、异常警示信号显示等可视化状况。

（5）EH&S 评估，评价内容：环境、健康与安全落实与评估状况。

第二维度：集－团队（共 10 项）

（1）员工面貌，评价内容：员工精神风貌、精益素养与工作积极性评价。

（2）精益化组织，评价内容：组织机构精简以及流程型组织建设状况。

（3）改善机制，评价内容：改善文化、员工参与精益改善与激励机制建设情况。

（4）员工技能，评价内容：员工技能评价与多能工培养计划落实情况。

（5）培训赋能，评价内容：员工参加专业培训机制与效果评价。

（6）激励与沟通，评价内容：员工激励工作以及与每位员工进行有效沟通的状况。

（7）管理授权，评价内容：管理者对下属进行授权的机制建设与执行状况。

（8）上升通道，评价内容：员工的上升通道与领导骨干的继任人计划建立情况。

（9）满意度，评价内容：员工满意度和忠诚度调查机制与水平状况。

（10）离职率，评价内容：员工离职率水平与改善措施。

第三维度：梳－质量（共 10 项）

（1）标准作业，评价内容：保证流程和作业的标准化并实施流程认证的情况。

（2）供应商管理，评价内容：供应商选择流程与评估机制的建立情况与效果评价。

（3）质量策划，评价内容：产品或流程的关键特性定义与系统化质量策划建立情况与效果评价。

（4）错误预防，评价内容：实施错误预防的状况与效果。

（5）质量保证，评价内容：质量内审系统建设情况与效果评价。

（6）品质数据，评价内容：质量数据真实有效性评价。

（7）工程变更，评价内容：业务与流程变更管理与执行情况。

（8）器具测量，评价内容：所有量具、测试设备及工具定期校准情况。

（9）品质改善，评价内容：对不合格项建立专门团队和流程实施纠正行动的情况。

（10）根源分析，评价内容：根源分析方法应用情况与效果。

第四维度：畅－效率（共 10 项）

（1）价值流管理，评价内容：识别整个环节的价值流并采用价值流程图工具进行过程改善的情况。

（2）流程优化，评价内容：采用管理工具进行流程优选和流程改善的情况。

（3）作业计划，评价内容：进行产能规划和作业计划的状况及实施效果。

（4）物料计划，评价内容：物料计划实施状况及库存的准确性评价。

（5）减少库存，评价内容：了解每个单元的最佳库存，并分别制定与实施全面库存削减计划的情况。

（6）成本优化，评价内容：跟踪各类成本并采取改善行动的情况。

（7）均衡生产，评价内容：运营弹性满足客户需求变化的情况。

（8）快速换模，评价内容：换线与准备时间满足客户节拍需求的情况。

（9）产线模拟，评价内容：现场布局或产线变动之前作生产模拟的情况。

（10）呆滞品管理，评价内容：预防及减小呆滞品风险的情况。

第五维度：序－绩效（共 10 项）

（1）战略方针，评价内容：战略及业务计划的制定状况，以及达成绩效目标的情况。

（2）标杆管理，评价内容：用标杆管理来识别自身业务机会与提升运营绩效的情况。

（3）库存周转，评价内容：库存周转率水平与改善趋势。

（4）设备效率，评价内容：主要设备 OEE 水平与改善趋势。

（5）品质水平，评价内容：产品合格率和质量损失率水平与改善趋势。

（6）准时达交，评价内容：准时达交率表现与持续改善情况。

（7）毛利水平，评价内容：主要产品毛利率的行业水平与持续改善情况。

（8）人均产能，评价内容：人均产能的行业水平和持续改善情况。

（9）客户满意，评价内容：客户满意度调查工作与满意度水平评价。

（10）安全事故，评价内容：过去 12 个月人员安全事故情况。

根据组织精益功夫评估结果和组织综合表现，我们可将各组织评定为 1 星级到 5 星级的精益组织，其中 1 星级和 2 星级为一般水平精益组织，3 星级与 4 星级为较高水平精益组织，5 星级为卓越精益组织，是推进精益功夫组织中的旗帜与标杆。在此我们倡导有关部门重视并积极组织开展精益组织的评估与星级机制的推进，以全面促进广大组织提质增效与转型升级。

社会精益功夫评估

在精益功夫系统中，我们还尝试着形成了一套社会精益评估 SLA（Society Lean Assessment）体系，也遵循定、集、梳、畅、序五项内容，分为环境、素质、质量、效率与实力 5 个维度共 45 小项，力求为区域与社会的精益状况进行画像，然后找出差距，制定策略，实施改善。如此循环上升，可使区域成为高效的精益社会。具体条目如下所示。

第一维度：定 - 环境（共 5 项）

（1）环境卫生，评价内容：区域建筑、街道、公共场所的环境卫生状况。

（2）环境污染，评价内容：空气、土壤、水污染状况与趋势。

（3）绿色制造，评价内容：区域内绿色制造占比状况与趋势。

（4）噪声污染，评价内容：区域白天与夜晚的噪声水平。

（5）环境满意度，评价内容：民众对区域环境的满意度评价。

第二维度：集 - 素质（共 5 项）

（1）精益功夫，评价内容：精益功夫理论与方法推广与普及状况。

（2）卫生习惯，评价内容：保持个人清洁与维护环境卫生的习惯养成情况。

（3）利他思想，评价内容：服务意识以及不影响、不危害他人的意识与行动。

（4）遵纪守时，评价内容：敬畏标准、法规、法律，严谨守时的意识与行动。

（5）效率为先，评价内容：以品质驱动速度的效率思维与行动。

第三维度：梳－质量（共5项）

（1）产品合格率，评价内容：产品及服务合格率与用户满意度状况与趋势。

（2）假冒伪劣，评价内容：社会假冒伪劣产品检查与投诉情况，包括食品安全。

（3）质量体系建设，评价内容：质量体系覆盖率、质量人才培养与政府质量奖实施状况。

（4）质量安全事故，评价内容：社会重大质量与安全事故发生情况与趋势。

（5）质量满意度，评价内容：民众对区域产品质量与生活质量的满意度评价。

第四维度：畅－效率（共5项）

（1）行政审批效率，评价内容：行政与公共事务审批时间加速措施与效果情况。

（2）职工通勤时间，评价内容：区域公共交通建设与道路交通拥堵状况。

（3）设施设备OEE，评价内容：主要设施与设备综合利用效率水平。

（4）库存周转率，评价内容：区域制造业平均库存周转率水平与趋势。

（5）效率满意度，评价内容：民众对区域办事效率与工作效率的满意度评价。

第五维度：序－实力（共1项）

（1）GDP状况，评价内容：区域国内生产总值的水平与趋势。

（2）人均 GDP，评价内容：区域人均国内生产总值的水平与趋势。

（3）人均收入，评价内容：区域人均收入的水平与趋势。

（4）民众幸福感，评价内容：居民的满意度与幸福感水平。

（5）健康寿命，评价内容：居民的健康水平和平均寿命。

（6）商品质量指数，评价内容：区域商品质量满意度情况。

（7）社会运行效率，评价内容：政府审批速度、行政办事效率、生活及设施运行效率。

（8）精益化组织，评价内容：精简机构以及卓越组织建设情况。

（9）社会荣誉，评价内容：国际、国内各类奖励与荣誉。

（10）外部评价，评价内容：外部社会、合作区域及旅游者评价。

我们试图将精益社会分成启蒙期、拓展期和确定期三个阶段，称为精益社会三个阶段。然而，当前我们并没有开展精益社会的评价工作，评估体系还有待优化完善。未来随着精益个人与精益组织的发展，此项工作将成为我们公共事业拓展的重要方向之一。

三、创造方法 走向精一

简单方易推广 传承才能持续

本章讲述的是如何在工作和生活中创新应用精益功夫方法实现跨越进阶，以及如何进一步推广精益功夫，让其造福更多人。

从空间维度来看，简单方易推广。通过层层分解阐述，我们聚焦到了定、集、梳、畅、序这 5 个字上，这是精益功夫含光剑法的要诀，由此衍生出的思维方法和解题程序也非常简单，于是我们开始使用精一这个词，不仅因为精一与精益基本同音，还因为这是一个地地道道的中文词汇，是把纷纷扰扰的多种方法进行高度提炼总结形成的简单归一方法，在此我们给出了蝶变进阶的精一变革法和健身康体的精一导引法，一者用于工作改善，二者用于健康改善。

从时间维度来看，传承才能持续。同样聚焦在定、集、梳、畅、序这五个字上，从 5 个方面形成精益功夫的传承与发展体系，形成言传身教的精一推进法，目的是使更多人参与其中，让精益功夫成为具有长期生命力的社会推动力量。

蝶变进阶的精一变革法

当我们有了精益评估法之后，就有了不同时间的状态参照系，如同定点拍照一样，可以看出前后的变化。这样，改善行动就有了目标方向，改善效果也可以定量度量，对于精益功夫的提升大有裨益。持续改善机制的建立，在于不断推进变革，变革的领域可以不同，但根据定、集、梳、畅、序的五步方法，各种变革的过程均可按照画像、赋能、梳理、实施、进阶五个步骤推进，这就是精益功夫的精一变革法，各个步骤分述如下。

（1）画像，也就是现状评估。兵法云，知己知彼，百战不殆。首先我们需要对自己的状况有一个全面的了解，才能知道下一步的策略与行动，这时候我们根据精益评价体系对组织或个人进行画像，还记得定点拍照吗，评估画像实质上就是数字化的定点拍照，将组织或个人现状从 5 个维度的多个方面进行现状了解并打分，能够知道在浊、散、滞、淤、絮些方面遇到哪些问题以及严重程度，也相当于对身体进行细致的体检，知道问题才能有针对性地解决问题，不要被检查项目的范围所困扰，哪怕是粗略的也好，只要能行动起来，今后还可以在实践中进行优化。在这一阶段，为了作出客观公正的评价报告，适当借助外部专家的力量是有益的。

（2）赋能，也就是通过培训提升全员解决问题能力。了解现状之后，下一步是发现问题和解决问题的改善行动，而所有的改善都要由人完成。精益功夫讲求人人修炼，全员担当，希望每个人都能以零缺陷、零浪费为目标，对精益功夫的理论与方法进行深入学习和领会，全面提升多项精益素质，掌握所需精益功法，形成统一的行动语言，改变生活与工作状态，将每天进步一点点作为行动习惯；同时要做好变革的组织工作，开展制度化赋能培训，形成改善小组运作形式，建立常规化奖惩激励机制，将改善行动作为像呼吸一样的内在运营行为，有力推进各方面工作的高质量运行。

（3）梳理，也就是未来规划。定点拍照与全员赋能后，我们将现状与理想状态进行标杆比对，系统化找出我们的差异项，设定未来提升目标，针对每一个差异项进行严格根源分析，找出根源，提出彻底解决问题的对策，然后列出改善行动计划，计划中包括团队及负责人、改善方法、资源配合、关闭时限以及奖惩措施等，并张贴上墙，成为员工工作的参照与指南。这个过程中会大量使用精益改善方法，并需要为计划的实施制定监督机制。

（4）实施，也就是改善行动。这一步是在未来规划指导下，调动改善人员的积极性，在行动上充分应用与落实定、集、梳、畅、序的方法与步骤，对每一个改善行动项进行攻关，并努力保质、保量、按期达成计划目标。这个阶段需要发挥各成员所长，整合过程所需多种资源，运用各种精益手法来解决实际问题。然后，与前期规划进行比对，力求达成满意效果，并在实战过程中探索方法、积累经验、发展理论，为进一步完善精益功夫体系提供新的案例。

（5）进阶，也就是螺旋上升。通过上述评估、赋能、规划、改善的过程，我们的状况往往有了新的提升，这时候就可以进入下一轮新的评价与改善循环。如此周而复始，螺旋上升，我们会发现与标杆的绩效差距越来越小，员工的能力和素质也得以提升，组织逐步进入了良性循环，竞争实力日益增强，就如同娴熟自律的练功人一样，肌体充满能量，机能敏捷健康。如果每个人、每个组织和整个社会都能这样，就能够发挥出惊人的精益能量。

可以说，变革是发展的动力，精一变革法是推进精益"001"法则的主要方法，辅以本书介绍的其他各种专业精益功法，比如流程设计方法、质量诊断方法和问题解决方法等，通过全方位、多领域、持续不断地应用，就会离"零缺陷，零浪费，每天进步一点点"的精益目标越来越近。可以说这些应用决定着精益功夫的未来，当人们发现变革源源不断带来更快更好的效益时，精益功夫的作用力和说服力就能充分显现，进一步推广普及也就水到渠成了。

健身康体的精一导引法

或许有人会对本书讲述的许多功夫内容感兴趣，在接近尾声时，给大家介绍一套健身康体的功法。这是本人根据长期修炼感悟，在对人体经络、真气、吐纳深入理解的基础上创行的方法，名为精一导引法，也应对精益功夫五步核心理论，分为定、集、梳、畅、序五个步骤，具体分述如下。

（1）定：身体立式，双脚与肩同宽，两膝微曲，两臂曲置于小腹前，双手相对，如抱球状，中指尖距离约十厘米，头正，下颌略内收，两耳平，眼睛微闭，舌顶上颚，全身放松，意念内收，意守双手所捧小腹部，采用细匀慢长的腹式呼吸方法，持续至少 36 次呼吸周次，如能更长一些更好。这一步似常规站桩功夫，练时间长了可有小腹充实、大脑清澈之感。

（2）集：保持站立体位不变，双手十指始终相对，双臂向两侧缓缓打开，想象着对应双手指尖之间有五根无形的线牵引，双掌之间也有一股线相牵，双手拉至 1.5 倍肩宽距离后停止，然后双手掌心相向慢慢回复到小腹前抱球状，开合时配合呼吸，即双手拉开时吸气，双手合拢时呼气，如此开合至少 36 次。这一步是练功之人常做的动作，运用双手开合的牵引将真气进一步汇集到小腹，训练时间长了可增加小腹充实感，并使双手之间充满气感。

（3）梳：双手翻转，手掌朝上，十指相对，中指之间距离约 2 厘米，然后双手缓缓上抬，至前胸处外翻，手掌朝外，双手呈八字状，向前平推至手臂伸直，上述过程中缓慢吸气，然后双手内翻，双手向内呈八字状，回收至胸前后，双手下翻，手掌朝下，下压至小腹部，此过程中缓慢呼气，如此往复 36 次。这一步是遵循真气运行法中的培元方法，运用双手牵引意念，吸取外部精华，并将内部真气通过胸口汇集到小腹，训练时间长了可让小腹更加充实且温暖。

（4）畅：开始与上一步一样，双手至前胸处外翻朝上，双臂缓慢向头顶上方伸直，与肩同宽，保持掌心向上，此过程中缓慢吸气，然后双手相对，缓慢回收至胸前后，双手下翻，手掌朝下，下压至小腹部，此过程中缓慢呼气，如此往复 36 次。这一步遵循的是静坐功夫中打通任督二脉的原理，运用双手牵引，意想着将小腹真气通过后背脊柱运行入头顶，然后经面部向下，通过胸前正中线回流入小腹，实现真气的躯干循环，训练时间长了或可出现真实气感，并有通体神清气爽之效。

（5）序：右手掌心向下，从胸前上方划弧高过头顶，眼随右手动，随后身体重心逐渐移向右腿并向右转体 90 度，然后右手向下划弧，右手落在身体右侧后，左手上抬，从胸前划弧高过头顶，视线转为看左手，边划边转体，身体重心逐渐移向左腿并向左转体 90 度，形成转体轮球状。过程中配合呼吸，单手上升时吸气，下落时呼气，重复上述回环动作，左右加起来算一次，共做 36 次。这一步似太极拳中典型的云手动作，也是将上述 4 步功法融会贯通，加上脊柱转动，使抱小球转化为运大球，让身体充分活动润畅。

上述动作完成后可进行收式，将双手左内右外交叠放于小腹，以脐下三扁指为中心，左转 36 次，右转 36 次，意念内收于小腹区，结束导引功法。

健康是最大的生活质量和人生财富，精一导引法遵循体内真气循经运行的规律，集站桩、吐纳、周天、太极等中华功夫之精华，让有兴趣的读者能够有一个上手修炼的简易入口，长期练习，即便没有明显气感，也会以行助气，促进气血给养排废运行，起到健身康体的作用，再次体现了来源于功夫的定、集、梳、畅、序五字秘诀能够有效应用于功法并指导修炼实践的作用。从实质上看，个人与组织的素质与健康都遵循同一个底层逻辑，都是精益功夫的用武之地，未来将会纳入统一的推进渠道之中，只是由于篇幅与内容所限，本书在个人健康方面浅尝辄止，具体留待今后分解。

言传身教的精一推进法

精益功夫的推广与普及需要努力与智慧。与其他工作和项目一样，精益功夫的推广也可以借鉴使用五步方法，我们根据精益功夫的定、集、梳、畅、序的五步底层逻辑，形成了言传身教的精一推进法，分为定策略、集人气、梳通路、畅修流、序层阶五个部分，具体分述如下。

（1）定策略：在这里，定指的是制定策略与计划，属于源头工作，需要极其认真对待。古人云"求乎其上，得乎其中；求乎其中，得乎其下；求乎其下，则不可得矣。"要求制定一个较高的目标，同时明确要达到该目标的关键路径与举措，要充分考虑系统防错，进而制定具体行动计划。推广精益功夫是一件意义深远的功德之事，针对组织而言，需要高层重视，中层力行，全员参与；针对社会而言，需要宣传推广，教育普及，社会成风。要达到这个目标并不容易，需要数年甚至数十年的共同努力才有可能。然而，千里之行始于足下，定期制定大目标小步走的行动策略和计划，并在行动中不断复盘纠偏，是精益功夫推进的重要一环。

（2）集人气：由于人的认知偏差和信息不对称，往往会导致一个好的事物在推广道路上也会颇费周章，精益功夫的推广普及，要有更多人知晓与参与，就需要通过多种渠道与方法进行宣传，聚集人气。比如说这本书可以说是精益功夫的启蒙，其编写倾注了笔者大量的精力，希望每一个读者都能宣传转发，为提升质量、效率与素质的共同使命作出力所能及的贡献；再比如当今移动网络终端的迅猛发展，做好线上精益功夫载体的建设，也是扩大宣传、提高影响力的重要途径。当前，我们创立了微信公众号和视频号《精一修》用于宣传普及精益功夫，大家可以关注并积极参与共创，将其建设成为越来越多精益功夫修炼者同修共练的知识殿堂与交流园地。

（3）梳通路：因为精益功夫是一门重在实践与实战的技能，因此，与线上内容相呼应，线下精益功夫渠道将发挥出重要的承接作用。在此，除了教育培训机构以外，精益黑带们也将承担起发展通道的重要作用，需要形成分布式精益功夫实践指导站点将这场有意义的推广活动持续有效开展下去。我们也欢迎有志之士积极投身其中，在精进修炼的同时，承担组织指导的任务，为精益功夫的发展贡献力量。

（4）畅修流：通过线上与线下通道，加速形成精益功夫的知识流、行动流和分享流，包括建立若干精益功夫知识蓄水池，形成以各类学校与培训机构为核心节点的精益知识传播流并积极扩大知识流域，形成以精益功夫传帮带机制为推动力的精益行动流并强化实践成果，建立线上与线下有机结合的精益功夫分享交流平台，集思广益、群策群力，逐步完善精益功夫的理论体系与实践指南，构建成为理论知识体系、传播推广体系与实践行动体系相辅相成的精益推广系统。

（5）序层阶：要将精益功夫普及教育与全员推广形成社会风气，着重在三个方面下功夫。一是人，人是第一要素，要积极做好精益功夫分级分段考核与评估，健全精益功夫带级体系，让更多专业而又积极的人脱颖而出；二是机制，积极进行推广机制建设，通过宣传与推动，让精益功夫成为人们生活与工作的习惯；三是成果，努力发掘更多有效实践案例，将其提炼总结为成功故事，坚持编撰精益功夫年鉴，指导并推进精益功夫的发展，让更多人受益。

由上可见，精一推进法的工作重心是围绕一个运营规划，一个线上平台、一个渠道网络、一个带级体系、一本工作年鉴这"五个一"内容展开。精益功夫精一化体系建设还在继续深入与优化，我们正徜徉在这种意犹未尽之中，一边探索，一边实践。这项工作只有开始没有结束，是一项长期而又富有意义的工作，可以说，精益功夫一直在路上。

知道谁知道。

参考文献

[1] 弗雷德里克·泰勒.科学管理原理［M］.马风才，译.北京：机械工业出版社，2007.

[2] 詹姆斯·沃麦克，丹尼尔·琼斯，丹尼尔·鲁斯.改变世界的机器［M］.余锋，张冬，陶建刚，译.北京：机械工业出版社，2021.

[3] 迈克·鲁斯，约翰·舒克.学习观察：通过价值流图创造价值、消除浪费［M］.赵克强，刘健，译.北京：机械工业出版社，2016.

[4] 王水福，樊小刚，武桂芬，张伟.（21世纪中国质量管理最佳实践系列丛书）：质量是金矿：中国民营企业高质量发展的西子密钥［M］.北京：中国标准出版社，2023.

[5] 李若望.精益之旅［M］.广州：华南理工大学出版社，2011.

[6] 薛伟，蒋祖华.工业工程概论［M］.北京：机械工业出版社，2017.

[7] 沃尔特·艾萨克森.埃隆·马斯克传［M］.孙思远，刘家琦，译.北京：中信出版社，2023.

零缺陷，零浪费，每天进步一点点。

索　引

正慧合兼备，知行达合一。